RAPPORTS

DE LA

Conférence Internationale

DU

NURSING

PARIS, Juin 1907.

BORDEAUX
IMPRIMERIE COMMERCIALE ET INDUSTRIELLE
56, rue du Hautoir, 56

1907

CONSEIL INTERNATIONAL DES NURSES (Gardes-Malades)

CONFÉRENCE DU NURSING

La troisième Séance du Conseil International
et la cinquième de tous Congrès internationaux des Nurses

Grande Salle du Musée Social, 5, rue Las Cazes, Paris.

18-19-20 JUIN 1907

PRÉSIDENT HONORAIRE

M. LÉON BOURGEOIS, Sénateur, Membre du Conseil de Surveillance, Paris.

VICE-PRÉSIDENTS HONORAIRES

M. MIRMAN, Directeur de l'Assistance et Hygiène Publique au Ministère de l'Intérieur.

M. G. MESUREUR, Directeur de l'Administration Générale de l'Assistance Publique à Paris.

M. NAVARRE, Président de la cinquième Commission du Conseil municipal.

M. N. P. STRAUSS, Sénateur, Président de Conseil supérieur de l'Assistance Publique.

M. FELIX VOISIN, Vice-Président du Conseil de Surveillance.

D' LANDE, Membre du Conseil Supérieur de l'Assistance Publique, et Administrateur des Hôpitaux Civils de Bordeaux.

Baronne JAMES de ROTHSCHILD, Présidente, Maison-École d'Infirmières, Paris.

M **ALPHEN SALVADOR**, Fondatrice et Présidente de l'Association pour le développement de l'Assistance aux Malades.

M **D' ANNA HAMILTON**, Directrice et Médecin Résident de la Maison de Santé Protestante de Bordeaux.

PRÉSIDENT DE LA CONFÉRENCE

M. G. MESUREUR.

MEMBRES HONORAIRES DU CONSEIL

M **BEDFORD FENWICK**, Présidente Honoraire, 0, Upper Wimpole Street, Londres.

M **S. B. McGAHEY**, Présidente, Charlemount, Darlinghurst Road, Sydney, New South Wales.

M **L. L. DOCK**, Secrétaire Honoraire, 265, Henry Street, New-York.

M **M. BREAY**, Trésorier honoraire, 431, Oxford Street, Londres.

VICE-PRÉSIDENTS HONORAIRES

Pour la Grande Bretagne et l'Irlande. — M** Isla Stewart, directrice de l'Hôpital St Barthélemy, Londres; M** E. C. Sandford, ex-surintendante au City Hôpital d'Edinburgh; M** M. Huxley, ex-directrice de l'Hôpital Sir Patrick Dun de Dublin et ex-présidente de l'Association des Nurses en Irlande.

Pour l'Australie. — M** S. B. McGahey, ex-surintendante de l'Hôpital Prince-Alfred, à Sydney.

Pour le Canada. — M** A. Snively, surintendante de l'Hôpital Général de Toronto.

Pour les Indes. — M** C. R. Mill, surintendante de l'Hôpital Saint-Georges, à Bombay.

*Pour la N** Zélande.* — M** Keith Payne, directrice du Wellington-Hôpital.

Pour la Tasmanie. — M** Milne, surintendante de l'Hôpital de Launceston.

Pour la France. — D' Anna Hamilton, directrice de la Maison de Santé Protestante de Bordeaux.

Pour l'Italie. — M** Amy Turton, Via del Benci, Florence.

SOCIÉTÉS NATIONALES AFFILIÉES

The American Federation of Nurses. — President, Miss M. Adelaïde Nutting.
The German Nurses' Association. — President, Fraulein Agnes Karll.
The Provisional Committee of The National Council of Nurses of Great Britain and Ireland. — Chairman, Miss G. A. Rogers.

La Première Séance, mardi matin, 18 Juin.
Présidence de M. G. MESUREUR

PREMIÈRE QUESTION :

L'Évolution Moderne du Nursing en France

La Seconde Séance, mardi l'après-midi
Présidence de Madame BEDFORD FENWICK

DEUXIÈME QUESTION :

L'enseignement pratique des Garde-Malades.

La Troisième Séance, mercredi matin 19 juin.
Présidence de Madame ALFRED SALVADOR

TROISIÈME QUESTION :

Les responsabilités publiques et sociales d'une
Garde-Malade.

La Quatrième Séance, mercredi l'après-midi.
Présidence de Mademoiselle Dr ANNA HAMILTON

QUATRIÈME QUESTION :

Les soins à domicile.

La Cinquième Séance, jeudi matin, 20 Juin.
Présidence de Mademoiselle ISLA STEWART

CINQUIÈME QUESTION :

L'Organisation Professionnelle.

SIXIÈME QUESTION :

La Presse professionnelle

SEPTIÈME QUESTION :

La Réciprocité internationale

CONFERENCE DU NURSING

PREMIÈRE SÉANCE

DISCOURS D'OUVERTURE DU CONGRÈS

par M. G. MESUREUR,

Directeur de l'Administration générale de l'Assistance publique.

Mesdames,

C'est pour moi un grand honneur et une grande joie de présider l'ouverture de ce Congrès: c'est aussi un grand honneur pour l'Administration que je dirige que tous ceux qui s'intéressent au progrès de l'art de soigner les malades aient pensé que le directeur de l'Assistance publique de Paris ne pouvait pas rester étranger aux assises que vous allez tenir, aux discussions qui vont se produire et aux progrès qui vont résulter de ces discussions.

J'ai pour premier devoir de saluer toutes celles qui sont venues à l'appel du Comité d'organisation. J'adresserai notre salut d'abord aux nations qu'elles représentent. Nous sommes fiers à Paris, de penser qu'il est venu tant de femmes dévouées des parties les plus éloignées du globe: d'Amérique, du Canada, des Indes, de la Nouvelle-Zélande, de la Tasmanie; je salue aussi toutes les infirmières dévouées, les femmes d'élite, qui appartiennent aux nations européennes et venues d'Angleterre, d'Italie, d'Allemagne, de Hollande. Je salue également nos compatriotes qui ont voulu venir s'instruire au contact de tant de femmes distinguées.

Il se produit, à notre époque, un phénomène heureux des manifestations répétées de sympathie des nations entre elles, et si quelque chose pouvait ajouter aux ententes ta-

cites qui s'établissent entre tous les peuples désireux de servir la
cause du progrès, c'est certainement le Congrès auquel nous
assistons aujourd'hui qui, par sa nature même et par son
caractère d'assistance universelle, ajoute aux liens d'amitié
qui tendent à unir de plus en plus les peuples. En même
temps que, dans une autre capitale, à La Haye, des hommes
appartenant à toutes les nations s'occupent d'une œuvre de
paix et de réconciliation entre les peuples, cette même œuvre,
nous la poursuivons ici et j'envoie en votre nom un salut cordial à celui que vous avez choisi pour président d'honneur,
M. Léon Bourgeois.

Je veux aussi saluer toutes les femmes remarquables qui
ont présidé à l'organisation de ce Congrès; c'est en effet le
troisième Congrès auquel vous assistez et dont nous connais-
sons les travaux, il faut à cette organisation, qui paraît si
simple et qui semble ne pas devoir causer de difficultés, il
faut des dévouemens et des concours nombreux pour la
mener à bien, vous ne vous doutez pas de l'œuvre difficile,
délicate et laborieuse nécessaire pour réunir un Congrès comme
celui-ci et nous ne saurions trop rendre hommage à Mᵐᵉ Bedford
Fenwick qui a fondé le conseil international des nurses en
1899, qui a fondé aussi l'Association des nurses et qui a été
l'initiatrice du premier Congrès de Buffalo en 1901, de celui
de Berlin et de celui de Paris cette année, à sa collaboratrice
non moins distinguée Mlle L. L. Dock, secrétaire, et madame la trésorière, Miss M. Breay, et enfin autour d'elle toute
une pléiade de femmes remarquables qui ont bien voulu
l'aider dans son œuvre de propagation de science et d'humanité. Permettez-moi aussi de remercier nos compatriotes et plus particulièrement, M. Félix Voisin, président du
Conseil de surveillance, qui a bien voulu assister à ce Congrès et nous apporter le concours de son expérience, je
saluerai également M. le docteur Lande, membre du Conseil supérieur de l'Assistance publique et administrateur des
hospices civils de Bordeaux, qui est connu d'une manière particulière dans l'œuvre de l'Assistance publique française et dont
la place était marquée dans ce Congrès. Je remercie nos
gracieuses compatriotes, mesdames James de Rothschild et
Alphen Salvador et Mlle Chaptal, qui sont venues apporter
la note française dans cette réunion.

Mesdames, l'ordre du jour de votre Congrès indique son
action et son but: vous voulez et nous voulons tous faire
du rôle de l'infirmière une carrière pour la femme et une
profession honorée et respectée; nous voulons que le rôle de

l'infirmière, que la profession de soigner les malades deviennent par la science, par l'éducation, par la préparation qui leur seront données, une véritable carrière offerte à l'activité féminine. A côté du médecin, du chirurgien, de la sage-femme, l'infirmière a sa place, et cette place doit être reconnue officiellement. La profession d'infirmière est aussi belle, aussi honorable que toutes les professions qui peuvent être dévolues à des femmes.

Dans la première séance de ce Congrès, vous allez examiner ce qui est fait, vous rendre compte de ce qui se fait et de ce qui reste à faire, vous allez entendre des rapports sur l'organisation de l'enseignement dans les écoles d'infirmières qui existent soit à l'étranger, soit en France; ces études feront ressortir, j'en suis convaincu, les lacunes qu'il y a encore dans l'enseignement des infirmières et votre congrès pourra déterminer ainsi les éléments nécessaires à une plus complète éducation des jeunes filles qui se destinent à cette carrière.

Le rôle de l'infirmière peut être considérable. L'infirmière a sa place marquée dans tout l'organisme social, elle n'est pas seulement destinée à l'hôpital, à cet hôpital qui ne doit abriter qu'une classe, qu'une certaine partie de la population, les malheureux : l'infirmière doit jouer un rôle dans toutes les fractions de la Société, il faut que l'infirmière puisse venir s'asseoir dans la famille, qu'elle puisse porter ses soins dans tous les centres, dans toutes les agglomérations où se rencontre la maladie et où la nécessité d'être secourue s'impose, il la faut non seulement à l'hôpital et dans la famille, mais à l'école, à l'atelier, à l'usine, partout où l'on peut avoir besoin d'être secouru et soigné. Certes, nous voudrions que dans l'éducation de la jeune fille et de la femme, l'étude des soins à donner aux malades prît une plus grande part, nous voudrions que chaque mère de famille, chaque jeune fille, pût être infirmière autour d'elle, que chaque femme soit assez instruite pour pouvoir porter un secours d'urgence soit chez les siens, soit à ceux qui l'approchent. Il n'en est pas moins vrai que pour faire une œuvre bonne et réellement utile, il faut avoir été élevée et instruite en vue de cette œuvre, l'infirmière doit être celle dont la vocation, dont le goût, dont le cœur et le sentiment la portent à accomplir cette œuvre et à s'y consacrer entièrement. Son œuvre, en effet, est considérable, elle peut s'exercer dans bien des milieux, la souffrance se multiplie à l'infini. Toutes les sciences, bien qu'en progression constante ne sont pas encore arrivées à supprimer la souffrance, aussi la bonté des humains devra-t-elle être éternelle comme la souffrance elle-même.

On a déjaa fait, à l'étranger, quelques tentatives de spécialisation dans les attributions de l'infirmière, il faut évidemment que les infirmières soient assez préparées pour répondre à tous les soins qui peuvent surgir autour d'elles; néamoins j'estime, pour ma part, que la spécialisation s'imposera bientôt, et, en effet, à l'étranger il y a des infirmières qui se consacrent plus spécialement soit à la médecine, soit à la chirurgie, il y a également les gardes-couches comme on les appelle, qui donnent exclusivement leurs soins aux accouchées et à l'enfant nouveau-né; nous avons en France les panseuses qui s'occupent de donner aux blessés et aux opérés des soins minutieux et délicats qui exigent, avec une grande habileté, une douceur de mouvements toute particulière.

Il faut enfin que l'infirmière s'associe à toutes les œuvres de préservation sociale qui préoccupent le monde entier à l'heure qu'il est, et que, par son éducation, sa science et ses conseils, elle sache, autour d'elle, prévenir et combattre ce fléau si terrible et si douloureux pour la société, la tuberculose;; cette maladie peut être enrayée, si on sait, par des mesures d'hygiène et par une éducation appropriée, donner à ceux qui en sont atteints, les moyens de ne pas la propager. C'est là plus que les connaissances techniques d'une infirmière, c'est une œuvre sociale qui demande du dévouement. L'infirmière peut combattre la diminution de la natalité, elle peut combattre l'alcoolisme, cette terrible maladie, en montrant ses effets désastreux sur notre organisme. Elle peut être, non pas seulement un agent médical, mais un instrument de progrès social et moral. On ne saurait trop apporter de soins à l'éducation de l'infirmière lorsqu'on considère la grandeur du rôle qu'elle peut être appelée à jouer demain dans la société, au point de vue moral comme au point de vue physique, si elle sait comprendre les douleurs humaines et faire rayonner ses vertus en répandant les bienfaits de sa science. C'est pour réaliser cet idéal que vous avez formé ce Congrès, nous vous remercions de nous y avoir conviés, nous Parisiens, qui poursuivons le même but, nous vous remercions de nous avoir associés à votre œuvre, nous sommes venus y prendre d'utiles leçons dont nous vous serons toujours profondément reconnaissants.

L'ŒUVRE DE L'ASSISTANCE PUBLIQUE DE PARIS DANS L'ENSEIGNEMENT DES INFIRMIÈRES.

Par M. G. MESUREUR.

Mesdames, Messieurs,

L'honorable docteur Bourneville, mon ami, avec sa haute compétence et l'expérience que lui donnent 30 années consacrées à l'enseignement hospitalier, vous dira tout à l'heure l'effort considérable tenté par la Ville de Paris pour assurer à ses hôpitaux et hospices la collaboration d'infirmières capables et dévouées, je ne veux point déflorer son sujet et la communication que je veux vous faire sera très courte.

Je me bornerai à rappeler les tentatives trop souvent malheureuses des administrations hospitalières de Paris pour créer un corps d'infirmières laïques et pour remédier aux difficultés du recrutement qui sont encore aujourd'hui les mêmes qu'il y a deux siècles.

Au XVIII⁰ siècle, un premier essai est fait pour constituer les officières de l'Hôpital général (Salpêtrière), recrutées parmi les jeunes filles ou les veuves retirées du monde et sans fortune. Leur règlement est remarquable et mérite encore d'être consulté; elles étaient dirigées par une supérieure sous l'impulsion du bureau des Hospices composé en majorité de membres du Parlement; au-dessous des officières étaient placées « les filles de service » et une autre catégorie de servantes appelées « les filles de malades » plus spécialement attachées aux malades.

Aux difficultés de recrutement constatées au début de l'institution succéda bientôt l'abus contraire, ce personnel devint trop nombreux, la profession, si on peut l'appeler ainsi à cette époque, devient un refuge pour les misères physiques et les misères morales, et au lieu d'avoir des infirmières on eut des hospitalisées d'une sorte particulière.

Dans la première moitié du XIX⁰ siècle, de 1802 à 1849 on ne savait comment remédier à l'infériorité physique, intellectuelle et morale du personnel hospitalier. On songea un instant à remplacer ces serviteurs à gages par les orphelins des hospices, on abandonna ce projet, et, en 1836, nous trouvons une nouvelle organisation et une première hiérarchisation des surveillantes et gens de service; ils sont divisés en huit classes avec des traitements légèrement progressifs selon les classes. Il semble que cette réforme produisit peu d'effets, les plaintes des commissions médicales sont nombreuses contre l'instabilité et contre l'incapacité et l'immoralité de ce personnel, que la congrégation, qui avait la surveillance des hôpitaux, ne cherchait ni à instruire, ni à moraliser.

En 1815, une tentative plus sérieuse est faite: un arrêté fixe les conditions d'admission de sous-employés et serviteurs dont le recrutement avait été laissé, jusque-là à la discrétion des supérieures congréganistes et des directeurs d'hôpitaux; on accorde des primes à l'ancienneté aux veilleurs et veilleuses de nuit, on donne aux vieux serviteurs le repos en nature dans les hospices ou une petite pension de 160 à 350 francs par an. Malheureusement les ressources manquèrent pour élever les salaires et la réforme fut peu efficace.

La loi de 1819 qui régit encore aujourd'hui l'Assistance publique de Paris opéra une centralisation complète des services et confia à un directeur unique et responsable la gestion des intérêts hospitaliers. Cette organisation nouvelle eut une répercussion immédiate sur le personnel des hôpitaux. On établit un répertoire général où chaque agent a sa fiche contenant ses antécédents. Sa valeur morale, son zèle et ses aptitudes à sa fonction sont notées. On peut suivre ainsi chacun de ses agents, et, peu à peu, procéder à une épuration. Toutefois le mal tant de fois signalé persiste, ce personnel sans éducation professionelle préalable, sans aptitudes spéciales, donne le spectacle des mêmes défauts: insubordination, manque de stabilité et de moralité. La nécessité d'une réorganisation est exposée au Conseil de Surveillance à propos du budget de 1861 et un règlement organique est promulgué qui fixe le cadre, le recrutement et les traitements; l'organisation hiérarchique des surveillantes et sous-surveillantes, suppléantes, infirmières, veilleuses, etc., il organise le système des primes réservées au mérite et des gratifications; système abandonné aujourd'hui presque complètement par suite de l'élévation des traitements.

Les classifications adoptées en 1861 sont modifiées, compliquées même dans les vingt années qui suivent par une série de réformes qui avaient pour objet d'améliorer la situation de ce personnel laïque. Le Conseil municipal de Paris, après avoir réparé les désastres et les ruines de la guerre de 1870 s'occupait de réorganiser tous les services municipaux; l'Assistance publique fut l'objet de ses vives préoccupations. Un groupe d'hommes de progrès, à la tête desquels était M. le Dr Bourneville, avait compris que la véritable réforme était dans l'enseignement, dans l'éducation, dans le relèvement moral de ce personnel, et les premières écoles d'infirmières furent fondées en 1878 à la Salpêtrière et à Bicêtre, plus tard à la Pitié et à Lariboisière. L'enseignement professionnel des infirmières s'est ainsi posé à Paris et peu à peu dans le monde entier, les institutions publiques comme les institutions privées en ont compris l'importance comme la nécessité. Le congrès actuel en est la plus éclatante démonstration.

L'Assistance publique de Paris depuis 1880 avec ses écoles, malgré ce qu'elles ont d'insuffisant, puisqu'elles se bornent à des cours, a néanmoins constitué depuis 25 ans un noyau de surveillantes et d'infirmières d'élite que vous pourrez apprécier si vous visitez nos hôpitaux; elle a continué à rechercher l'amélioration de la situation du personnel hospitalier dont le recrutement est de plus en plus difficile et qui, quoique difficile, n'en est pas toujours meilleur. Un règlement datant de 1903 a élevé l'échelle de tous les traitements, limité la journée de travail à 12 heures, repas compris, accordé des congés de 21 et 25 jours par an, la gratuité des soins médicaux et pharmaceutiques, le paiement des traitements pendant leur périodes de grossesse et après l'accouchement et pour les hommes pendant les périodes de services militaires. Les agents atteints de tuberculose, peuvent recevoir une solde pendant près de trois années et nous avons pour nos infirmières une maison de convalescence et un sanatorium; enfin, une retraite honorable est assurée à tous. Pendant ce temps, nous poursuivions l'amélioration du régime alimentaire et de l'habitation par la suppression des dortoirs et l'allocation d'indemnités d'externement pour ceux qui logent au dehors de l'hôpital. La dignité morale du personnel est sauvegardée et encouragée par la présence de ses déléguées dans un conseil de discipline et par l'attribution de récompenses honorifiques par le Gouvernement de la République pour son dévouement aux lits des malades et ses longs services; médaille des épidémies, médaille d'honneur de l'Assistance Publique.

Aujourd'hui, tous nos efforts se portent sur un meilleur recrutement du personnel féminin; nous avons institué un stage préalable à la Salpêtrière et nous allons enfin ouvrir notre école des infirmières; nous avons compris, en effet, que l'enseignement technique et l'éducation professionnelle doivent être donnés aux jeunes filles et aux jeunes femmes avant d'exiger d'elles qu'elles soient des infirmières pratiques. Il faut, pendant les deux années d'internat que nous leur imposerons, éprouver leur vocation et les plier à la discipline sévère et au dévouement inlassable qu'exige le soin des malades.

C'est sur le seuil de cette école que vous visiterez jeudi que j'arrête cet historique sommaire. J'ai la ferme conviction que notre école porte en elle les gages de la révolution profonde qui doit s'opérer dans la profession si belle de l'infirmière française.

LA LAICISATION DES HOPITAUX DE PARIS

Par le docteur BOURNEVILLE,

Fondateur et directeur des écoles municipales d'infirmiers et d'infirmières de Paris.

Mesdames,
Messieurs,

Lorsque Mlle Dock nous a demandé de participer à la *Conférence du Nursing*, partisan de tout ce qui peut unir, faciliter l'échange des idées, l'étude des réformes, nous avons donné de suite notre assentiment. Nous aurions préféré nous borner à la question *Enseignement*. Mais dès lors que la question *Laïcisation* était posée, que nous étions invité à la traiter, nous avons cru de notre devoir de ne pas nous dérober. Nous allons essayer de le faire aussi sommairement que possible. *Laïcisation, enseignement professionnel* ce sont d'ailleurs, deux questions connexes.

Comment avons nous été amené à nous en occuper? Deux faits à rappeler d'abord.

1° *La sœur:* en 1862, nous étions externe à l'hôpital des Enfants-Malades dans le service de chirurgie. On opère un enfant nouveau-né, atteint d'une imperforation de l'anus. La *Mère P..*, femme d'une quarantaine d'années, en passant les instruments détournait le visage, mettait sa main devant les yeux pour ne pas voir les organes génitaux.

Cette singulière attitude nous a fait réfléchir sur la façon qu'avait la Religieuse de comprendre son rôle d'infirmières. — Était-ce une exception ? — Était-ce la règle ?

L'Aumônier. En 1869, un matin, à la visite, nous trouvons un homme, atteint d'une maladie de cœur grave en proie à une angoisse, sanglotant. Interrogé par le chef de service le professeur Hardy, il répondit : « Je suis donc bien malade, je vais donc mourir ? » Pourquoi ? — « La sœur, sans que je l'aie demandé, a fait venir le prêtre, qui m'a administré les derniers sacrements. »

2o Durant la même période, nous lisions les notes de *The Lancet* sur les Nurses, sur leur instruction.

3o *Les Ecoles.* — 1871. Lettre à Charles Delescluze sur l'organisation d'un enseignement pour faire de bonnes infirmières en état de remplacer les sœurs.

1877. — Voyage à Londres avec une délégation du Conseil municipal, chargée d'étudier le Métropolitain. Nous en profitons pour visiter les Hôpitaux — A Westminster Hospital, miss Merryweather, nous documente abondamment sur son écoles d'infirmières et celles qui existaient déjà à cette époque en Angleterre. Nous étions, renseignés, pour agir et quelques mois plus tard, en décembre 1877, nous faisions adopter par le Conseil municipal, un vœu pour la *création des Ecoles d'Infirmières.*

Nous avons été amené par les faits que nous avons cités à *observer* les Religieuses et leurs auxiliaires, les infirmières et les aumôniers, dans leurs relations avec les malades, les médecins, l'Administration et à prendre leur observation comme nous prenions celles de nos malades, à nous documenter, à lire les Rapports faits chaque année jusqu'en 1849, par le Comité des médecins et chirurgiens des hôpitaux, au conseil général des hospices, rapports remarquables auxquels vient de faire allusion M. Mesureur.

Les Religieuses. — Peu de présence dans les salles ; long temps pris par les exercices religieux. — Peu ou pas de soin personnels aux malades en particulier pour tous les soins de la zone génitale, les femmes et les hommes, refus de soigner les vénériens, les vénériennes, les femmes en couches, les filles-mères. Toutes ces catégories de malades étaient abandonnées aux infirmières.

Intervention, changements des prescriptions médicales, des

pansements. — Disposition des choses de l'Hôpital pour leurs bons pauvres.

Prosélytisme, favoritisme, violations de la liberté de conscience.

Respect médiocre des règlements administratifs. La supérieure ou la prieure avant le médecin et l'Administration. L'âme avant le corps.

D'où la nécessité de la *laïcisation*. L'opération a porté sur les religieuses et sur les aumôniers. Elle a compris les hôpitaux et les asiles départementaux, les aumôniers-adjoints, puis les aumôniers titulaires, enfin, le dernier a été supprimé et le service du culte assuré par les prêtres des paroisses voisines. Tout le monde, conseil général, conseil municipal ont été unanimes à donner satisfaction aux malades désireux de recevoir les secours de leur religion.

Les *noms des saints*, qui étaient donnés aux salles, ont été remplacés par les noms des bienfaiteurs des malades, des savants, des médecins. Les asiles de Villejuif, de Maison Blanche, de Moisselles, ont été créés sans chapelle et, l'an dernier, le Conseil général a voté la désaffectation des chapelles des asiles de Vaucluse, de Ville-Évrard, et de l'asile clinique. Les asiles d'aliénés ont vu disparaître successivement les religieuses, et les trois derniers asiles ont été confiés, dès leur ouverture, à des laïques.

L'observation des religieuses nous avait permis de noter que la plupart, sauf certaines congrégations riches, à dot élevée, recrutées dans la bourgeoisie, n'avaient qu'une instruction primaire fort limitée, que leur instruction professionnelle se bornait à une routine plus ou moins mauvaise, suivant que la religieuse avait été dressée par une mère plus ou moins intelligente. Les congrégations étant souvent à la fois *hospitalières* et *enseignantes*, les supérieures employaient les moins instruites, les moins intelligentes dans les hôpitaux.

Certaines congrégations considéraient les hôpitaux comme étant faits plutôt pour elles que pour les malades. Elles s'en servaient pour s'attirer des ressources, pour faire du commerce, installer des pensionnats payants. Leur administration, leur comptabilité, sont souvent défectueuses. On a signalé des disparitions totales ou partielles de fondations, d'hospices, des déviations de certaines fondations du but pour lesquelles elles avaient été instituées.

La laïcisation des hôpitaux a eu une autre conséquence; c'est la laïcisation partielle des religieuses elles-mêmes. Au début des écoles, les religieuses ont fui les cours, puis quelques-unes les ont suivis en civiles, en cachette, enfin publiquement, administrativement si l'on veut. Chaque année, depuis 1898, un groupe de 8 à 12 religieuses cloîtrées de l'Hôtel-Dieu, vient, en voiture, de cet hôpital à La Salpêtrière. Elles semblent perdre, depuis deux ans, leur physionomie... discrète de religieuses ; leur physionomie devient plus ouverte, elles se laissent aller à causer avec leurs maîtres et maîtresses. Quelques-unes quittent la communauté, deviennent de vraies femmes. Fatalement elles subissent l'influence de l'évolution générale déterminée par la loi sur l'obligation de l'instruction primaire, la loi sur les congrégations, la loi sur la séparation de l'Église et de l'État. C'est à cette évolution qu'il convient d'attribuer aussi la difficulté croissante du recrutement des congrégations.

L'observation des infirmiers et des infirmières nous a fait voir qu'un très grand nombre était illettrés, que très peu avaient un certain degré d'instruction, que la situation matérielle qui leur était faite dans les hôpitaux était déplorable à beaucoup d'égards. Nous avons pu constater l'état abominable de leurs logements, l'insuffisance ou la mauvaise qualité de leur alimentation, d'où l'idée de la création des écoles, d'où notre *programme* pour l'amélioration matérielle, intellectuelle et morale de tout le personnel secondaire, sous-employés, infirmiers et infirmières : 1º amélioration du logement des sous-employés ; suppression des dortoirs communs et leur remplacement par des chambres individuelles, aménagées suivant les lois de l'hygiène, confortables, de manière à faire que tous préfèrent le séjour de leur chambre au galvaudage et au cabaret du dehors. 2º Amélioration de la nourriture. 3º Amélioration des salaires, que, en 1878 nous avons fait porter de 15 à 25 francs par le Conseil municipal. 4º Augmentation des pensions de repos, maintenant, de retraite. (C'est en partie à nous qu'est due la pension de repos dans les Asiles, alors que nous étions conseiller général.) 5º Enfin, la création des écoles. Étant donnés les mœurs, les règlements ou statuts des religieuses, leurs médiocres dispositions à s'instruire, le livre étant l'ennemi pour beaucoup de congrégations, nous avons dû créer les écoles dans des établissements confiés à des surveillantes laïques. D'où, en commençant, le choix de Bicêtre et de la Salpêtrière où existait un personnel primaire pour les enfants arriérés, qu'on pouvait utiliser, ce qui permettait de diminuer les dépenses, argument que les adversaires invoquaient contre les Écoles.

L'absence d'instruction des infirmiers et infirmières nous a amené à joindre des *cours primaires* aux écoles d'infirmières, nous dirons tout à l'heure, comment nous avons organisé ces cours et les services qu'ils ont rendus.

Pour le moment, nous allons nous occuper des écoles professionnelles d'infirmiers et d'infirmières. Voici les dates d'ouverture des écoles :

Ecole de la Salpêtrière : 1er avril 1878 ;

Ecole de Bicêtre : 20 mai 1878 ;

Ecole de la Pitié ; 21 mai 1881 ;

Ecole Lariboisière : 11 décembre 1891 ;

Asile clinique : 1882 ;

Asile de Vaucluse : 1888 ;

Asile de Ville-Evrard : 1888 ;

Asile de Villejuif : 1895 ;

Asile de Maison Blanche : 1900.

De 1887 à 1903, l'école départementale de l'Asile Clinique avec ses sections a délivré 561 diplômes.

Les Ecoles d'infirmières ont été créées pour donner l'enseignement aux infirmiers et infirmières des hôpitaux, aux gardes-malades de la ville, aux mères de famille. Elles sont libres et gratuites.

Le programme comprend :

1° Administration ; comptabilité hospitalière (8 leçons).

2° Anatomie (notions élémentaires), 6 leçons.

3° Physiologie (6 leçons).

Ces deux cours ont été critiqués. Ils sont indispensables. L'infirmière doit connaître le nom et la fonction sommaire des organes ; les régions où elle a à appliquer les topiques, où elle doit prendre la température, faire des frictions, appliquer des ventouses, donner des douches, etc. Ce que nous apprenons, devrait être su de tous les enfants des écoles, des collèges ; etc. Notre *Manuel* ne renferme absolument rien de trop.

4° Pansements (20 leçons).

5° Hygiène (12 leçons).

6° Soins à donner aux femmes en couches et aux nouveau-nés (5 leçons).

7° Petite pharmacie (10 leçons).

8° Cours complémentaire de massage (12 leçons).

9° Cours complémentaires sur les soins à donner aux aliénés (2 leçons).

Les professeurs font presque tous des leçons complémentaires surtout les professeurs de pansements. Dans leurs leçons, tous les professeurs ont recours aux moyens suivants: dessins et inscription des noms au tableau, planches murales, squelettes, anatomie-plastique du Dr Auzoux, mannequins, projections.

III. — *Les cours pratiques*. — Ils sont faits dans chacun des quatre établissements-écoles par des surveillantes et ont lieu tous les jours.

III. — *Les pansements dans les salles*. de malades. — Les élèves y viennent par séries. Nos *élèves-infirmières*, en outre des cours, s'instruisent chaque jour' dans leur service où elles reçoivent les conseils des surveillantes. Les élèves libres font, da s la mesure du possible, un stage en médecine, chirurgie et accouchememnt.

Des *conférences* s'ajoutent à cet enseignement.

En 1905-1906, elles ont été faites par M. Laurens, sur les maladies des oreilles, du nez et du larynx; par M. Morel, sur la vaccination, sur la tuberculose; par M. Cornet sur l'alimentation, sur les signes de la mort, les devoirs de l'infirmière en cas de décès, et les différents modes de sépulture, en particulier l'incinération; cette dernière conférence a été accompagnée de projections par M. Mesnard. Citons encore une conférence de M. le Dr Henri de Rothschild sur l'allaitement. Nous faisons de nouveau appel à nos collègues de la Salpêtrière, des autres hôpitaux et à toutes les personnes de bonne volonté pour multiplier le nombre de ces conférences. Et, pour qu'ils n'en ignorent, nous exprimons le désir que l'administration fasse remettre un exemplaire du Palmarès, nous n'osons dire à tous les médecins, mais au moins aux médecins des hôpitaux-écoles. Tous les ans, conférences sur le péril de la tuberculose, le péril vénérien, et le péril alcoolique (1).

Parmi les améliorations introduites pendant ces dernières années dans l'enseignement professionnel, nous citerons les leçons de vaccination, de rasement et de douches.

Ces dernières, dont l'utilité est incontestable, nous ont valu de violentes attaques aussi niaises qu'injustifiées.

Avec nos amis, les professeurs, dès l'ouverture des cours, en 1878, nous avons rédigé le *Manuel de l'Infirmière et de la Garde-Malade*. Pour en faciliter la lecture à nos élèves, au début, nous l'avions fait imprimer en gros caractères, il y avait trois petits volumes. Aujourd'hui, il y a cinq volumes com-

(1) Dans quelques jours, M. le docteur Renon, médecin de la Pitié, fera à l'Ecole de cet hôpital une leçon sur la tuberculose.

pacts auxquels nous avons ajouté, sous le nom de *Bibliothèque de l'Infirmière*, une série de brochures-conférences, dont M. Mesureur a quelquefois autorisé l'impression par l'atelier de typographie des enfants de notre ancien service de Bicêtre.

Tous les ans, l'année scolaire se termine par des *examens pratiques* et par une *distribution de récompenses*. Le palmarès est imprimé et distribué à tous les diplômés. La collection des palmarès permet de suivre, année par année, l'histoire des Écoles d'infirmières. Un diplôme a été institué en 1883-1889, consacrant l'enseignement. Il n'est accordé qu'aux élèves qui, après avoir suivi *régulièrement* les cours: 1o Ont fait toutes les compositions écrites et obtenu dans chaque matière le minimum ci-dessous indiqué:

SUJETS	MAXIMUM des Points.	MINIMUM à Obtenir.
Administration	20	15
Anatomie	20	10
Physiologie	20	10
Pansements	25	15
Hygiène	20	15
Pharmacie	20	15
Soins aux femmes en couches et aux nouveau-nés	20	15
Totaux	175	115

2º Ont obtenu à l'examen pratique un minimum de 20 points (le maximum est de 30.)

Les compositions sont au nombre de 3 pour chaque cours, sauf pour le cours sur les soins aux femmes en couches (2) et celui de massage (1).

Voici, en gros, les dépenses occasionnées par les écoles municipales d'infirmières, en 1906 et les dépenses prévues pour 1908.

	Bicêtre	Salpêtrière	Lariboisière	Pitié
Directeur de l'enseignement	2000 »			
Indemnités { professeurs.......	2275.20	2000.20	1759.10	2000.70
Indemnités {	1895 »			
Indemnités { surveillantes......	1895 »	3595.10	206) »	1132.80
Prix et trousses..........	608 »	2711 »	596.28	1116 »
Fournitures, imprimés livrés........	386.13	560.17	690.10	475.23
Total.................	7161.43	8896.17	5096.78	5051.73
Nombre d'élèves.........	35	153	103	130
Dépense moy. par élève...	172 fr.	55 fr.	18 fr.	46 fr.
Dépenses prévues pr 1908..	7000 »	8500 »	5500 »	5500 »

A l'origine des écoles, nos amis ont fait les cours gratuitement, mais comme il n'était pas convenable de prolonger la durée de leurs sacrifices, nous avons fait voter une indemnité annuelle (Personnellement, nous n'avons reçu aucune indemnité pendant 15 ans).

Exposons maintenant rapidement les résultats obtenus au prix d'un labeur dont personne n'a une idée exacte, des luttes qui n'ont pas encore tout à fait cessé.

Le fonctionnement des écoles a permis la laïcisation successive de tous les hôpitaux ou hospices de Paris. Tous, au nombre de 40, sauf Bicêtre, La Salpêtrière, la Maternité, la Maison de Santé et Ste Périne, entre les mains des laïques, étaient confiés à des religieuses. Il reste à laïciser les fondations dont la plupart sont dans les mains des religieuses à cause des volontés des donateurs. Une loi sera nécessaire pour limiter la durée des conditions de leur durée. L'un des résultats les plus importants de la laïcisation a été le respect de la liberté de conscience, nulle plainte sérieuse ne s'est faite depuis longtemps. Tous les établissements hospitaliers ouverts en 1905 ont été confiés à un personnel laïc. Les *dispensaires* de l'assistance médicale à domicile, sont au nombre de 36: 5 sont encore desservis par un personnel congréganiste.

Les écoles d'infirmières de Paris ont servi de modèle, dans une certaine mesure, aux écoles d'infirmiers et d'infirmières qui se sont créées en province.

Elles ont fourni des surveillantes à un certain nombre d'hôpitaux. Si notre plan avait été suivi et si les réformes que nous proposons étaient acceptées, les écoles municipales d'infirmiers et d'infirmières de Paris auraient pu rendre possible la laïcisation de tous les établissements hospitaliers de France.

Voici un tableau qui donne une idée des derniers résultats de l'année scolaire qui, malheureusement, a été moins bonne que les précédentes.

	Bicêtre	Salpêtrière	Pitié	Lariboisière
Inscrits	61	122	372	177
Ont passé l'examen pratique	31	131	113	61
Diplômés	21	86	66	50

Si l'on compare le nombre des inscrits, celui des élèves qui ont subi les examens pratiqués à celui des diplômés, on voit que la proportion des diplômés est convenable, n'a rien d'exagéré. N'a pas le diplôme qui veut.

Depuis la délivrance des diplômes (1883-1884), nous en avons eu :

à Bicêtre	1155
à la Salpêtrière	1454
à la Pitié	2235
à Lariboisière	895
Total	5739

Nous profitons de notre présence constante aux examens pour relever les diplômes ou certificats primaires possédés par les candidats.

Sur les 387 élèves qui ont passé, en 1906, l'examen pratique, nous en avons trouvé: 214 ayant un titre primaire; 1 ayant le brevet supérieur, 48 ayant le brevet élémentaire, 7 ayant un certificat d'aptitudes pédagogiques; 155 ayant certificat d'études primaires, 1 ayant un diplôme d'herboriste.

Progressivement, les preuves de ces études primaires augmentent d'année en année, ce qui permet d'espérer que dans un délai rapproché, les hôpitaux de Paris posséderont un personnel instruit en mesure de bénéficier sérieusement de l'enseignement professionnel.

Une autre conséquence heureuse de la laïcisation a été que, en province, sous l'influence de la menace de leur renvoi, les religieuses ont été plus obéissantes aux prescriptions des médecins, qui ont obtenu aussi des déplacements de religieuses qu'autrefois on leur refusait obstinément.

Aux résultats fournis par l'enseignement professionnel, il convient d'ajouter ceux de l'enseignement primaire, annexé aux écoles professionnelles. Cet enseignement a été rendu indispensable par suite de l'absence ou de l'insuffisance d'instruction primaire se généralisant, le nombre des illettrés est allé diminuant. Ce n'est cependant qu'en 1905-1906 que les cours primaires de la Salpêtrière, pour la première fois, n'ont pas reçu d'infirmières tout à fait illettrées.

Pour qu'on ait une idée exacte de nos procédés pédagogiques, nous croyons devoir rappeler que nous avons introduit dans ces cours, l'enseignement professionnel sous différentes formes : lecture du Manuel de l'Infirmière, lecture de la traduction de l'anglais du Manuel de l'infirmière de Domville, copiée par un groupe d'enfants des écoles de Bicêtre et de la Salpêtrière, commençant par les enfants écrivant le mieux, en finissant par les enfants écrivant le moins bien, remplaçant la lecture d'un manuscrit quelconque, ce qui les met à même de lire toutes les écritures, lecture de la traduction du *Manuel de l'Association médico-psychologique d'Angleterre sur les soins à donner aux aliénés,* dictées professionnelles, c'est-à-dire portant sur des sujets relatifs à la profession, dont nous remettons, chaque année, un exemplaire à M. le Directeur de l'Assistance publique. Nous préparons ainsi, *dès l'école primaire,* les infirmières peu instruites à recevoir efficacement, le moment venu, l'enseignement professionnel.

Comme on le voit, par tous les moyens possibles, nous essayons de faire pénétrer l'enseignement professionnel dans l'esprit des élèves de l'école primaire. Ceux qui voudraient que nos infirmières soient des « Nurses », feront bien de réfléchir à ce que nous sommes obligés de faire pour l'enseignement primaire avant de nous condamner. Venez voir, regardez et voyez. Mêmes procédés dans les autres écoles.

Ce n'est qu'après plusieurs années de l'existence de ces cours que nous avons fait présenter des élèves au certificat d'études. Voici un tableau qui donne le chiffre des certificats obtenus en 1905-1906 et le total des certificats d'études obtenus par chaque école :

ÉTABLISSEMENTS	Certificats d'études 1901-1903	Total des Certificats d'études de l'École.
Bicêtre...................	5	223
Salpêtrière	5	119
Pitié...................	6	67
Lariboisière............	10	155
Fnfants-Assistés........	5	72
Tenon	3	119
Berck.................	5	102
Totaux...........	30	857

Plusieurs milliers d'élèves ont leur instruction primaire perfectionnée à des degrés variables. De tels résultats font honneur aux maîtres et aux maîtresses, et aux élèves qui, après une journée de travail pénible, s'asservissent à venir à l'école. Ils justifient pleinement la création des écoles d'infirmières.

La réforme de la laïcisation n'a pas eu de conséquence financière sérieuse comme les adversaires le prédisaient bruyamment. Les dons et legs n'ont pas diminué. :

De 1865 à 1878, le produit des libéralités s'élève à 22.540.882 francs, ce qui donne une moyenne annuelle de 1.610.063 francs. De 1878, début de la laïcisation et des écoles, à 1892, le total s'élève à 48.807.700 fr. et la moyenne annuelle est presque doublée, 3.586.261 fr. De 1892 à 1903, le produit des dons et des legs s'élève à 56.913.000 fr., ce qui donne une moyenne annuelle de plus de 4 millions. Donc, la laïcisation n'a eu aucune action défavorable sur la générosité des philanthropes.

Quelques mots sur la province : La laïcisation marche lentement. De nombreuses écoles ou cours se sont créés. A part celles de Lyon, Bordeaux, et de quelques villes, elles ont disparu ou ne fonctionnent qu'imparfaitement. Les difficultés pour la création des écoles sont bien moins grandes que ne le supposent les autorités locales. Conseil municipal et Commission administrative s'exagèrent et les dépenses et les difficultés. Le budget des écoles municipales de Paris est bien modeste, on pourrait même au début, moins dépenser. Les Commissions administratives sont composées de braves gens, mais les bonnes dispositions qui les animent ne leur donnent pas

compétence. N'ayant aucune expérience des hôpitaux, ne con·
naissant rien de leur fonctionnement, souvent ils sont obligés
de se confier aux religieuses. Ce sont elles, ou plutôt la
supérieure (devant laquelle s'inclinent, s'affaissent les autres
sœurs), qui conseille et même le farouche républicain qui
a accepté le rôle d'administrateur. Toutes les réformes, même
l'enseignement lui sont représentées comme impossibles. La
supérieure englue peu à peu les administrateurs et partout,
sauf dans les grandes villes, ce sont encore elles qui sont les
véritables maîtresses dans les hôpitaux. L'administrateur ne
voit que ce qu'elles veulent qu'il voie, ne sait que ce qu'elles veulent qu'il sache. Nos concitoyens ne s'intéressent encore que peu à tous les points de vue aux choses de l'Assistance. Il faut les convaincre que l'*emploi* dans les services
hospitaliers doit devenir un métier, une profession, qu'il ne
doit pas être un pis-aller. Il faut donner à l'employé la sécurité
de son emploi. Il faut qu'il soit sûr qu'en remplissant ses
devoirs, il ne sera pas renvoyé sans des motifs sérieux, pour
des futilités, d'où un dressage de tous, surveillants, médecins fonctionnaires. Il faut supprimer les familiarités, il faut
traiter le personnel convenablement, faire à l'occasion son
éducation. Nos professeurs, hommes et femmes, le font à
chaque instant dans leurs leçons. Nous ne les flagornons pas,
nous sommes prêts à appuyer leurs revendications légitimes,
mais nous leur rappelons sans cesse leurs devoirs. Il faut placer les infirmiers dans de bonnes conditions matérielles, leur
donner des chambres convenables ou les loger dehors, en
organisant un service complet de jour et un de veille, comme
nous le réclamons depuis trente ans. Donner une *nourriture*
convenable, établir partout des *pensions de repos* ou des re·
traites.

Alors le *recrutement* se fera mieux, le goût du métier
d'infirmière se développera dans notre pays et un grand nombre de femmes intelligentes, ayant eu des déboires, n'hési-
teront plus à embrasser la profession. Aujourd'hui, dans les
hôpitaux de Paris, le personnel gradé est parfaitement stable
et de plus en plus à la hauteur de sa mission. Les médecins
le reconnaissent. Il faut aussi que les administrations soient
absolument *justes* envers le personnel, que le favoritisme
contre lequel depuis la création des écoles, 1878, nous nous
sommes élevé, disparaisse. Si l'intervention des chefs de ser·
vice pour des promotions ou des récompenses est absolument justifiée, car ils doivent connaître leur personnel, les
interventions extérieures sont tout à fait mauvaises.

Un avancement non mérité, fait au détriment de personnes plus méritantes, jette le découragement dans le personnel, lui enlève toute confiance dans l'administration, le pousse à rechercher des recommandations extérieures. Il s'est produit, dans les hôpitaux de Paris, certaines améliorations importantes, à cet égard. L'administration, sur nos réclamations persistantes, exige, en général, le diplôme pour les nominations, pour l'avancement, il ne devrait plus y avoir d'exceptions, l'administration y gagnerait en considération et en respect.

C'est aussi pour assurer un meilleur recrutement, offrir un avenir meilleur que nous avons demandé depuis longtemps que les postes les plus recherchés, pour les hommes, ceux de garçons de bureau, pour les femmes, ceux des services généraux, quelquefois de surveillantes de dispensaires, de dames visiteuses, fussent donnés aux surveillants et surveillantes diplômés les plus méritants. Ces idées de justice ne nous sont pas personnelles, et, l'an dernier, à la distribution des prix de l'École de la Pitié, le Dr P. Brousse, ancien président du Conseil municipal, a déclaré hautement que les services des infirmières, le diplôme, leur donnaient le droit « d'être préférées pour les emplois de dames visiteuses ou de surveillantes des dispensaires, à celles qui n'ont d'autre titre que la faveur. » L'administration, disait-il, en forme de conclusion, a le devoir étroit de vous épargner semblable déception.

Pour mener l'œuvre de la laïcisation à bien, il est indispensable, comme nous l'avons dit, de créer des écoles d'infirmières dans les villes où il y a des Facultés ou des Écoles de Médecine ; elles fourniraient du personnel aux établissements de la région. L'enseignement devrait être fait suivant un programme minimum, les conditions d'obtention du diplôme devraient être les mêmes. Alors, les infirmières diplômées pourraient être acceptées par toute la France comme le sont les instituteurs. Il devrait être établi une pension de retraite pour laquelle devraient compter les années passées dans les établissements de bienfaisance, nationaux, départementaux et municipaux.

A Paris, les *remplacements* dans les hôpitaux devraient être confiés aux diplômées instruites, de l'année, auxquelles ils fourniraient l'occasion de perfectionner leur éducation et non aux entrantes, ignorantes, qui, elles, devraient être dirigées de suite sur les écoles. Les infirmiers et infirmières des établissements-écoles, devraient être obligés, tous, de suivre les cours. Les diplômes devraient être l'objet d'un enregistrement légal. Il faudra exiger le diplôme pour exercer la profession. Pour avoir un personnel parfait; il faut multiplier les efforts; que tout le monde, médecins, internes, surveillantes, contribuent à l'enseignement professionnel, encourage, excite infirmiers et infirmières à suivre les cours au lieu de s'y opposer, comme cela a existé longtemps et n'a peut-être pas complètement disparu. Que le Syndicat des non-gradés engage tous ses adhérents à suivre assidument les cours.

Nous sommes heureux de déclarer que nos collègues des hôpitaux, dont la plupart, au début, étaient hostiles aux écoles professionnelles, nous prêtent maintenant leur concours en acceptant les élèves libres dans leurs salles, en facilitant leur stage. Tous reconnaissent la nécessité d'une instruction professionnelle. Cette collaboration est due à ce qu'on se rend compte aujourd'hui, que nous et nos collaborateurs, nous faisons tous nos efforts pour faire de nos élèves de *vraies auxiliaires des médecins*, respectueux de leurs prescriptions, dévouées aux malades, et non pas des « quarts de médecin » prêts à faire de l'exercice illégal de la médecine.

Bien des lacunes sont encore à combler, bien des préjugés à faire disparaître, bien des progrès à accomplir. La réunion de la *Conférence Internationale des Infirmières*, y contribuera sûrement. Aussi, félicitons-nous sincèrement ses organisateurs et les remercions-nous de nous avoir invité à y prendre part.

L'ASSOCIATION POUR LE DÉVELOPPEMENT DE L'ASSISTANCE AUX MALADES ET L'ÉCOLE DE LA RUE AMYOT

Mme ALPHEN-SALVADOR, Présidente-Fondatrice.

« L'Assistance aux malades n'est plus comprise comme on l'entendait autrefois, remarquait M. le Dr Roux, l'éminent directeur de l'Institut Pasteur, à la sixième assemblée générale de l'Association pour le développement de l'Assistance aux malades, dont j'ai l'honneur d'être la présidente fondatrice.

« Pour nos pères, la maladie était surtout un malheur individuel. Celui qui en était atteint, leur paraissait digne de pitié et ils lui venaient en aide par charité. Soigner les malades était une œuvre pieuse et les personnes qui devenaient infirmières étaient presque toujours soutenues par des principes religieux et l'espoir d'une récompense future. »

» Aujourd'hui nous pensons que la maladie d'un membre de la société est un malheur pour la société tout entière. La grande famille sociale est frappée dans la personne du malade, elle lui doit assistance comme à un être cher et cela dans l'intérêt de tous. A l'idée de charité s'est jointe l'idée de solidarité, qui élève à la fois celui qui assiste et celui qui est assisté.

» C'est parce qu'ils ont eu la claire notion de l'évolution dont je viens de parler, ajoutait le savant bactériologiste que les fondateurs de cette association ont fait une œuvre pleine d'avenir. »

L'Ecole professionnelle d'assistance aux malades s'ouvrait modestement le 15 février 1900, dans un petit local de la rue Garancière, sous le patronage du regretté M. Duclaux, le célèbre prédécesseur du Dr Roux à l'Institut Pasteur et du professeur Paul Reclus l'éminent chirurgien qui dès le commencement s'est intéressé à nos efforts.

Quelques mois après, notre Ecole s'installait dans le local de la rue Amyot où elle occupe plusieurs pavillons devenus insuffisants.

Si nous trouvions à nos débuts de nombreux obstacles, nous avions aussi l'avantage inappréciable de rencontrer chez les princes de la science un groupe d'hommes dévoués qui ont assuré la réussite de notre œuvre en choisissant parmi leurs plus brillants élèves une pléiade de jeunes professeurs pour constituer à la nouvelle école un corps enseignant dont le dévouement égale la valeur.

Les cours sont faits dans un but très pratique. Le pédantisme scientifique n'y trouve point place. Les conférences données chaque jour permettent aux élèves de compléter et de revoir leurs cours qui portent sur les matières suivantes :

Anatomie et Physiologie; Petite Chirurgie; Soins aux femmes en couches et aux nouveau-nés; Soins aux malades atteints d'affections de la peau; Hygiène générale; Pharmacie; Médecine générale; Médecine infantile; Soins aux aliénés.

Des exercices pratiques apprennent aux élèves à faire des bandages, pansements, sondages, analyses, lavages, stérilisations et autres opérations de chimie, de pharmacie ou de petite chirurgie d'un usage journalier.

Des cours de cuisine leur enseignent à confectionner les préparations culinaires relatives aux différents régimes des malades.

Les Cours, études et exercices pratiques absorbent l'après-midi des élèves. La matinée est entièrement consacrée au stage dans les hôpitaux. L'Association possède un petit hôpital gratuit de huit lits, fondé en 1902 et destiné aux femmes et jeunes filles vivant de leur travail, qui sert en quelque sorte d'école d'application à nos élèves en ce qui concerne les affections d'ordre médical. Un service de consultations gratuites pour les adultes, créé en 1903, doublé d'un second service pour les nourrissons avec distribution de lait qui fut ouvert le 10 mars 1904, complète l'enseignement pratique donné à l'Ecole même.

L'Association avait, en outre, créé dès Janvier 1904, une maison de santé chirurgicale, rue Oudinot. Ce service a pris une telle extension que les agrandissements devenus nécessaires étaient de nature à dépasser nos ressources. Afin de ne pas entraver son essor matériel nous avons dû le rendre complètement indépendant de notre association. Mais si les liens financiers sont rompus, les liens moraux restent les mêmes avec la nouvelle maison de santé chirurgicale qui s'ouvrira en Octobre prochain à Neuilly. Les soins donnés aux malades qui occuperont les trente lits seront entièrement assurés par les élèves de notre Ecole.

Hôpital, Maison de Santé, Consultations gratuites, constituent des ressources appréciables pour notre enseignement pratique.

Elles sont complétées par les stages que les élèves de première année vont faire dans les services d'hôpitaux et dans les maternités que la direction de l'Assistance publique leur ouvre de plus en plus largement grâce à l'extrême bienveillance de M. Mesureur auquel nous sommes heureuses d'exprimer ici notre reconnaissance.

La maison de santé restera réservée aux élèves de seconde année. Là, comme au petit hôpital gratuit, les élèves prennent la responsabilité de leurs malades, de jour comme de nuit. Elles sont ainsi rompues à toutes les exigences et à toutes les difficultés de leur délicate mission.

Le Docteur Blatui, dans son livre sur le « Soignage des malades et les Infirmières » se plaît à constater que notre enseignement théorique est d'ordre tout à fait supérieur. Notre enseignement pratique s'agrandissant tous les jours davantage, donne à nos élèves un champ d'expérience de plus en plus vaste.

Mais si nous voulons faire, de celles que nous appelons nos « assistantes », des Infirmières de premier ordre, aides puissantes pour le médecin, nous avons l'ambition de compléter leur enseignement professionnel par une haute éducation morale.

Donner à nos jeunes filles la compréhension de leurs multiples devoirs envers les malades, leur apprendre, non seulement à soulager les misères physiques, mais à acquérir un caractère à la hauteur de leur tâche de dévouement et d'abnégation; tel est notre désir. Aussi des conférences de morale pratique leur sont-elles faites chaque semaine par des conférenciers éminents en dehors de toute question confessionnelle, bien entendu car notre école est d'esprit essentiellement laïque.

C'est grâce à l'appui et au concours des membres de l'Université que nous avons pu dès le début organiser ces conférences.

Cette année même, la leçon d'ouverture a été faite par l'illustre philosophe, Monsieur Boutroux, membre de l'Institut et Directeur de la Fondation Thiers qui a parlé de la « Mindeure » et du rôle moral de la médecine. L'an dernier, Monsieur Alfred Croizet, le distingué doyen de la Faculté des Lettres, a proposé à nos élèves l'exemple de haute moralité, maintenant presque oublié, des médecins de la Grèce antique. Ces conférences jettent dans tous ces jeunes cerveaux les semences fécondes qui font mieux comprendre les devoirs journaliers.

D'autre part, encourager chez nos jeunes filles l'instinct féminin du goût et de l'ordre nous a paru indispensable: Le meilleur moyen de leur inculquer ces qualités était de leur constituer un « home » bien personnel en donnant à chacune sa chambre qu'elle est libre d'arranger à sa convenance. Nos élèves en aiment davantage l'Ecole où elles trouvent l'émulation, la sociabilité de la vie commune et familiale et aussi les heures de solitude et de recueillement si nécessaires au développement de la conscience individuelle.

Le recrutement de nos assistantes paraissait une difficulté insurmontable, la profession d'Infirmière ayant été jusqu'ici considérée comme subalterne lorsqu'elle était exercée par des laïques, il s'est réalisé de la manière la plus satisfaisante, grâce à cette organisation toute spéciale.

Deux conditions indispensables sont requises pour l'entrée à l'Ecole: une parfaite moralité ainsi qu'une excellente santé. Les candidates doivent être âgées de dix-huit ans au moins et de trente ans au plus et pourvues soit d'un diplôme de fin d'études secondaires ou de l'un des brevets de l'enseignement primaire. Au cas où elles ne posséderaient aucun de ces diplômes, elles doivent passer un examen d'entrée. Les candidates qui parlent une langue étrangère sont choisies de préférence.

Nos élèves font en qualité d'internes un stage de deux ans pour lequel elles paient une pension annuelle de huit cents francs. Plusieurs demi-bourses sont données par l'Association aux postulantes les plus intéressantes. Après leur première année d'études, les élèves doivent contracter un engagement de quatre ans au service de l'Association. Elles font en qualité d'élèves une seconde année d'études et trois ans en qualité d'assistantes. Cet engagement est renouvelable par période d'un an. Les Assistantes en exercice sont nourries et logées à l'Ecole où de jolies chambres qu'elles ornent à leur gré, sont réservées à chacune d'elles. Ces chambres, il faut bien le dire, elles les occupent rarement, car elles sont presque constamment absorbées au dehors par leurs occupations professionnelles : les unes assurent le service de la maison de santé chirurgicale, les autres dirigent en province des hôpitaux et des œuvres d'assistance de caractère médical ; le plus grand nombre enfin dépense en qualité de garde-malade, dans la clientèle de ville un dévouement compétent apprécié chaque jour davantage par les médecins.

Nos assistantes reçoivent pendant leurs trois premières années d'exercice, un traitement de douze cents francs par an. Ce traitement est augmenté de cent francs jusqu'au maximum de quinze cents francs. Des gratifications supplémentaires peuvent être accordées par le Conseil d'Administration de l'Ecole. Une moyenne de trente jours de congé leur est assurée chaque année et elles ont en outre droit à quatre jours par mois. En cas de maladie, les assistantes sont soignées aux frais de l'Ecole pendant une période maxima de deux mois et elles continuent à toucher la totalité de leurs appointements. Ensuite elles sont envoyées en congé de convalescence sans traitement, mais alors la caisse de retraite et de secours mutuels fondée par notre Association en 1902, leur alloue une somme de trois francs par jour pour une période de trois mois et ensuite une somme de deux francs par jour pour une seconde période de trois mois.

On voit que l'Association s'est efforcée dès sa fondation d'assurer une situation parfaitement honorable à ses Assistantes en leur garantissant un traitement non seulement supérieur à celui de toutes les Infirmières déjà existantes, mais aussi en leur créant une situation plus rémunérée que la plupart des professions ouvertes aux femmes jusqu'à ce jour. D'autre part, la Caisse de retraite et de secours mutuels témoigne de la préoccupation constante de l'Association pour ses assistantes en leur assurant des indemnités journalières en cas de maladie, et en leur constituant des pensions de retraite.

Telle a été la première phase de nos efforts.

Grâce à la bienveillance si éclairée des pouvoirs publics une nouvelle ère va s'ouvrir pour notre association, car sans l'aide du Gouvernement, je le dis très haut, notre œuvre n'aurait pu s'épanouir et donner tous les fruits que l'arbre est susceptible de porter.

Cette bienveillance sera pour nous un stimulant qui, comme le disait en présidant notre assemblée générale de l'an dernier, M. Lourties, l'honorable Vice-président du Sénat, « justifiera l'appui légitime accordé à une institution qui, si elle arrive à prendre le développement qu'elle comporte ne peut manquer d'avoir une portée philanthropique, humanitaire et morale tout à l'honneur de la démocratie contemporaine. »

LA MAISON-ÉCOLE DES INFIRMIÈRES PRIVÉES

par Mlle L. CHAPTAL, directrice de la Maison-École.

Ce n'est pas sans un peu d'émotion que je prends ici la parole. Pour la première fois en France un tel auditoir se réunit. Pour la première fois, nous sommes appelées à participer, nous, infirmières de Paris, à un mouvement auquel, jusqu'ici, nous avions paru rester étrangères. Je dis « nous avions paru » car il n'en était rien, et les rapports que vous venez d'entendre en sont la meilleure preuve. Non, notre pays n'est jamais le dernier lorsqu'il s'agit de dévouement, et certes nous pourrions en invoquer de hautes traditions dans la profession d'infirmière en France. Mais il y a dans l'histoire, même la plus brillante, des moments d'éclipse... Nous avons traversé un de ces moments-là. Et si aujourd'hui je me sens émue à vous parler ,c'est parce que de nouveau le soleil semble sortir des nuages et nous promettre ses rayons les plus réchauffants.

Après le rapport si remarquable de madame Alphen Salvador, qui la première à Paris, a eu le mérite de replacer la garde-malade dans le milieu social auquel elle avait droit, il semble que je n'aurais plus rien à dire. Il aurait pu sembler aussi qu'après la maison qu'elle avait fondée, toute autre fondation privée eût été superflue. Mais ce serait rétrécir singulièrement le champ d'action qui est le nôtre à toutes, que de se borner ainsi, en une grande cité comme Paris, à un seul type d'école d'infirmières si supérieur soit-il.

Aussi bien, depuis le commencement de ce siècle, chaque année a-t-elle apporté une œuvre nouvelle, fondée dans un but analogue. C'est en 1904, que la Maison-Ecole d'infirmières privées, dont j'ai à vous exposer ici le programme, a pris naissance sur l'initiative d'une femme dont le nom illustre est vénéré de tous les gens de bien, Mme H Taine.

Frappée de voir que le soin des malades était de plus en plus abandonné par une certaine classe de Françaises, madame Taine se demandait si cette déviation de leur instinct de dévouement n'avait pas son origine dans un malentendu. On avait cru si longtemps, chez nous, qu'être infirmière, c'était être subalterne, et que pour diriger une salle d'hôpital aussi bien que pour avoir la confiance d'une famille, il fallait porter un costume religieux. En conséquence, c'était ce nom lui-même d'infirmière, si noble et si grand dans sa simplicité, qu'il s'agissait de réhabiliter. Pas plus que l'habit ne fait le moine, le mot ne fait la chose, mais combien il y aide! De là, le titre de la Maison-Ecole, qui a voulu aborder de front le problème actuel. Ceux à qui madame Taine confia son projet, le comprirent comme elle. La regrettée princesse de Wagram, la baronne James de Rothschild, sa sœur, et parmi les médecins, le docteur Maurice Letulle, que vous allez entendre tout à l'heure, eurent d'emblée la conviction que l'idée directrice était bonne et qu'il n'y avait à épargner, pour la mettre en œuvre. C'est dans qu'il n'y avait rien à épargner pour la mettre en œuvre. C'est dès ce début, que madame H. Taine voulut bien nous confier son projet, sûre que sa pensée serait la nôtre en cela, comme elle n'avait cessé de l'être pendant plusieurs années de collaboration d'un autre ordre.

Et le local trouvé ,la Maison fut ouverte dès les pre-

miers jours de l'année 1905, dans un quartier assez central
au point de vue hospitalier, pour faciliter l'allée et venue
des élèves dans les services journaliers. En effet, la rue Vercingétorix est située à peu près à égale distance des grands hôpitaux de l'Assistance publique qui desservent la rive gauche
de la Seine: Laënnec, Necker, Broussais, Boucicaut, pour les
adultes; la Maternité et la clinique Tarnier, pour les femmes;
les Enfants-Assistés et les Enfants-Malades; enfin, l'hôpital Pasteur pour les maladies contagieuses. Et c'est dans ces divers
hôpitaux, avec leur richesse infiniment variée de services et le
nombre illimité de malades qui les fréquentent, que se fait,
chaque jour, depuis deux ans et demi, l'instruction professionnelle des élèves de la Maison-École.

Des cours théoriques faits chaque semaine par des médecins ou des chirurgiens des hôpitaux — citons en passant,
avec reconnaissance, les docteurs Letulle, Aviragnet, Guibé,
Labbé, Dehau — donnent aux élèves les notions nécessaires de la technique, mais sans jamais dépasser ni devancer
dans l'instruction professionnelle l'exercice pratique, accompli au chevet même du malade ou du blessé, dans la salle
d'hôpital. Tous les jours, pendant 4 heures chaque matin, plus
deux après-midi chaque semaine, soit en moyenne 40 heures par semaine, les élèves vont travailler à l'hôpital. Leurs
stages successifs, méthodiquement réglés pendant deux années,
les font passer dans tous les services, maladies générales
ou spécialités, que peut offrir la vaste organisation hospitalière de l'Assistance publique de Paris. Médecine et chirurgie d'adultes, puis d'enfants, soins aux femmes et aux
nouveau-nés, chacun de ces stages est respectivement de quatre mois. Ajoutez à cela un mois passé à l'hôpital Pasteur,
pour l'étude pratique de la désinfection dans les maladies
contagieuses, deux mois chez le professeur Gilbert Ballet,
pour les soins aux nerveux, plusieurs semaines dans d'autres services spéciaux, tels que les yeux, les oreilles, le larynx, etc... en une gradation raisonnée. Une monitrice at-
tachée à la Maison-École suit les élèves dans ces stages divers, les met au courant et inspecte leur travail, agissant
pour cela d'accord avec les chefs de service et les surveillantes de chaque salle, et nous rendre un compte exact des
progrès accomplis ou des difficultés rencontrées. La plus
grande bienveillance de la part des autorités de l'hôpital,
une cordialité parfaite entre nos élèves et le personnel de
l'Assistance facilitent les rapports et permettent d'apprécier
justement toutes choses. A la fin de chaque stage, les médecins

qui ont vu l'élève infirmière à l'œuvre dans leur service, lui donnent, d'accord avec les surveillantes et la monitrice, une note de passage, souvent très détaillée, et qui reste consignée sur le carnet de présence journalière de chaque élève. C'est ce carnet de stages, ainsi annoté jour par jour, qui sert d'élément constitutif au certificat de fin d'études décerné à l'élève en guise de diplôme, au terme des deux ans d'internat. Le Comité médical de la Maison-École, tout en usant d'un moyen de contrôle de premier ordre, évite ainsi l'écueil d'un examen final purement théorique dont le moindre inconvénient serait de faire dévier l'effort pratique des candidates en le portant avant tout sur des exercices de mémoire. J'ajoute que l'instruction professionnelle comprend dans la Maison-École des cours de cuisine des malades, qui viennent s'ajouter aux exercices pratiques de ménage exigés de toutes les élèves.

Quant à la partie morale de l'enseignement, elle est donnée dans la maison par une déléguée du Comité, et il me serait difficile, à un point de vue tout personnel d'entrer là-dessus dans des détails... Sans insister, je dirai cependant que les cours, faits tous les huit jours comportent, en dehors des grands sujets de la morale générale, des leçons toutes pratiques de morale professionnelle appliquées à toutes les circonstances de la carrière d'une infirmière.

Je suis heureuse de pouvoir noter en passant que, soit dans la méthode employée pour varier les stages, soit dans le programme moral de la Maison-École, nous nous trouvons d'accord avec les idées de nos collègues des pays étrangers. J'ai été, en effet, plus d'une fois frappée en lisant le très intéressant *American journal of Nursing*, d'y voir exposer des desiderata qui n'ont cessé d'être les nôtres.

Les limites du présent rapport ne me permettent pas d'entrer là-dessus dans des explications qui lasseraient peut-être l'auditoire; mais toute discussion sur ces sujets d'une importance vitale dans la profession ne pourrait manquer d'être fructueuse.

Il me reste à traiter du côté financier de l'œuvre qui nous occupe. Ici encore le nom de la baronne James de Rothschild doit revenir en bonne place. C'est grâce à un don émanant de sa générosité que la Maison-École a pu s'ouvrir, dans un local dont l'état nécessitait d'importants travaux d'aménagement. Ce local, assez vaste pour abriter vingt personnes en chambres et quatorze en dortoirs séparés, sert également de « home » aux anciennes élèves qui pourront toujours garder avec leur Maison les rapports les plus étroits. Elles paient une pension lorsqu'elles sont dans la maison, mais tout leur gain, 8 à 12 francs par jour, leur est remis lorsqu'elles sont en garde, moins une indemnité de 10 pour cent, exigible pendant trois ans, et qui décroîtra à proportion de la durée de l'engagement, s'il est renouvelé par l'infirmière. C'est donc sur la base coopérative qu'est établie l'Association de la Maison-Ecole, et là encore, nous nous trouvons d'accord avec nos collègues de langue anglaise. Qu'il nous soit donc permis, aujourd'hui, où nous pouvons enfin échanger, avec tant de nations différentes, des idées qui sont chères à tout cœur humain, de nous féliciter une fois de plus de l'entente cordiale qui règne entre nous.

Puisse-t-elle se communiquer et s'étendre, pour le plus grand bien de ceux à qui notre vie à toutes est consacrée; les pauvres, les souffrants, les infirmes, tout ce qui sur terre a besoin d'aide, de secours et de compassion...

L'ENSEIGNEMENT PRÉLIMINAIRE DES INFIRMIÈRES
A L'HOSPICE DE LA SALPÊTRIÈRE.

Par Mme GILLOT, ancienne directrice des Ecoles de la Salpêtrière.

L'hospice de la Salpêtrière ne ressemblait guère, il y a une quinzaine d'années aux autres établissements hospitaliers de Paris.

Son éloignement du centre de la ville, ses bâtiments imposants, ses immenses jardins et ses belles avenues ombragées d'arbres séculaires tout donnait, dès l'entrée, l'impression d'une de ces jolies petites villes de province où l'esprit se repose dans un calme parfait.

La population hospitalisée était, d'ailleurs, peu bruyante. Elle se composait, et se compose encore, de femmes agées ou infirmes, d'aliénées et de malades atteintes de maladies nerveuses, toutes pauvres créatures pour lesquelles la tranquillité est indispensable.

Quant au personnel hospitalier, il était formé de deux éléments distincts; le premier fourni par des jeunes filles de la province, bretonnes en grande partie, appelées à la Salpêtrière par des parents ou des amis qui y étaient occupés.

Le second élément se composait de familles, où parents et enfants, parfois trois générations successives avaient été ou étaient employés dans l'établissement.

On peut concevoir la dissemblance profonde qui existait entre ce personnel et celui des hôpitaux, recruté d'une façon si différente.

Formées, on pourrait dire, par la tradition, les infirmières de la Salpêtrière continuaient leurs devancières, s'attachaient à la maison et parfois refusaient tout avancement plutôt que de la quitter.

En 1835 une école primaire avait été établie en faveur « des filles de service » (1) de l'hospice. Elle comprenait trois ou quatre classes et fonctionna jusqu'en 1845, époque où elle fut fermée pour des motifs d'ordre intérieur. Depuis lors, aucune tentative de rétablir cette école ne fut faite, et celles des filles de service qui voulurent s'instruire durent s'adresser à des administrées qui, moyennant un faible salaire, leur apprirent à lire et à écrire.

Lorsqu'en 1878, on voulut créer à la Salpêtrière une école professionnelle d'infirmières, on reconnut que la plus grande partie du personnel (à l'exception des enfants d'employés et de quelques infirmières), serait incapable de suivre les cours avec profit et de faire les compositions professionnelles exigées.

On songea à rétablir l'école primaire et la réouverture de cette école eut lieu le 1er avril 1878; il y eut à l'origine une soixantaine d'élèves. Les classes avaient lieu tous les soirs; les élèves étaient réparties en deux cours qui, eux-mêmes, en raison de l'inégalité de l'instruction des infirmières, durent être scindés en plusieurs divisions. La plupart ne savaient ni lire ni écrire et un nombre assez notable, en raison de leur origine bretonne, ne parlaient même pas français. En 1888, sur 728 élèves qui avaient fréquenté l'école, 293 y avaient acquis toutes leurs connaissances primaires (2.)

(1) C'était alors l'expression dont on se servait pour désigner les infirmières.

(2) Dr BOURNEVILLE.

En 1891, l'organisation de l'École est restée la même. La division en deux cours subsiste toujours; les classes ont lieu tous les soirs de 7 à 9 heures. Trois jours sont réservés aux élèves du premier cours, au cours dit supérieur; les trois autres jours aux élèves du second cours, ou cours élémentaire.

Mais la loi sur l'enseignement obligatoire commence à porter ses fruits. Le nombre des illettrées a beaucoup diminué, tandis que l'instruction plus répandue permet de préparer les meilleures élèves au certificat d'études primaires.

Du programme des études nous ne dirons rien : il est celui de tous les cours primaires d'adultes. Cependant nous devons noter une innovation importante qui fait, que ce cours d'instruction primaire devient, en même temps, un cours préparatoire à l'enseignement professionnel.

En effet, ici, les lectures et les dictées sont spéciales. Les lectures manuscrites se font dans des traductions de Manuels anglais traitant des soins aux malades et aux aliénés; les lectures ordinaires sont faites dans le « Manuel pratique de la garde-malade et de l'infirmière » du docteur Bourneville, dans les parties correspondant aux leçons des professeurs. Ce qui permet aux institutrices de faire en quelque sorte, la répétition des cours professionnels et, le cas échéant, de donner aux élèves des explications sur les points qui auraient pu les embarrasser. Quant aux dictées, elles ont presque toujours pour objet des questions intéressant la profession.

Tel que nous venons de l'exposer, cet enseignement nous aurait paru incomplet si nous n'avions pu y ajouter l'enseignement moral.

Dans ce but, nos institutrices et nous-même, profitions de toutes les circonstances qui nous étaient offertes pour appeler l'attention de nos élèves sur le caractère élevé de leur mission, sur la nécessité d'une probité professionnelle absolue, d'une tenue inspirant à la fois le respect et la confiance. Nous leur disions l'importance du côté moral de l'infirmière et comment, après avoir soigné le corps, elles pouvaient par leur bonté, leur sympathie, par un encouragement donné à propos, procurer un adoucissement aux souffrances morales, parfois plus douloureuses et plus difficiles à guérir que les souffrances physiques. Et souvent une réflexion naïve, une remarque appropriée venaient nous prouver que notre parole était entendue, qu'elle avait trouvé son écho dans le cœur de nos auditrices.

D'ailleurs, nous avons gardé de ces bonnes filles le meilleur souvenir. En consultant les notes de nos institutrices et les nôtres, nous ne relevons pas, dans l'espace de dix ans, un seul acte d'indiscipline, une seule plainte sérieuse.

Les seuls reproches qui reviennent assez souvent sont ceux-ci: « trop rieuse », ou « étourdie », ou « bavarde en classe ». Tout cela est bien peu de chose, et tient uniquement à l'âge de ces jeunes filles, qui, en s'asseyant de nouveau sur les bancs de l'école, retrouvaient les défauts de l'enfance.

Par contre, il faut admirer sincèrement le courage de ces vaillantes créatures qui, après une journée tout entière consacrée à un rude ou à un répugnant labeur, trouvaient encore le moyen de venir pendant deux heures s'astreindre à un travail, sérieux pour toutes, pénible pour beaucoup.

Plusieurs années ont passé depuis l'époque que nous venons d'évoquer et la petite ville de la Salpêtrière a subi bien des transformations. Elle possède toujours ses majestueux bâtiments, mais, à côté d'eux de nouvelles installations ont été édifiées. Elle a encore de beaux jardins et des allées ombragées de grands arbres, mais pour construire le nouvel hôpital de la Pitié, on a dû, sans doute, faire disparaître quelques jardins, diminuer l'étendue de certaines allées et sacrifier quelques-uns des arbres séculaires.

Au milieu des vastes cours, se trouvait autrefois un riant enclos désigné sous le nom pittoresque de « la Prairie ».

« La Prairie » n'existe plus et, sur son emplacement, s'élève aujourd'hui la nouvelle école d'infirmières ,construite nous dit-on, avec tout le confort et tous les avantages des édifices modernes.

Que donnera cette nouvelle école? Quelle élèves récévrat-elle? Quelle sera la valeur des infirmières qu'elle aura formées? Ces questions ont déjà fait couler beaucoup d'encre et suscité bien des controverses.

Il nous semble que la réponse à ces trois questions est bien simple et peut être formulée ainsi:

La nouvelle institution, étant entièrement aux mains de l'Administration, sera ce que l'Administration voudra bien qu'elle soit.

L'école qu'on va créer à la Salpêtrière étant un établissement public destiné à former des infirmières pour les hôpitaux, sera, par définition, et par analogie avec les écoles normales d'institutrices, une « Ecole normale d'infirmières ».

Dès lors, pour assurer le bon fonctionnement de cette école, ne pourrait-on s'inspirer de l'organisation des écoles normales d'institutrices, qui donnent les meilleurs résultats et ont fait leurs preuves depuis longtemps?

Dans les deux établissements, l'enseignement est théorique et pratique. Pour les institutrices, les leçons théoriques sont faites par des professeurs spéciaux; pour les infirmières, elles le seront par des membres du corps médical. L'enseignement pratique se fait, pour les institutrices, dans les écoles primaires annexées aux écoles normales; pour les infirmières, il sera fait dans les hôpitaux. Enfin le régime de l'internat existe pour toutes deux (1).

À la tête de toute école normale se trouve une directrice devant assurer l'ordre et la discipline de la maison. Ayant toute la responsabilité, cette directrice, et c'est logique, a également toute l'autorité.

Nous souhaiterions qu'il en fût ainsi à la Salpêtrière, qu'il y eût une directrice responsable seule chargée du bon fonctionnement et de la discipline de l'Ecole et possédant seule, par conséquent, l'autorité indispensable à quiconque assumera la responsabilité d'un tel service. Une autorité morcelée n'a jamais donné et ne saurait donner aucun bon résultat.

En plus de ces fonctions administratives, la directrice d'école normale est chargée de faire un cours de morale. Nous souhaiterions également qu'il en fût ainsi à l'Ecole des infirmières, qu'un cours de morale fût institué et qu'il fût professé par la directrice.

Nous avons parcouru le programme des études; nous y avons vu des cours théoriques, faits par des médecins; des cours pratiques, faits dans des salles par des surveillantes et c'est tout. Nous avons vivement regretté cet oubli d'un enseignement de la morale. Si, cependant, il est une profession dans laquelle il y ait lieu de faire appel aux sentiments généreux et dévoués, de les réveiller quand ils existent, c'est bien dans cette profession d'infirmière.

Sans doute il y a, parmi toutes ces jeunes filles de nos hôpitaux, de bons et de braves cœurs, qui consacrent aux malheureux et aux souffrants ce qu'il y a de plus précieux en ce monde: leur jeunesse et leur santé.

Mais nous voudrions qu'à côté de cet élan spontané, qui les porte à se prodiguer, pour ainsi dire, instinctivement,

(1) Nous savons bien qu'à la Salpêtrière, on acceptera le cas échéant quelques élèves externes, mais ce sera toujours l'exception

on développe chez elles la bonté patiente et raisonnée, qui s'exerce sans cesse et par un acte réfléchi de la volonté, envers le malade irrité et exigeant, envers le vieillard aigri par l'âge et les infirmités, envers le pauvre bébé qui réclame sa mère et repousse, sans les comprendre, les soins qu'on veut bien lui donner.

Et puis on a dit, et nous le répétons en modifiant quelques expressions: l'Ecole normale ne doit pas être seulement une école d'instruction, elle doit être aussi une école d'éducation. Il faut que les élèves qui en sortent y aient puisé les principes, les idées justes et saines, les sentiments élevés et généreux, le respect du devoir, cet esprit de dévouement qui en feront des infirmières à la hauteur de leur mission, et des femmes dignes du respect et de l'estime de tous.

L'Ecole ayant une organisation sérieuse et forte des cours excellents, une directrice et des surveillantes aptés aux postes qu'on leur aura confiés, nous arrivons maintenant à la pierre d'achoppement, au recrutement des élèves.

Nous déclarons sincèrement que nous ne voulons faire aucune critique et que, d'ailleurs, nous trouverions le moment bien mal choisi pour dénigrer nos institutions. Mais, en non moins grande sincérité, nous croyons de notre devoir de dire: Si le recrutement des élèves se fait dans les conditions actuelles, vous n'obtiendrez rien de bon, votre système est condamné d'avance et tout ce que vous ferez, le sera en pure perte.

Ne pourrait-on instituer le mode de recrutement qui existe en Angleterre (1), et, croyons-nous, aux Etats-Unis?

Dans quelle classe sociale doit-on rechercher de préférence les élèves? Ici deux opinions sont en présence.

L'une est celle-ci: « Ne peuvent être bonnes infirmières que les personnes qui ont reçu l'éducation. »

La seconde diffère absolument: « La personne d'éducation restera prétentieuse et vaine, elle sera toujours d'esprit indiscipliné et de caractère difficile... ».

---

(1) La postulante doit adresser à la matrone une demande écrite relatant ses conditions de famille, l'instruction qu'elle a reçue l'emploi antérieur de son temps ; elle y joint les pièces relatives à son état civil. Elle aura ensuite à subir un examen médical au point de vue de son aptitude professionnelle. (L. RIVIÈRE).

« C'est la matrone qui les agrée et les choisit après une enquête et sur la présentation de valables certificats ». (Dᵣ NAPLAS).

Nous pensons qu'il y a exagération des deux côtés et qu'on pourrait trouver un juste milieu.

Il est indéniable qu'une personne réellement bien élevée accomplira toujours mieux les devoirs de sa situation quelle qu'elle soit. Mais ici, il faudrait s'entendre sur le sens à attribuer à cette expression « bonne éducation ».

Pour nous, nous estimons qu'au sens strict du mot, il n'y a qu'une sorte de personne bien élevée: c'est celle qui a été élevée honnêtement et moralement dans un milieu honnête. Et cette personne-là, vous la trouverez dans tous les milieux sociaux, de même que vous trouverez l'autre, son opposée, à tous les degrés de l'échelle sociale.

C'est cette femme de « bonne éducation morale » qu'il faut rechercher avant tout. Si, par surcroît; nos élèves infirmières possèdent la bonne éducation, selon la définition mondaine, nul, croyons-nous, ne songera à s'en plaindre.

Nous souhaiterions que la nouvelle école de la Salpêtrière soit considérée comme une école normale d'infirmières.

Que la directrice ait seule toute la responsabilité et toute l'autorité.

Que des leçons de morale soient ajoutées aux cours théoriques et pratiques indiqués au programme et que ces leçons soient faites par la directrice!

Que le mode actuel de recrutement des infirmières soit absolument abandonné et que les élèves de la nouvelle école soient admises, s'il est possible, suivant la méthode anglaise, c'est-à-dire sur l'avis de la directrice, près une enquête sérieuse sur la moralité de la candidate et sur le milieu dans lequel elle a vécu.

L'ORGANISATION DES HOPITAUX DE PROVINCE

par le Dr LANDE

Membre du Conseil Supérieur de l'Assistance publique et administrateur des hôpitaux civils de Bordeaux.

Mesdames,

Votre Présidente, Madame Bedford Fenwick, lors de son séjour à Bordeaux, frappée des différences qui existent entre l'organisation des Hôpitaux anglais et celle des hôpitaux français, m'a fait l'honneur de me demander une note à ce sujet :

La plupart des hôpitaux anglais et nombre d'hôpitaux dans les autres nations constituent des fondations particulières, entretenues par de généreux donateurs.

Ces établissements possèdent une direction autonome assurée par un Conseil d'Administration choisi parmi les personnes qui s'intéressent plus particulièrement à l'œuvre.

Cette constitution, aidée par l'organisation spéciale du personnel secondaire, laisse à chaque établissement une indépendance absolue et permet une souplesse dans leur fonctionnement que nous ignorons en France.

En France, les établissements hospitaliers ne sont pas soumis à une réglementation uniforme :

Paris a une organisation spéciale de ses services d'Assistance, depuis longtemps visés par la loi du 10 janvier 1849.

Dans certaines autres villes, à Lyon, par exemple, l'œuvre hospitalière est semblable à celle des hôpitaux anglais.

La Commission Administrative des Hospices de Lyon a en effet une fortune indépendante assez considérable pour n'avoir pas besoin de recourir, soit à la municipalité, soit au Conseil Général, soit au Gouvernement. Depuis longtemps, il est de tradition à Lyon, que les personnes riches inscrivent sur leur testament des dons importants en faveur de l'Assistance publique. La Commission Administrative des Hospices de Lyon se recrute parmi les donateurs qui déjà de leur vivant ont accordé aux œuvres hospitalières des subsides considérables.

Dans les autres villes, les Commissions Administratives d'Hôpitaux ou d'Hospices sont formées d'une certain nombre de personnes, les unes nommées par le Préfet, les autres déléguées par le Conseil municipal.

Le nombre des membres de la Commission Administrative des Hospices varie suivant l'importance des établissements.

Ils sont toujours en nombre impair, 5, 7 ou 9.

Les Délégués du Préfet constituent toujours une majorité : 3 sur 5, 4 sur 7, 5 sur 9.

Les Délégués du Préfet sont nommés pour quatre ans et sont renouvelables chaque année, à tour de rôle.

Les Délégués du Conseil municipal suivent le sort de l'Assemblée à laquelle ils appartiennent.

Le Maire est le Président né de la Commission Administrative des Hospices.

Au commencement de chaque exercice, la Commission administrative de l'Hospice nomme parmi ses membres — d'habitude elle choisit un Délégué préfectoral — un Vice-Président qui remplace le Maire et préside à sa place les réunions, lorsque le Maire est retenu par ses occupations municipales.

La Commission Administrative choisit également un Ordonnateur des dépenses (loi des 21 mai 1873 et 5 août 1879).

Lorsqu'il existe plusieurs établissements hospitaliers dans la même ville, un des Membres de la Commission administrative est spécialement délégué à la surveillance et à l'administration générale de chaque établissement.

Les attributions de cet Administrateur sont définies par le règlement ministériel du 15 décembre 1899, qui a remplacé le règlement ministériel du 31 janvier 1840.

L'Administrateur délégué assure dans l'établissement dont il est plus spécialement chargé la marche des divers Services : il veille à la bonne tenue de l'établissement, prend les décisions d'urgence et rend compte de sa gestion à la Commission Administrative à sa plus prochaine réunion.

Ces délégations sont d'habitude renouvelées tous les ans.

Dans les villes où il n'existe qu'un seul établissement hospitalier, il est très souvent établi un roulement entre les Administrateurs, chacun faisant le service à son tour, soit trimestriellement, soit mensuellement.

Dans chaque établissement hospitalier de quelque importance il existe un employé qui est désigné sous diverses appellations : Directeur, Directeur-Économe, Économe, Dépensier, Surveillant général. Il assure la surveillance générale et le contrôle sur tous les détails du fonctionnement de l'hôpital. Il représente en réalité la permanence de la surveillance administrative et il doit rendre compte à son administrateur des moindres incidents de la vie quotidienne de l'établissement.

Le Membre de la Commission Administrative des Hospices qui occupe la fonction d'Administrateur a la charge de la comptabilité.

Les Administrateurs délégués dans les divers établissements ne peuvent engager aucune dépense sans que l'Ordonnateur en ait donné l'autorisation, après que la dite dépense a été votée par l'Assemblée générale de la Commission.

Le Vice-Président de la Commission Administrative des Hospices a la haute main sur la direction générale de l'Administration, c'est lui qui a la responsabilité du travail des Bureaux et qui dirige la Commission administrative. Il a la signature de toute la correspondance.

Dans les villes où l'Assistance publique a une grande importance et de nombreux établissements, il existe une organisation administrative assurée par des agents en nombre variable, placés sous les ordres d'un Secrétaire en Chef, d'un Secrétaire-Econome ou simplement de l'Econome. Ce dernier fonctionnaire a la surveillance des travaux, prépare toutes les adjudicaions, fait tous les achats et toutes les distributions d'objets et de denrées quelconques nécessaires à l'approvisionnement de chaque établissement et à la bonne marche de tous les services.

Dans les villes de première importance, à Bordeaux, par exemple, la Commission Administrative des Hospices est assistée et les divers Services sont dirigés par trois agents principaux :

Le Secrétaire en Chef, de qui relève tout le personnl, qui se trouve constamment en contact avec la Commission administrative et avec les administrateurs. Il assiste à toutes leurs délibérations et participe à leurs travaux, dont il a la charge de préparer tous les éléments.

Il a la direction générale des Bureaux, s'occupe des rapports avec les autres administrations et avec tous les chefs des Services généraux. Il prépare la correspondance, rédige les Procès-verbaux et fait exécuter les délibérations de la Commission Administrative avec voix consultative.

Le Receveur, est l'agent financier de l'Administration qu'il représente dans toutes les opérations de comptabilité.

L'Econome est spécialement chargé des approvisionnements, fournitures, confection, manutention, surveillance, conservation des immeubles, etc., etc.

Ces trois fonctionnaires sont assistés d'un nombre variable d'employés suivant l'importance des établissements ; ils sont seuls responsables vis à vis de l'Administration, chacun en ce qui concerne sa spécialité.

Cette constitution assez complexe, alourdit très fréquemment la marche des affaires dont l'examen et la solution incombent aux Commissions Administratives des Hospices. Elle se complique, dans le plus grand nombre des villes, par ce fait que les Commissions administratives des Hospices n'ont pas une fortune suffisante pour subvenir à tous les besoins de leurs divers services et ne peuvent assurer l'équilibre de leur budget que grâce aux subventions plus ou moins importantes de la municipalité.

Il en résulte que les délibérations de la Commission Administrative des Hospices doivent être approuvées par le Conseil municipal, toutes les fois qu'elles comportent un engagement de dépense même quand cette dépense est prévue au budget et pourvue de ressources suffisantes.

La situation pécuniaire des Municipalités met malheureusement très souvent les Commissions Administratives des Hospices dans l'impossibilité de réaliser promptement les améliorations que nécessitent les progrès de la science, tant au point de vue de la disposition générale des bâtiments que de l'organisation intérieure de chaque Service hospitalier.

Il serait à désirer qu'en France, où ne manquent pas pourtant les hommes généraux, l'attention des bienfaiteurs fut plus particulièrement attirée vers les établissements hospitaliers. Nous nous en rapportons trop aisément pour toutes les œuvres de ce genre, aux obligations que notre législation impose aux collectivités.

LES ÉCOLES HOSPITALIÈRES DE GARDES-MALADES DE BORDEAUX.

par Mme Docteur HAMILTON, directrice de l'Hôpital Protestant de Bordeaux.

Mesdames, Messieurs,

Le Comité d'organisation de cette conférence a bien voulu me charger de vous présenter un rapport sur les Écoles Hospitalières de Gardes-Malades de Bordeaux.

Mais le système adopté pour ces écoles est d'un haut intérêt actuellement en France et il eut été trop long de l'exposer d'une manière complète dans cette séance; aussi, j'ai pensé qu'il serait préférable de présenter aux membres de la Conférence, des rapports imprimés donnant sur chacune de ces Écoles, de l'Hôpital civil du Tondu et de l'Hôpital protestant de Bordeaux, des détails précis et complets. Ces rapports vous sont distribués, les gravures qui les illustrent, les nombreux tableaux du personnel et des services qu'ils contiennent, vous donneront un aperçu assez exact de l'organisation de ces écoles.

Mais je désire insister sur deux points, qui caractérisent ce système d'école et qui en font, à notre avis, toute la valeur et le succès.

1° L'Ecole de Gardes-Malades est installée dans un *hôpital* et *constitue* son *personnel infirmier*.

2° C'est une *femme* qui dirige cet *hôpital* et son *école*.

Nous considérons que, de ces deux points, dépend la valeur du dressage des Gardes-Malades.

Cette déclaration pourra paraître superflue à la plupart des membres de cette conférence. En effet, je vois dans cet auditoire, de nombreuses directrices d'hôpitaux qui ont été d'abord de simples élèves Gardes-Malades et qui, d'échelon en échelon, ont gravi toute la filière hospitalière pour occuper actuellement des positions d'une importance considérable et qui représentent ici des centaines de collègues avec lesquelles elles dressent des milliers de gardes-malades tout en dirigeant des hôpitaux importants.

Mais, en France, on peut encore compter sur les doigts de la main les directrices des hôpitaux civils, et Paris n'en a pas une seule!

Aussi, c'est avec une profonde joie que nous saluons toutes ces directrices d'*hôpitaux-écoles de Gardes-Malades!*

Leur seule présence dans ces assises internationales prouve que le système d'écoles hospitalières que nous avons inauguré en France, à Bordeaux, n'est point un essai d'utopistes, mais une simple adaptation d'une méthode reconnue excellente à l'étranger et dont l'initiative remonte à la pionnière de toutes les gardes-malades, à l'héroïne de Crimée, à la vénérée Florence Nightingale!

L'Ecole Hospitalière de Gardes-Malades
de la Maison de Santé Protestante de Bordeaux.

La Maison de Santé Protestante, actuellement un hôpital général, fut ouverte en 1863, pour recevoir les marins malades de la rade de Bordeaux.

La création d'un établissement pour soigner les marins protestants, très nombreux dans ce port au temps où la navigation à voile était plus générale, s'imposait, car les hôpitaux civils étaient alors gouvernés principalement par les religieuses, qui n'observaient pas à cette époque-là, une neutralité suffisante à l'égard des malades non-catholiques. Aussi ce furent les pasteurs des diverses églises protestantes françaises, anglaise, scandinave et allemande de Bordeaux qui, dès 1861, réunirent leurs efforts pour trouver les fonds nécessaires pour cet hôpital destiné, par ses statuts, aux seuls protestants. Mais il ne fut pas réservé aux marins, il fut aussi ouvert gratuitement aux protestants indigents adultes de la ville et quelques années plus tard, en 1871, les enfants malades y furent aussi admis.

Au début, la direction fut confiée à M. le pasteur et à Mme Rau, auxquels succéda, en 1865, Mme Vve Momméja.

Sous le règne de Napoléon, l'Établissement fut reconnu d'utilité publique par décret impérial du 21 avril 1867.

En 1870-71, le Conseil d'Administration offrit aux autorités militaires d'hospitaliser des blessés, lesquels furent reçus sans distinction de culte; c'est ainsi que 145 officiers et soldats furent soignés à la Maison de Santé protestante de Bordeaux avant même que les diverses sociétés de la Croix-Rouge fussent organisées en France.

En 1875, la première consultation gratuite fut instituée, ce fut le début du dispensaire important qui compte maintenant toutes les spécialités et reçoit tous les malades sans distinction de culte, accordant largement aux plus indigents les médicaments et les pansements gratuitement.

Mais dès la création de l'Hôpital, les fondateurs exprimèrent dans leur premier rapport, le désir d'annexer à l'établissement une œuvre de gardes-malades qui, préparées ailleurs, pourraient se perfectionner par la pratique dans la Maison et aller soigner les malades dans les familles.

Ce ne fut que le 28 février 1881 que le Conseil d'administration prit la décision de former entièrement ces auxiliaires indispensables des médecins en leur demandant de faire des cours pour les gardes-malades. La directrice, Mme Vve Momméja, explique, dans son rapport de l'année suivante, combien il était regrettable que les établissements hospitaliers fussent réduits à chercher au loin les aides qui leur étaient indispensables pour bien remplir leur mission. Voici dans quels termes elle s'exprimait: «C'est évidemment pour atteindre ce but que nous avons tant désiré la création d'un cours pour l'instruction des gardes-malades. Attirer de ce côté l'attention des femmes sérieuses de notre pays, leur offrir les moyens de devenir habiles à soigner des malades, n'est-ce pas, en effet, la meilleure manière de faire naître des vocations spéciales et d'en faciliter la préparation ? » Et plus loin, elle ajoutait : « Nous recevons des félicitations et des vœux au sujet de notre entreprise ; nous voudrions surtout qu'on nous envoyât des personnes de bonne volonté, disposées à se vouer aux malades. Le Conseil d'administration a créé des places d'élèves internes ; il est à regretter qu'on n'en profite pas davantage... » En effet, les cours annoncés dans les journaux avaient attiré 156 inscriptions très rapidement, mais ces élèves, pour la plupart des femmes mariées, se bornèrent à assister aux cours, et il fallut continuer à faire appel à des personnes plus ou moins préparées, pour constituer le personnel soignant de la Maison.

Aussi le secrétaire de l'œuvre déclarait encore dans son rapport de 1885 : « Il nous manque à ces leçons de véritables gardes-malades voulant faire carrière de cette profession. Les vocations sont sans doute rares pour cet état difficile qui exige tant de dévouement. Avec du temps et de la persévérance, nous arriverons, nous l'espérons, à recruter ce personnel d'élèves ».

Mais les dames qui assistaient aux cours désirèrent avoir une sanction de leur zèle et on obtint, en 1887, que la Société de Secours aux Blessés Militaires consentît à leur octroyer son diplôme. Des examens d'ordre principalement théoriques furent passés devant un jury composé de trois médecins, dont l'un était attaché à l'établissement, l'autre aux hôpitaux, et le troisième représentait la Société de la Croix-Rouge. De 1887 à 1890, il fut délivré 20 diplômes, dont trois seulement à des dames attachées à l'établissement.

Le 6 novembre 1890, le Conseil d'administration de l'Etablissement résolut de reprendre son indépendance et d'avoir son propre diplôme et créa une « Ecole Libre et Gratuite de Gardes-malades, » qui débuta en 1890, ayant comme directeur M. le professeur Demons et comme directrice des études, Mme Gros-Droz, 1une des élèves externes diplômées par la Société de Secours aux Blessés, mais le stage hospitalier ne fut pas encore institué, les élèves externes furent seulement astreintes à assister aux consultations gratuites de l'Etablissement. De nombreux cours furent organisés : ils avaient lieu trois fois par semaine et étaient faits par des docteurs, par la directrice des études et par des répétitrices. Les élèves

devaient passer trois examens préparatoires, un examen de fin
d'année, puis encore trois examens préparatoires et un examen
final pour l'obtention du diplôme à la fin de la seconde
année scolaire. Ces examens étaient passés devant des jurys composés de deux à quatre docteurs et les diplômes dé-
livrés étaient signés par M. le professeur Demons, chirurgien en
chef, et par M. Gabriel Faure, vice-président du Conseil d'administration. La durée des études étant de deux années, les
places d'élèves internes au nombre de huit, et les places
d'élèves externes en nombre illimité, l'Ecole avait reçu 314
inscriptions de 1890 à 1902 et diplômé 16 élèves internes
et 113 élèves externes. Deux médailles d'argent et de bronze furent décernées à cette Ecole aux Expositions de Bordeaux et
de Montpellier.

En 1901, la direction de l'Etablissement ayant été confiée
à Mlle Dr Hamilton, « l'Ecole Hospitalière de Gardes-Malades »
fut graduellement organisée. L'uniforme bleu pâle com-
mença à être porté par les Gardes-Malades à la fin de cette
année, mais ne devint obligatoire pour toutes qu'en novembre 1902. C'était la première fois, en France, qu'un personnel
hospitalier endossait ce costume depuis lors imité dans beaucoup d'hôpitaux civils.

Le 27 décembre 1901, le Conseil d'Instruction, sur la demande de la Directrice, décida, à l'unanimité, la création d'un
nouveau diplôme de « Garde-Malade Hospitalière » qui serait
décerné seulement aux élèves faisant leur véritable stage hospitalier, dans les salles de malades, pendant les deux années
d'études. Il fut également décidé que ce diplôme serait signé
par le Chirurgien en chef, le Vice-président et la Directrice.

En février 1902, le salon des Gardes-Malades fut installé
et eut l'honneur d'être le premier salon hospitalier en France.

A la fin de cette même année, le Conseil d'administration
consentit à supprimer définitivement les infirmiers de l'Etablissement, les médecins ayant accepté, sans réclamation, le
service des gardes-malades dans les salles d'hommes.

Le 26 décembre 1902, le Conseil d'Instruction avec le
concours de MM. Faure et Preller, vice-président et trésorier
de l'œuvre, sous la présidence de M. le Dr Demons, décida
à l'unanimité, d'adopter sur la proposition de la Directrice,
le programme du Conseil Supérieur de l'Assistance publique
de France pour les Ecoles d'Infirmières dont l'enseignement
est pratique et théorique.

Mais, dès le début, en 1901, la Directrice insista sur la nécessité d'avoir une excellente garde-malade *cheftaine*, pour

surveiller et dresser les élèves. Il était alors impossible de trouver en France une personne distinguée et techniquement capable pour remplir ce rôle, aussi, il fallut faire appel à l'étranger, et les gardes-malades suivantes occupèrent successivement ce poste : Mlle Wiener, sœur de la Croix-Blanche de Hollande ; Mlle Linroth, puis Mlle de Holsten, sœurs de la Croix-Rouge de Suède ; Mlle Elston, diplômée du « London Hospital », qui fut ensuite cédée à l'Administration des Hospices civils de Bordeaux, pour prendre la direction de l'Ecole qui venait d'être créée ; enfin, Mlle Larimanou, élève diplômée de la Maison de Santé protestante lui succédait, et à partir de ce moment, l'Administration put faire appel aux anciennes élèves de l'Etablissement, pour occuper le poste de cheftaine générale et celui de sous-cheftaine, créé en 1906.

Le 11 novembre 1903, sur la demande de la Directrice, l'Administration décida de supprimer (après approbation du Conseil d'Instruction) le diplôme réservé aux élèves ne faisant pas le stage hospitalier ; cette mesure avait pour but de rehausser le niveau d'instruction de toutes les élèves diplômées par l'Ecole, étant donné que le fait d'assister simplement aux cours théoriques et à des consultations ne suffisait pas pour former des gardes-malades sérieuses. Mais les cours théoriques restèrent ouverts à toutes les « auditrices » qui voulurent en profiter.

Le stage hospitalier réservé jusque-là aux seules élèves internes fut ouvert aux élèves externes quel que fut leur dénomination religieuse et toutes purent désormais aspirer au même diplôme.

C'est ainsi que dans l'espace de trois années, les études de gardes-malades furent transformées et mises au même niveau qu'elles atteignent actuellement en Angleterre en ce qui concerne l'organisation matérielle et l'éducation des élèves. A l'égard de l'instruction, les conditions sont peut-être supérieures à celles de la plupart des écoles anglaises ; car le roulement des élèves dans tous les genres de services hospitaliers est fait d'une façon absolue, et les cours théoriques embrassent un programme plus complet.

L'Ecole Hospitalière de la Maison de Santé protestante a contribué puissamment à la bonne marche de l'Ecole des Hospices Civils de Bordeaux, en lui fournissant la Directrice et huit élèves diplômées dont quatre à titre de cheftaines, qui, dans les débuts permirent à cette Ecole de fonctionner jusqu'au moment où elle put recruter ses aides parmi ses propres diplômées.

Cette Ecole, après six années d'existence, se trouve avoir déjà fourni des gardes-malades (directrices ou cheftaines), aux hôpitaux civils d'Alais, Albi, Amiens, Béziers, Bordeaux, Cambrai, Issoire et Reims, sans parler de celles qui sont dans des maisons de santé ou qui soignent à domicile.

Administration

Conseil de l'Etablissement

MM. Camille SOULIER (✸), pasteur, président honoraire.
   Jean CADENE, pasteur, président.
   Gabriel FAURE (O ✸), vice-président.
   L.-H. PRELLER, trésorier.
   André BOSC, secrétaire.
   Charles FOSSE, secrétaire adjoint.
   Reverend Lurton BURKE, pasteur de l'Eglise anglicane.
   BAUMLER, pasteur de l'Eglise allemande.
   Arthur de ROBERT, pasteur de l'Eglise libre.
   Charles de BETHMANN.
   Adolphe SALLE.
   Hermann CRUSE.
   Charles de LUZE.
   Henri BROWN (✸).
   David DUMON.
   Charles CAZALET (O ✸).
   Edmond DIETZ.
Madame Veuve MOMMEJA, directrice honoraire.
Mademoiselle Docteur HAMILTON (✸ A), directrice, médecin résident.

Personnel de l'Ecole

M. le Docteur DEMONS (✸ O, ✸ I.), professeur de clinique chirurgicale à la Faculté, chirurgien en chef de la Maison de Santé Protestante, *Président du Conseil d'Instruction.*

M. le Docteur RAULIN, médecin du Bureau de Bienfaisance, médecin adjoint de la Maison de Santé protestante, *Médecin délégué du Conseil d'Instruction.*

M. Gabriel FAURE (O ✸), Vice-président des Hospices Civils de Bordeaux, vice-président du Conseil d'Administration de la Maison de Santé protestante, *Délégué du Conseil d'Administration.*

Mademoiselle Docteur HAMILTON (♣ A.), médecin résident, *Directrice.*

Mademoiselle DEBARD, *Cheftaine générale.*

M. le Docteur GRIEWANK, chef de clinique adjoint à
la Faculté, Médecin du Bureau de Bienfaisance, *Chargé de
Cours.*

M. le Docteur PERY, Professeur agrégé, Chef de clinique
à la Faculté, *Chargé de Cours.*

N.-B. — MM. les membres du corps Médical de la Maison
de Santé protestante, se chargeront des cours ayant trait à
leurs spécialités respectives.

Conditions d'admission

Les élèves admises dans l'établissement se divisent en deux
catégories :

1º Les élèves hospitalières internes,
2º Les élèves hospitalières externes.

Les élèves des deux catégories doivent être âgées de vingt
et un à trente-cinq ans, avoir reçu une bonne éducation, posséder une santé normale et présenter les garanties de moralité indispensables à cette carrière. L'éducation et la moralité sont considérées d'une importance primordiale et infiniment supérieures à tous les brevets d'instruction. C'est dans
l'entourage de la candidate que sont pris les renseignements
concernant ces qualités et c'est aux dames de préférence
qu'ils sont demandés. Les certificats provenant de commis-
saires de police, maires et autres personnages officiels sont
considérés comme ne présentant pas des garanties suffisantes dans ces questions intimes. C'est pourquoi les candidates en faisant leur demande doivent indiquer quatre références de personnes honorablement placées, les connaissant
bien.

Pour que l'élève puisse profiter convenablement du stage,
elle doit pouvoir s'y consacrer entièrement. Aussi, toute candidate ayant des obligations de famille ou autre ne sera pas
acceptée comme élève, car s'il est malheureusement beaucoup de cas où la femme, devant travailler pour vivre, se
voit dans l'obligation de sacrifier tantôt sa famille à son
emploi, tantôt son emploi à sa famille, la carrière hospitalière est absolument incompatible avec cette situation, le
malade ne devant pas être exposée à ces alternatives. Seule,

la femme non mariée ou veuve pourra être acceptée pour ce genre de fonctions, où toutes ses préoccupations et ses forces doivent pouvoir se concentrer.

Les candidates doivent envoyer un certificat récemment délivré par un médecin déclarant qu'elles sont en bonne santé et exemptes d'infirmités. Toutefois, elles seront soumises à un second examen à leur arrivée et l'Administration se réserve de les renvoyer à leurs propres frais si on constate une insuffisance quelconque pour la carrière de garde-malade dans le cours du stage (1).

Les élèves *hospitalières internes* (protestantes), sont logées et entièrement entretenues (nourriture, blanchissage et repassage, chauffage et éclairage); les boursières sont reçues gratuitement (2); les payantes doivent verser une pension de 90 fr. par mois.

Les élèves *hospitalières externes* reçoivent gratuitement l'instruction pratique et théorique, identique à celle des élèves internes et le blanchissage et le repassage de leur uniforme. Elles sont tenues exactement aux mêmes heures de service diurne et nocturne (3).

Les élèves ont la jouissance d'un salon qui leur est spécialement réservé et d'une salle de bain.

Chaque élève s'engage moralement à rester dans l'Ecole jusqu'à l'obtention de son diplôme, mais il est bien entendu qu'elle pourra être renvoyée à une date quelconque de son stage si elle ne donne pas satisfaction.

A la fin des deux années d'études l'élève quitte libre de tout engagement, quelles que soient les conditions dans lesquelles elle a fait ses études et elle peut immédiatement accepter l'un des nombreux postes dans les hôpitaux ou cliniques pour lesquels la direction reçoit des demandes de diplômées, ou s'établir comme garde-malade à domicile si elle le préfère.

De 1905 à 1906, il a été enregistré 91 demandes d'admission à l'Ecole hospitalière pour 20 places disponibles.

Les personnes qui désirent assister aux cours à titre d'au-

(1) Dans ce cas, elles devront laisser une partie de leur uniforme contre un remboursement partiel des frais encourus.

(2) Il existe sept bourses réservées aux jeunes françaises qui ne peuvent faire les frais de ces études. Elles sont accordées de préférence aux filles de pasteurs. (Adresser les demandes à l'avance.)

(3) Bien que l'internat soit réservé aux jeunes filles étrangères à la ville, les élèves domiciliées à Bordeaux peuvent bénéficier des bourses en recevant gratuitement la pension alimentaire complète ou la demi-pension.

ditrices doivent jouir d'une honorabilité parfaite et posséder une instruction élémentaire suffisante. Elles doivent être
âgées d'au moins 18 ans.

A ce titre seulement, une carte d'admission, permettant d'assister gratuitement aux cours, leur est délivrée par Mademoiselle la Directrice de la Maison de Santé protestante.

Uniforme

L'uniforme de service (obligatoire): 3 robes de coton bleu pâle
uni; 12 grands tabliers à bavette entourant le col, avec bre-
telles s'entrecroisant dans le dos, 6 cols et 6 paires de manchettes selon le mode adopté; deux blouses en pékin blanc à
manches courtes pour les opérations; un châle en laine toute
blanche; chaussures ou pantoufles en cuir.

Il est interdit aux Élèves de sortir avec la robe destinée
au service des malades par mesure d'hygiène.

L'uniforme de ville (facultatif). — Costume tailleur bleu foncé,
col et manchettes, capote en paille garnie de velours bleu,
brides blanches, gants blancs. Grand manteau à pèlerine.

Les élèves qui ont accompli douze mois de stage portent
un petit bonnet blanc qui les distingue des élèves nouvel-
lement arrivées.

Les élèves diplômées ont le droit de porter le brassard
blanc et bleu dont les insignes rappellent l'École où elles
ont fait leurs études.

Les élèves doivent se fournir l'uniforme à leurs frais et
imiter exactement les modèles adoptés. Elles sont tenues sur
leur honneur de ne pas porter l'uniforme de service ou de
ville si elles quittent l'École sans avoir obtenu le diplôme. De
même, toute personne qui imiterait ce costume se rendrait
coupable d'un acte indélicat.

Repas

Les repas, présidés respectivement par la Directrice, l'É-
conome ou la Cheftaine, sont servis en deux séries, afin
que les malades ne soient jamais abandonnés et que les gardes-malades puissent s'alimenter tranquillement.

Petit déjeuner

7 h. 15. — Tour le personnel diurne........ } Café au lait ou cacao
8 heures. — Les veilleuses................. }

Dîner

10 h. — 1re série présidée par la Directrice.. } Viande rôtie.
                                                  Légumes   secs   ou
                                                    frais.
10 h. 45. — 2me série présidée par l'Econome } Dessert.

Goûter

2 h. 30. — Les élèves au repos .... } Cacao ou café au lait
2 h. 45. — Les élèves quittant le service... } Pain beurré.

Souper

6 h. 45. — 1re série présidée par la Cheftaine } Potage ou soupe.
                                                  Bouilli ou poisson
                                                    ou œufs.
                                                  Salade ou légumes.
7 h. — 2me série présidée par la Directrice... } Entremets.

Lunch

                                                  Œufs.
1 heure matin. — Les veilleuses............ } Cacao.
                                                  Entremets.

INSTRUCTION

Comité Médical de l'Établissement et Conseil d'Instruction de l'École.

DATES de Nomination	NOMS DES DOCTEURS	QUALITÉS
1879	A. DEMONS (✱, O. ❂ I.), Professeur de clinique chirurgie. à la Faculté, Chirurgien des hôpitaux.	Chirurgien en chef.
1883	S. PEIRON, Médecin inspecteur de la Protection des Enfants du premier âge.	Médecin en chef.
1886	E. MONOD (❂), ex-chir. des hôpitaux.	Gynécologie.
1886	M. DENUCÉ (❂ I.), prof. de clinique chirurg. des enfants à la Faculté, chirurgien des hôpitaux.	Orthopédie.
1886	W. DUBREUILH (❂ I.), Professeur agrégé à la Faculté, Médecin des hôpitaux, chargé de la clinique des maladies de la peau à l'hôpital civil.	Maladies de la peau.
1886	A. MOUSSOUS (❂ I.), Professeur de clinique médicale des Enfants à la Faculté, Médecin des hôpitaux.	Médecine infantile.
1888	E. BRUGEILLE, chirurgien-dentiste à la Faculté.	Maladies des dents.
1892	L. RAULIN, médecin du Bureau de Bienfaisance, médecin de la Compagnie du Midi.	Maladies chroniques de l'estomac.
1899	J. BERGONIÉ (✱, ❂ I.), professeur de physique biologique et d'électricité médicale à l'Université, chef du service électrothérapique des hôpitaux.	Électrothérapie.
1899	L. LAMACQ-DORMOY, médecin des hôpitaux.	Maladies nerveuses.
1903	J. ANDÉRODIAS, professeur agrégé d'obstétrique à la Faculté.	Accouchements et Nourrissons.
1904	F. LAGRANGE (✱, ❂ I.), chargé du cours d'ophtalmogie à la Faculté, Oculiste de l'hôpital des enfants.	Oculiste.
1904	G. CHAVANNAZ (❂), prof. agrégé à la Faculté, chirurgien des hôpitaux.	Chirurgie générale.
1905	G. DUPOND (❂), membre de la Soc. française de larynologie.	Maladies de la gorge, du nez et des oreilles.
1906	E. J. MOURE (✱, ❂ I.), professeur agrégé à la Faculté de médecine, chargé de la clinique des maladies de la gorge, du nez et des oreilles à l'hôpital civil.	Maladies de la gorge, du nez et des oreilles.

Ce groupement important de spécialistes de premier ordre attire dans les salles de l'hôpital et aux consultations des malades présentant les affections les plus variées, ce qui assure aux élèves un stage des plus instructifs. L'Etablissement, possédant quelques chambres pour malades payants, les élèves apprennent aussi à soigner ces malades d'une catégorie différente, ce qui leur permet de se préparer non seulement à la carrière des hôpitaux, mais aussi à celle de garde-malade à domicile.

Stage hospitalier

L'instruction pratique la plus importante, est donnée dans les salles de l'établissement que les élèves sont appelées à desservir entièrement pendant deux années, sous la surveillance incessante de la directrice et de gardes-malades diplômées faisant trois mois de stage dans les services suivants :

1º Salle d'enfants.
   Salle de médecine (femmes).
2º Salle de médecine (hommes).
3º Salle de chirurgie (femmes).
4º Salle de chirurgie (hommes).
5º Maternité (1).
6º Dispensaires (treize spécialités).
   Salle d'opération, appareils, stérilisation.
7º Service des veilles.
8º Administration.

Ce stage est l'élément essentiel de la préparation de la garde-malade, car c'est le dressage soigneux des élèves par les diplômées dans tous les détails de leur service qui pourra leur donner une capacité durable autrement précieuse que la demi-science trop souvent recherchée.

Pendant la durée des études d'une série d'élèves, de 1905 à 1906, l'Etablissement a donné 23.225 journées d'hospitalisation. Il a été pratiqué 21 accouchements et 101 grandes opérations avec plein succès, ainsi que plusieurs centaines de petites opérations au Dispensaire où 23.362 consultations ont été don-

(1) Seules les élèves ayant terminé douze mois de stage, sont appelées à faire celui de la Maternité.

nées. Les gardes-malades ont fait aux consultations 5.500 pansements, sans compter ceux qu'elles font dans les salles et dont la statistique n'est pas notée.

L'absence d'internes et d'étudiants en médecine permet aux élèves d'apprendre à faire, pour les malades, tout ce que ne font pas les chefs de service, ce qui leur donne une expérience très considérable au point de vue technique.

Sous la direction des gardes-malades diplômées, les élèves apprendront à observer la plus grande propreté dans leur service, à être ordonnées et méthodiques, tranquilles dans leurs mouvements et lestes, sans précipitation: à parler distinctement et à adopter un timbre de voix qui ne soit point bruyant; elles auront à observer la plus grande ponctualité dans les heures de service, de repos et de repas, et dans l'exécution de leurs devoirs, qu'elles devront accomplir consciencieusement, afin de se montrer dignes de confiance. La plus grande véracité devra présider aux renseignements qu'elles auront à donner sur l'état et la manière d'être des malades: leurs rapports de service devront être faits avec exactitude et précision. Elles devront s'appliquer à mettre toute leur attention à leur travail, afin d'acquérir la présence d'esprit si précieuse dans leur rôle, et s'efforcer à être patientes et fermes avec les malades, ce qui n'exclut point la sollicitude et la douceur; obéissantes et respectueuses envers leurs cheftaines et douées, en toutes circonstances d'un bon caractère, qualité très importante pour une garde-malade. Elles apprendront aussi la bonne tenue de la garde-malade, qui comprend non seulement l'ordre et la propreté de l'uniforme et de celle qui le porte, mais aussi le maintien réservé, qui n'exclut pas la bonne grâce, ainsi que la déférence envers les médecins (sans servilité) et la suppression absolue de cette familiarité de mauvais goût, que tant de gardes-malades considèrent à tort comme un honneur qui leur est fait. ,|

Ainsi, dans toutes les phases du stage, et selon le roulement continu des malades d'un hôpital, les élèves apprendront leur rôle dans tous les genres de service et de soins à donner, qui seront accomplis sous leurs yeux avec compétence par les diplômées et puis exécutées par elles-mêmes sous une surveillance incessante, pour que le malade hospitalisé ne soit pas exposé à subir des conséquences fâcheuses du fait de l'enseignement des élèves.

Elles apprendront ainsi bien autrement efficacement que par des cours théoriques, la manière de bien observer les malades, les diverses façons de prendre leur température, l'aspect des sécrétions de tout genre, des expectorations; les variétés du pouls, les états divers de la peau, le degré d'appétit, l'état de conscience ou d'insconscience des malades, de leur respiration ou de leur sommeil.

On leur montrera comment panser les vésicatoires, les brûlures, les escarres et autres plaies diverses; à faire les fomentations et les cataplasmes avec soin et comment fixer ou enlever les emplâtres et les sangsues; à être capables dans l'administration des lavements; à pratiquer le cathétérisme avec dextérité et les injections de tout genre sans faire souffrir les malades.

Elles apprendront à apprécier l'aspect d'une plaie, les caractères d'une éruption, les signes de l'inflammation, les effets d'un régime ou des stimulants, l'influence d'un remède et les signes précurseurs de la mort.

Elles montreront si elles seront aptes à gouverner une salle de malades, à assurer sa ventilation de jour et de nuit et à savoir employer utilement les désinfectants.

On les éprouvera quant à la propreté des ustensiles de divers genres (aliments, pansements, déjections), choses qui ne peuvent s'enseigner que dans l'exécution du service journalier d'une salle de malades. On leur enseignera aussi comment transporter les malades, de quelle manière les changer de linge sans les fatiguer; la façon dont on peut les nourrir, selon le degré de maladie et son genre,; la façon d'assurer une chaleur ou fraîcheur artificielle, ainsi que les divers systèmes pour varier la position du malade dans le lit, et comment prévenir les escarres, qui ne devraient jamais paraître chez un malade et surtout un opéré bien soigné.

Les élèves apprendront aussi tous les soins spéciaux réclamés par l'arsenal d'une salle d'opérations: la manière de tout préparer selon le genre d'intervention qui doit avoir lieu et l'attitude silencieuse et attentive de l'infirmière qui est là pour seconder et non pour voir l'action du bistouri, remplissant un rôle aussi effacé d'apparence qu'important en réalité, car c'est d'elle que dépend souvent toute l'asepsie opératoire, qu'elle peut compromettre à l'insu du chirurgien si elle manque de conscience ou de compétence dans ses fonctions.

Horaire de service

Les élèves sont de service de 7 h. 1/2 du matin à 8 h. 15 du soir pendant le stage diurne, avec 2 h. 1/2 de liberté

par jour, une journée de congé par mois et un mois de congé
pa an, ce qui fait qu'elles ont à accomplir 646 jours de service
effectif dans l'hôpital.

Petit déjeuner........................	7ₕ15 à 7ʰ30
Service des malades....................,....	7 30 à 10 45
Déjeuner à la fourchette...................	10 45 à 11 30
Service des malades.......................	11 30 à 2 45
Goûter	2 45 à 3 »
Repos ou sortie.................´..........,.......	3 » à 5 30
Service des malades.,......................	5 30 à 7 »
Diner....................................	7 » à 8 »
Service des malades.......................	8 » à 8 15
Repos..................................,..	8 15 à 10 »
Coucher ....,...................	10 »

Soit 8 heures de service dans les salles. Les élèves doivent s'efforcer de sortir tous les jours, car c'est là une
condition essentielle au maintien de la santé pour des personnes vivant auprès des malades.

Les élèves faisant le stage nocturne, sont de service de 8 h.
du soir à 8 h. du matin et se couchent de 11 du matin à
6 h. et demie du soir. Elles veillent quatorze nuits de suite, étant
toujours au moins deux ensemble.

Notes

Les élèves reçoivent, chaque mois, de la Directrice, et de
la cheftaine, des notes concernant leur service et leur conduite en général par rapport à leur

PONCTUALITÉ	CALME	DOCILITÉ	RÉFLEXION	UNIFORME
PROPRETÉ	ACTIVITÉ	PATIENCE	BONTÉ	COIFFURE
ORDRE	CONSCIENCE	CAPACITÉ	MANIÈRES	VOIX

Ces notes sont présentées aux jurys d'examen et réunies
à celles de l'enseignement théorique, elles sont consignées

dans un registre spécial avec les notes reçues aux examens.

Chaque élève, à son entrée, reçoit un « carnet de stage » où sont inscrites les diverses sections hospitalières où elle devra passer par roulement. A chaque changement de service, l'élève présente son carnet où la directrice inscrit le nombre de journées passées dans le service qu'elle quitte, le nombre de nuits qu'elle a veillé, ou les congés ou jours de maladie qu'elle a eus. Cette inscription est copiée dans un « registre de stage » qui reste entre les mains de la Directrice.

L'Elève devra avoir accompli 610 jours de stage pour avoir droit au diplôme, si elle a passé, d'une manière satisfaisante les examens.

Les deux années de stage hospitalier ont, non seulement pour but d'instruire les élèves dans la pratique de tous les soins et de toutes les fonctions qu'elles doivent connaître, mais aussi, aux multiples devoirs de cette carrière qui ne fait pas uniquement appel à l'intelligence et à la dextérité, mais aussi aux plus grandes qualités du caractère et du cœur, lesquelles devront se développer dans ce milieu si elles ne sont pas possédées par celles qui aspirent à cette belle vie.

Il n'est pas demandé aux chefs de service de s'occuper du dressage des gardes-malades et de leur décerner des notes, car, quelle que soit la capacité des élèves, le service doit être assuré convenablement, soit par les plus anciennes, soit par les diplômées, et les médecins ne doivent même pas s'apercevoir du roulement de stage des élèves. Il ne faut pas que les docteurs qui veulent bien consacrer leur temps précieux à soigner des indigents, aient leur tâche aggravée par la présence d'élèves encore incapables de les seconder correctement. Ni le malade, ni le médecin, ne doivent souffrir du fait de l'enseignement des élèves.

Cours

Les élèves recevront une heure de leçon par semaine, pendant deux années, du 15 novembre au 15 mai, sur les sujets suivants :

Cours de première année

1re partie : Notions sommaires d'anatomie et de physiologie, 14 leçons.

2me partie: Notions sommaires d'hygiène générale; hygiène spéciale des malades et des personnes qui les entourent, 7 leçons.

3e partie: Notions élémentaires de petite pharmacie, 2 leçons.

4e partie: Applications thérapeutiques auxquelles concourent les infirmières; leur technique, 1 leçon.

Cours de seconde année

5e partie: Interventions et petites opérations, 1 leçon.

6e partie: Soins à donner aux malades atteints d'affections médicales, 10 leçons.

7e partie: Soins à donner aux malades atteints de certaines affections spéciales, 5 leçons.

8e partie: Soins à donner aux malades atteints d'affections chirurgicales, 6 leçons.

9e partie: Soins à donner aux femmes en couche et aux enfants, 2 leçons.

10e partie: Notions élémentaires d'administration hospitalière, 2 leçons.

Les cours seront faits avec simplicité et clarté, des notions générales seront données avec applications pratiques très fréquentes; les démonstrations seront faites autant que possible à l'aide de planches, moulages, appareils et instruments.

Les élèves devront prendre des notes et rédiger des résumés qui seront, de temps à autre, revus par les professeurs.

Pour ne point astreindre les élèves à un travail de rédaction exigeant des notes très complètes, nous plaçons dans leurs mains et à l'avance un canevas précis du sujet qui doit être traité d'après le programme adopté. Grâce à ce canevas déjà familier, l'élève pourra rapidement noter toute explication spéciale et originale du professeur, et évitera ainsi ces séances de tension cérébrale, où, déjà fatiguée par son stage pratique, elle s'efforcerait d'écrire tout ce que dit le professeur, accordant, dans sa hâte, une egale importance à chaque mot, laissant échapper souvent les plus importants, et créant autant de confusion dans son esprit que dans ses notes.

Il n'est pas de carrière où la jeune fille se trouve obligée de donner une aussi grande dose de travail matériel, diurne et nocturne, en même temps qu'elle poursuit des études théoriques; on l'oublie trop souvent pour les élèves gardes-malades, tandis que tout devrait concourir à faciliter leur double tâche.

Au début de chaque cours, deux élèves seront interrogées par le professeur sur le programme déjà parcouru. Ces interrogations fréquentes seront une utile préparation aux examens et les notes reçues seront présentées aux jurys des examens.

Examens

Les élèves subiront, à la fin de la première année, un examen fait par le délégué du Conseil d'Instruction et par le professeur du Cours.

L'examen final pour l'obtention du diplôme de « Garde-malade Hospitalière de la Maison de Santé Protestante de Bordeaux » aura lieu à la fin de la deuxième année scolaire.

Le Jury sera composé de quatre docteurs, dont deux devront être pris en dehors des membres du Comité Médical de l'Etablissement, parmi les professeurs de la Faculté, ou les médecins et chirurgiens des hôpitaux.

Les épreuves seront passées en présence du Président du Conseil d'Administration ou de son délégué.

Cet examen final consistera en:

a) Une série d'épreuves pratiques (éliminatoire); subies dans les salles de malades.

b) Une épreuve théorique orale que subiront seules les élèves dont les connaissances pratiques auront paru suffisantes.

Statistique

Depuis 1902, l'Ecole a reçu 58 inscriptions; sur ce nombre, 31 élèves ont obtenu le diplôme; 8 élèves ont dû quitter l'Ecole par défaut de santé ou d'aptitude à la carrière; 19 élèves sont en cours de stage. Chaque année, la liste complète des diplômées est publiée dans le rapport de l'Etablissement.

Postes

Les 31 titulaires de notre nouveau diplôme d'hospitalière occupent actuellement les situations suivantes:

1º Mlle Chadaigne, cheftaine à l'hôpital Civil et Militaire de Béziers.

2º Mlle Pellene, diplômée juin 1903. Devenue Mme Ferrand, seconde son mari, missionnaire à Madagascar.

3º Mlle M. Bonhoure, diplômée juin 1902. Garde-malade à domicile, Bordeaux.

4º Mlle Deschamps, diplômée juin 1902. Garde-malade à domicile, Pau.

5º Mlle Muys, diplômée juin 1903, devenue Mme Van der Vliet, seconde son mari, médecin auprès des malades pauvres, en Hollande.

6º Mlle Nectoux, diplômée juin 1903, directrice de l'Hôpital Civil et Militaire d'Albi.

7º Mlle Teyssière, diplômée novembre 1903. Garde-malade à domicile, Beaufort.

8º Mlle M. Larmanou, diplômée janvier 1904, garde-malade à domicile, Pau.

9º Mlle Unbekannt, diplômée mai 1904, clinique St-Ferdinand, Paris.

10º Mlle Carrive, diplômée Septembre 1904, garde-malade à domicile, Orthez-Castelarbe.

11º Mlle Gachon, diplômée septembre 1904, directrice de l'Hôpital Civil et Militaire d'Alais.

12º Mlle Pin, diplômée octobre 1904, cheftaine à l'Hôpital Civil et Militaire d'Alais.

13º Mlle Miquéou, diplômée décembre 1904, infirmière directrice du service chirurgical de la Policlinique de Béziers-Fonseranes.

14º Mlle Detchebarne, diplômée décembre 1904, Garde-malade à domicile, Bordeaux.

15º Mlle Debard, diplômée décembre 1904, cheftaine générale à la Maison de Santé protestante, Bordeaux.

16º Mlle Abel, diplômée janvier 1905. Mariée.

17º Mlle Bosc, diplômée juin 1905, cheftaine à l'Hôpital Civil et Militaire d'Alais.

18º Mlle Garray, diplômée juin 1905, cheftaine à l'Hôpital Civil et Militaire d'Alais.

19º Mlle Serre, diplômée juin 1905, cheftaine à l'Hôpital Civil et Militaire d'Alais.

20º Mlle Rochelle, diplômée novembre 1905, cheftaine à l'Hôpital Civil et Militaire d'Albi.

21º Mlle E. Larmanou, diplômée décembre 1905, ex-garde-malade à domicile, Pau. Mariée.

22º Mlle Barde, diplômée mars 1906, cheftaine à l'Hôpital Civil et Militaire d'Albi.

23º Mme Vve Gardiol, diplômée juin 1906, Directrice de l'Hôpital civil de Cambrai.

24º Mme Vve Bouvard, diplômée juin 1906, cheftaine à l'Hôpital Civil et Militaire d'Albi.

25º Mlle Riou, diplômée juin 1906, Cheftaine à l'hôpital civil de Cambrai.

26º Mlle Tortel, diplômée juin 1905, Garde-malade à domicile, Sèvres-Paris.

27º Mlle Brocher, diplômée août 1906, ex-sous-cheftaine à la Maison de Santé protestante, Bordeaux. Fiancée.

28º Mlle Ulrich, diplômée septembre 1906, Garde-malade à domicile, Saint-Dié.

29º Mlle Imbert, diplômée novembre 1906, Garde-malade à domicile, Bordeaux.

30º Mlle Blanchard, diplômée novembre 1906, sous cheftaine à la Maison de Santé protestante de Bordeaux.

31º Mlle J. de Jersey, diplômée janvier 1907, cheftaine à l'Hôpital Civil de Cambrai.

ÉCOLE DE GARDES-MALADES DE L'HOPITAL CIVIL DU TONDU, A BORDEAUX.

Historique

« Cette École a vu le jour à l'Hôpital civil Saint-André en novembre 1903. A ce moment, elle était destinée à former des gardes-malades capables en astreignant toutes les élèves, qu'elles fussent internes ou externes, sœurs de Saint-Vincent-de-Paul, de Nevers ou laïques, catholiques ou protestantes, à faire un stage identique dans les mêmes salles et sous une même direction.

Mais pour assurer le dressage des élèves aux soins des malades, il fallait les placer sous la direction de personnes ayant elles-mêmes fait preuve de ces connaissances spéciales. Il fallut s'adresser à l'étranger pour avoir une directrice possédant à la fois la technique de cet enseignement si particulier et l'expérience que peuvent seules donner plusieurs années de service dans des hôpitaux où le soin des malades est arrivé à ce degré de perfectionnement que l'on désire obtenir en France, et pour seconder cette Directrice, on engagea quelques gardes-malades françaises diplômées par l'École Hospitalière de l'Hôpital protestant de Bordeaux pour remplir les fonctions de cheftaines.

On obtint ainsi un mélange d'éléments absolument incompatibles, et, après des péripéties de toute espèce, des luttes pénibles de part et d'autre, beaucoup d'efforts louables et infructueux, force fut de séparer ces éléments disparates en octobre 1901. Abandonnant aux sœurs de Saint-Vincent-et de Nevers, l'immense hôpital Saint-André, dont trois salles sur vingt-deux avaient servi de champ d'instruction, la directrice et tout le personnel laïque furent installés dans un hôpital suburbain de 120 lits, ouvert depuis peu de mois, l'hôpital dit du Tondu.

Ici la Directrice de l'École put avoir sous son autorité aussi tous les services administratifs, lingerie, cuisine, etc., comme cela se pratique en Angleterre où toujours la *Matron* est une ancienne garde-malade ayant gravi successivement tous les échelons de la carrière et acquis aussi bien des connaissances de bonne ménagère que l'instruction technique, passant dans tous les services d'un hôpital, salles de malades, d'opérations, économat, bureaux, etc..., etc.

Il était donc indispensable pour donner aux élèves ce même genre d'enseignement d'avoir un hôpital-école où la directrice eut pleins pouvoirs sur tous les services, ce qui en France est encore très difficile à obtenir, vu la routine qui veut qu'un homme soit placé à la tête des hôpitaux pour y remplir des fonctions essentiellement féminines.

Le choix de la Commission administrative était tombé au début sur une hollandaise qui ne put arriver à posséder la langue et à accepter les obligations d'un service hospitalier français, cherchant constamment à y introduire les habitudes de son pays. La Commission dut se séparer de cette première directrice après trois mois d'essai, et fit alors appel à Mlle Catherine Elston, cheftaine générale à la Maison de Santé protestante, et très appréciée par les quatorze médecins et chirurgiens de l'Établissement, dont la plupart sont attachés aussi aux hôpitaux civils.

Il eût été difficile de trouver une personne mieux qualifiée par ses qualités personnelles et ses études à occuper un poste de cette importance : dressée au « London Hospital » la meilleure école d'Angleterre, puis garde-malade économe à l'hôpital de Poplar (Londres), ensuite rompue aux particularités du service hospitalier français sous la direction de Mlle Dr Hamilton à l'Hôpital Protestant, Mlle Elston était toute désignée pour mener à bien cette entreprise difficile.

En effet, il n'est pas facile de réagir contre le système malheureusement généralisé en France, de faire consister la préparation de la garde-malade à suivre des cours et passer des examens! Aussi ce ne fut pas sans peine que l'instruction pratique des élèves par le stage hospitalier fut instituée.

Mais les indications suivantes montrent combien fut complète cette organisation qui a fait de l'École des Gardes-Malades des Hôpitaux de Bordeaux, l'unique école installée dans un Hôpital civil qui soit à l'égard du stage des élèves absolument dans les principes de Mlle Florence Nightingale la grande pionnière des écoles de Nurses en Angleterre.

Aussi l'approbation gouvernementale n'a pas manqué de se manifester envers l'École en la personne de sa directrice, qui a reçu du Président Loubet la médaille de l'Assistance Publique en 1901 et récemment, du Ministère de l'Instruction publique, les « palmes académiques. »

A. E. H.

Règlement organique

Une école d'infirmières laïques est établie dans les Hôpitaux de Bordeaux par les soins de la Commission administrative des Hospices. Cette école est ouverte aux élèves qui demanderont leur inscription dans les conditions prescrites et aura un double but : développer l'instruction du personnel attaché aux Hôpitaux, et donner l'instruction professionnelle aux personnes étrangères aux hôpitaux qui désireraient obtenir le certificat d'aptitudes professionnelles, soit pour exercer la fonction d'infirmière dans d'autres hôpitaux, soit pour se consacrer à l'assistance à domicile.

La durée des études est de deux années.

Le personnel de l'École est ainsi composé :

Une Directrice ;
Des Cheftaines ;
Des Infirmières diplômées ;
Des Élèves de deuxième année ;
Des Élèves de première année.

Direction

L'Ecole de l'Hôpital du Tondu est placée sous la surveillance d'une Directrice laïque nommée par la Commission administrative des Hospices.

La Directrice devra faire preuve de connaissances techniques spéciales et d'une compétence éprouvée.

Les études, le travail personnel et l'instruction pratique des Elèves seront surveillés par cette Directrice.

La Directrice relèvera de la Commission administrative des Hospices. Dans l'intérêt du bon fonctionnement de l'Ecole, elle devra s'entendre avec MM. les Médecins et Chirurgiens des Hôpitaux, pour les questions médicales, et avec M. le Secrétaire en Chef des Hospices, M. l'Econome et M. le Contrôleur pour les questions administratives.

Les attributions de la Directrice comprennent de la manière la plus générale la surveillance de tous les services administratifs et scolaires de l'Hôpital du Tondu. Elle est spécialement chargée de veiller au bon ordre dans les locaux affectés au personnel supérieur de l'Ecole, dans les salles de malades et leurs dépendances et dans les services généraux en s'entendant avec l'administrateur délégué à l'Hôpital du Tondu pour l'exécution des mesures prescrites par les règlements adoptés par la Commission des Hospices et pour les décisions à prendre dans les cas imprévus. Ces décisions devront être ratifiées par la Commission des Hospices dans sa plus prochaine séance si ces cas imprévus présentent une certaine importance.

La Directrice est logée, nourrie, chauffée, et éclairée; elle reçoit les vêtements d'uniforme et touche un traitement de 1800 francs par an.

Cheftaines

Les cheftaines nommées par l'administration des Hospices, relèvent de la Directrice et devront se conformer ponctuellement à ses instructions et exécuter ses ordres dans l'ensemble et dans tous les détails de leurs services. Leurs attributions comportent l'inspection générale des salles à la reprise du service de jour, l'examen des comptes rendus

du service de veille dressés par les Veilleuses, la notation
des températures des malades, la préparation de la feuille
de mouvement des hospitalisés avec indication des lits disponibles, la remise du linge sale et la réception du linge
propre suivant les règles de la comptabilité de ce service,
la demande et la distribution du savon et autres matières
nécessaires à leurs salles, la délivrance des objets de literie,
des pansements et produits pharmaceutiques prescrits aux
malades, la répartition des aliments suivant les indications
de la feuille de régime et l'exécution de toutes les mesures
pouvant assurer un bon fonctionnement du service dans
leurs salles respectives.

Les cheftaines sont spécialement chargées de suivre la
visite du chef de service, et la contre-visite du Chef de
Clinique ou de l'Interne et donner l'enseignement pratique
aux élèves avec le concours des infirmières diplômées.

Chaque semaine une cheftaine est désignée de garde pour
le service de nuit et devra être prévenue par les veilleuses
en cas d'urgence ; elle devra à son tour prévenir l'Interne de
garde si le cas dépassait sa compétence.

Les cheftaines recevront l'entretien matériel, l'uniforme, et
50 francs par mois.

Gardes-Malades diplômées

Elles assistent les cheftaines dans les fonctions diverses
énumérées ci-dessus et sont spécialement chargées d'assurer
les traitements particuliers et le régime alimentaire prescrits par les Chefs de Service, de signaler les malades dont
l'état paraît grave ou qui réclament des secours religieux,
de préparer les éléments du rapport de jour et l'état statistique des malades de la salle.

Elles doivent faire l'inventaire des objets appartenant aux
malades entrants et remettre à la cheftaine tout objet de
valeur qu'elles trouveraient en possession des dits entrants.
Au moment de la sortie, elles accompagnent les malades au
Bureau pour la remise des objets qui y ont été déposés.
Elles concourent à l'instruction pratique des élèves et les
préparent à tous les détails du service.

Elles suppléent les cheftaines en leur absence et sont elles-
mêmes suppléées par les élèves de deuxième année.

Les élèves diplômées recevront l'entretien matériel, l'uniforme et 30 francs par mois.

Élèves

L'Ecole d'infirmières comprend un internat et un externat, le nombre des places vacantes sera fixé chaque année par la Commission administrative des Hospices.

Les *élèves internes* devront, dès leur admission, signer l'engagement de faire, leurs études terminées, deux ans de service dans les hôpitaux de Bordeaux ou de payer une somme de mille francs représentant leurs frais d'entretien pendant leur scolarité. Le Diplôme ne leur sera délivré qu'après avoir satisfait à l'une ou à l'autre de ces deux obligations.

L'Administration des Hospices se réserve la faculté de créer des bourses qui seront accordées aux Elèves bien qualifiées qui ne pourraient souscrire à ces engagements. L'Ecole peut recevoir des Elèves boursières dépendant de villes ou de départements voisins.

Les *élèves externes* ne peuvent être admises qu'à la condition de loger chez leurs parents ou correspondants, agréés par l'Administration. Elles seront soumises aux mêmes obligations que les élèves internes; elles seront tenues d'arriver à l'hôpital à 6 h. 1/2 du matin et de n'en sortir qu'à 7 heures du soir. Elles devront participer aux veilles dans les conditions stipulées pour les élèves internes.

Les candidates doivent être âgées de 18 ans au moins et de 35 ans au plus; elles doivent être célibataires ou veuves Elles doivent présenter un certificat de moralité signé par quatre notables de leur commune dont le maire; un certificat de santé et de revaccination. Elles devront subir un examen d'entrée équivalent au brevet élémentaire si elles ne possèdent pas ce brevet.

Fonctions des élèves

Les veilleuses observent les malades, surveillent la température des salles, donnent les potions, les tisanes le lait, le déjeuner, les purgations, les lavements, les injections et les autres soins spéciaux qui ont été prescrits.

Elles font la toilette des malades, écrivent le compte rendu de la nuit, remplissent les poches à glace, vérifient si les malades ont suffisamment de couvertures, si les bouillottes sont chaudes.

Les élèves du service de jour à

6 h. 30. — Font les lits, changent les malades, relèvent les températures, le pouls, la respiration, mettent la salle en ordre.

Elles comptent le linge sale, préparent la table avec tout ce qu'il faut pour les pansements, préparent la salle d'examen.

8 heures. — Assistent aux visites des docteurs, vident les bassins, préparent les cuvettes, les instruments, les solutions, etc., procurent les objets nécessaires aux pansements, rapportent les instruments à l'arsenal, conduisent les malades à la salle d'opérations.

11 heures. — Servent le déjeuner des malades, vont chercher les régimes spéciaux, font manger les grands malades.

Midi. — Arrangent les lits, mettent les salles en ordre, vident les bocaux vont à la pharmacie, distribuent les médicaments, rangent le linge propre.

2 heures. — Suivant les ordres de la cheftaine, nettoient les armoires, lavent les malades, mettent de l'ordre dans les divers placards, envoient les vêtements des malades à laver où à désinfecter.

4 heures. — Assistent à la distribution des pansements et des antiseptiques., donnent les injections, les soins divers, prennent la température, le pouls, la respiration; s'assurent que les malades ont pris les bains prescrits.

5 heures. — Servent le dîner.

Donnent les soins ordonnés à la contre-visite, s'assurent que tout est prêt pour la nuit.

Écrivent le compte rendu du jour.

Regardent si les malades sont suffisamment couverts si les poches à glace sont remplies et si les bouillottes sont chaudes.

En cas de mauvaises odeurs, elles aèrent la salle et allument la lampe à formol.

Logement

Les élèves sont logées dans de forts jolies chambrettes, dont le mobilier en pitchpin, les jolies armoires à glace ne laissent pas que de surprendre les visiteurs. Chaque chambre, ornée selon le goût de celle qui l'habite, revêt un cachet particulier.

Un vaste salon permet aux élèves de se réunir pour lire, causer, faire de la musique ou du chant.

Les repas pris en commun, mais en deux séries, afin que les malades ne soient pas abandonnés, offrent aussi un moment de délassement. L'entretien roule très souvent sur les symptômes que présentent les malades, les incidents survenus avec les médecins et étudiants; la directrice explique, répond aux questions formulées, met la note juste dans les conversations et donne à ses élèves cette culture spéciale que peut seule acquérir la femme véritablement supérieure vivant dans le milieu hospitalier, l'un des plus complexes qui puissent être.

Uniforme

L'uniforme de service intérieur se compose d'une robe de toile bleue, avec tablier, col et bonnet blancs. Ce costume est obligatoire pendant le service.

Le port de ce costume est réservé aux élèves diplômées par l'École et à quelques rares personnes ayant obtenu une permission spéciale de l'Administration pour le porter.

Les élèves externes recevront les mêmes vêtements d'uniforme que les élèves internes.

Les élèves qui ne termineront pas leur stage feront remise, à leur départ, des vêtements qui leur auraient été fournis.

L'uniforme d'extérieur (qui n'est pas obligatoire), se compose d'un manteau noir et d'une capote garnie de velours noir avec des brides blanches.

Instruction

Le stage a lieu dans les cliniques annexes de la Faculté, à l'Hôpital du Tondu, qui comprennent six salles de 20 lits chacune soit 120 lits.

Statistique des Malades en 1906

RELIQUAT DE 1905	MALADES ADMIS EN 1906	TOTAUX
Hommes....... 49	564	613
Femmes....... 43	441	484
		1097

Chefs de service

M. le Dr Boursier, (I.), professeur de clinique gynécologique à la Faculté.

M. le Dr Pousson, (I.), chargé de la clinique des maladies des voies urinaires.

M. le Dr Dubreuilh (I.), chargé de la clinique de dermatologie.

M. le D^r Le Dantec, (❋), professeur de clinique des maladies exotiques.

M. le Dr Moure, (❋, I.), Chargé de la clinique d'oto-rhino-laryngologie.

Le personnel médical est complété par 1 chef de clinique, 2 aides de clinique; 3 internes; 15 externes; 17 stagiaires.

Sections hospitalières

Section des hommes

Une cheftaine; deux veilleuses.

Salle A. — Une diplômée; une élève de première année.

Salle B. — Une élève de deuxième année; une élève de première année.

Salle C. — Une diplômée; une élève de deuxième année, une élève de première année.

Section des femmes

Une cheftaine; deux veilleuses. :
Salle B. — Une élève de deuxième année; une élève de première année.
Salle E. — Une élève de deuxième année; deux élèves de première année.
Salle F. — Une diplômée; une élève de deuxième année; une élève de première année. .

Arsenal et salle d'opérations

Une cheftaine; deux élèves.

Économat

Une cheftaine; une élève.

Infirmerie du Lycée de jeunes filles

Ce service est assuré par les élèves de deuxième année, chacune passant successivement un mois au Lycée.

Répartition du stage hospitalier

Les 730 jours représentés par les deux années de stage sont divisés de la manière suivante:
30 jours de vacances chaque année, $30 \times 2 = 60$; 1 jour de congé par quinzaine $22 \times 2 = 44$: 104 jours de congé.
Cinq stages diurnes représentant 410 journées; vingt-deux semaines de veilles représentant 154 nuits suivies de repos complet; Un mois de service à la salle d'opérations 31 jours; un mois de service au Lycée de Jeunes filles 31 jours: 626 jours de stage.
Soit 626 jours de stage et 104 jours de congé.

Cours

Anatomie et physiologie élémentaires (élèves de première année) 30 leçons; notions élémentaires de méde 'ne et de chirurgie (élèves de deuxième année) 36 leçons: Dr Lande, professeur de médecine légale, administrateur-délégué de l'Hôpital du Tondu.

Pharmacie élémentaire: 6 leçons (élèves de deuxième année) Dr Barthe, pharmacien en chef des Hospices.

La directrice donne à chaque série d'élèves un cours préparatoire par semaine et 25 cours de bandage.

Les cours sont donnés en dehors des heures de service. Ils doivent être rédigés par les élèves.

Examens

L'examen de passage de la première à la deuxième année a lieu en Novembre.

L'examen final a lieu en juillet.

Jury

M. le Dr Barthe.
M. le Dr Carles.
M. le Dr Chambrelent.
M. le Dr Courtin.
M. le Dr Lande.
M. le Dr Verdelet.

Pour obtenir le diplôme, il faut avoir passé avec succès les examens et accompli les 626 jours de stage hospitalier.

Horaire des Gardes-Malades

5 heures 30: Réveil des gardes-malades.

6 heures 15: Petit déjeuner.

6 heures 30: Entrée des G. M. en service.

7 heures: Petit déjeuner des malades. Les veilleuses quittent les salles.

7 heures 15: Déjeuner des veilleuses.

11 heures: Déjeuner des malades distribué par toutes les G. M.

11 h. 15 à Midi: Déjeuner pour la première série de G. M. présidé par la directrice.

Midi à 1 h. 30: Déjeuner des domestiques et repos.

Midi 15 à 1 h. Déjeuner pour la seconde série de G. M. présidé par la cheftaine-Econome.

1 heure : Pharmacie. Les Cheftaines ou leurs déléguées vont à la Pharmacie vérifier les livraisons de médicaments.

De 1 heure à 3 heures : 2 heures de repos pour la première série de G. M.

2 heures : Remise des instruments à l'Arsenal.

2 h. 30 à 3 h. 30 : Deux séries de goûters présidés par la cheftaine-économe.

3 h. 45 à 4 h. 15 : Distribution des antiseptiques et pansements stérilisés.

3 heures à 5 heures : 2 heures de repos pour la seconde série de G. M.

5 heures : Dîner des malades distribué par les G. M.

5 h. 45 à 6 h. 45 : Dîner pour la première série de G.M. présidé par la sous-directrice.

6 heures : Dîner des domestiques.

7 heures à 8 heures : Dîner pour la seconde série de G. M. présidé par la directrice.

8 h. soir à 7 h. matin : Service des veilleuses.

Les Élèves de jour ont 9 h. un quart de service auprès des malades ; les veilleuses ont 11 h. de service auprès des malades.

Dimanche

La moitié du personnel garde-malade est libre le matin pour pouvoir assister aux services religieux. L'autre moitié est libre l'après-midi alternativement.

Statistique des Gardes-Malades

L'Ecole de Gardes-Malades Hospitalières du Tondu, qui, actuellement, recrute son personnel supérieur dans son sein, a dû faire, au début, appel à des Gardes-malades diplômées d'une autre école pour constituer ce personnel supérieur et dresser les premières élèves.

C'est ainsi qu'ont été successivement employées :

9 diplômées de la Maison de Santé protestante de Bordeaux, dont 5 à titre de cheftaines ;

1 diplômée de la Croix-Blanche de Hollande ;

1 diplômée de l'Ecole de La Source, en Suisse.

Sur les 69 élèves admises depuis l'ouverture de l'Ecole,

jusqu'à ce jour, il y en a 19 qui ont obtenu le diplôme; 4 sont entrées comme stagiaires à l'Economat et occupent des fonctions semblables dans divers établissements hospitaliers: 12 ont été jugées incapables de continuer leurs études et 23 sont, actuellement, en cours de stage.

Les diplômées occupent les situations suivanstes:

Diplômées en 1904:

Mlles Siegrest, Directrice de l'Ecole départementale d'Accouchements de Bordeaux.
» de Lompuy, en disponibilité.

Diplômées en 1905:

Mme Jacques, sous-directrice de l'Hôpital civil du Tondu, de Bordeaux.
Mlles Chauzit, surveillante à l'Hôpital civil et Militaire de Béziers.
» Coste, surveillante à l'Hôpital civil et militaire de Béziers.
» Cazenave, surveillante de l'Hôpital civil et militaire de Dijon.
» Rieupé, garde-malade privée.
» Lamarque, directrice de l'Hôpital civil, Lorient.
» Borel, sous-directrice de l'Hôpital civil et militaire de Dijon.

Diplômées en 1906:

Mlles Ric, surveillante générale à l'Ecole départementale d'Accouchements de Bordeaux.
» Roullet, surveillante à l'Hôpital civil et militaire de Dijon.
» Lafargue, directrice de l'Hospice de Lorient.
» Casalis, cheftaine à l'Hôpital civil du Tondu.
» Lavinal, directrice de l'Hôpital de Castelnau-du-Médoc.
» Rochet, en disponibilité.
» Burky, cheftaine à l'Hôpital civil et militaire d'Albi.
» Cantiget, garde-malade à l'infirmerie du Collège de Tarbes.
» Irasque, cheftaine à l'Hôpital civil du Tondu.
» Gallienne, garde-malade diplômée à l'Hôpital civil du Tondu.

CE QU'IL RESTE A FAIRE

Par le Docteur Rist

Médecin des Hôpitaux de Paris.

Mesdames, Messieurs,

Les autorités les plus compétentes viennent de vous exposer tout ce qui a été fait en France, ces dernières années, pour créer, pour organiser, pour perfectionner le soin des malades. Vous avez pu vous rendre compte qu'un mouvement sérieux s'est produit dans l'opinion à cet égard, que beaucoup d'initiatives publiques et privées ont entrepris cette œuvre nécessaire, et que déjà d'importants résultats, des résultats de bon aloi, ont été obtenus.

Eh bien! j'ai assumé la tâche bien ingrate, à la fin de cette dernière séance, tout entière consacrée à des résultats, de retenir un instant votre attention sur ce qu'il reste à faire. Qu'il reste encore beaucoup à faire, vous n'en doutez pas. Vous ne vous seriez pas réunis en si grand nombre dans le but de vous congratuler mutuellement. Ce que l'on peut attendre de plus efficace d'une réunion comme celle-ci, c'est précisément l'étude des meilleurs moyens de réaliser pratiquement tout ce qu'il reste à faire.

Vous n'attendez pas de moi que je vous expose *tout* ce qui reste à faire. Il saute malheureusement aux yeux que ce « tout » est considérable. Ceux d'entre nous, — et ils sont nombreux — qui ont pu comparer ce qui se fait à Londres, par exemple et ce qui se fait à Paris, savent combien nous sommes ici loin du but. Je ne crois pas qu'il s'agisse pour nous de copier servilement l'œuvre admirable qu'ont menée à bien nos voisins d'Outre-Manche. Nous aurons d'autant mieux compris leur exemple, que nous aurons employé pour faire aussi bien qu'eux, des méthodes plus personnelles, plus en harmonie avec nos tendances, nos aptitudes nationales. Ces méthodes c'est l'expérience qui permettra d'en juger l'efficacité. Il serait bien prématuré de vouloir dès maintenant les copier d'une manière uniforme.

Aussi, devons-nous, à mon avis, nous féliciter qu'il y ait

des initiatives nombreuses, des œuvres diverses défrichant chacune une portion du vaste champ que nous voulons rendre fertile. Une loyale émulation ne peut que profiter à tous. Loin de décourager la formation de groupements nouveaux, nous devons au contraire, il me semble, en favoriser l'éclosion.

Mais peut-être serait-il utile dès maintenant d'établir, entre ces divers groupements les liens d'une solidarité plus réelle, et sans empiéter sur les caractéristiques individuelles, de chacun d'eux, en laissant à chacun son originalité propre, de créer entre eux une circulation vivifiante, de réaliser, comme dans tout organisme vivant, l'unité dans la diversité. De cette collaboration dépend, je crois, en partie, l'avenir du nursing, en France. Ce sera une tâche délicate que de l'établir, et il faudra se garder, au début, de faire des nœuds trop serrés; mais, ou je me trompe fort, ou c'est une des premières choses qui nous restent à faire.

Il en est une autre qui est également fort importante. Il s'agit de persuader de la nécessité de réformer nos méthodes hospitalières, une classe d'hommes qui jouent un rôle, qui ont leur mot à dire dans la question du nursing, qui, pourraient, qui devraient dire ce mot, et qui, je ne sais pourquoi à de rares exceptions près, ne le disent pas. Je veux parler de mes confrères, les médecins, et plus spécialement encore de mes collègues les médecins des hôpitaux. Combien d'entre eux s'en vont en Angleterre, en Allemagne, en Suisse, visitent les hôpitaux, admirent la façon dont sont soignés les malades, et s'en reviennent en disant: « Ce sont choses qu'on peut faire en Angleterre, mais pas chez nous... » et ils n'y pensent plus.

Et pourquoi pas chez nous? Pourquoi les médecins se désintéresseraient-ils à ce point de la question? Pourquoi ne seconderaient-ils pas les efforts des initiatives privées et de l'administration elle-même? La plupart d'entre eux ne savent même pas ce qui s'est fait en France. Beaucoup, j'en suis sûr, ignorent même que M. Mesureur va ouvrir une école d'infirmières pour les hôpitaux de Paris.

Dans ces hôpitaux, où les malades sont examinés avec un soin minutieux et une science éclairée, où les indications thérapeutiques sont posées avec une compétence indiscutable, les soins proprement dits donnés aux malades sont considérés comme chose secondaire. Cela tient à de vieilles, très vieilles habitudes, cela tient à ce que nos mœurs se transforment moins vite que nos institutions, cela tient à ce que les meilleurs d'entre nous sont toujours par quelque bout, des routiniers et des paresseux. Le jour où le corps médical français sera convaincu — j'entends d'une conviction active, vivante et non plus seulement du bout des lèvres — ce jour-là le nursing moderne aura cause gagnée en France.

Pour convaincre le corps médical, il n'y a qu'une méthode, lui montrer des services hospitaliers fonctionnant en France, suivant les méthodes modernes. Il faut que les médecins voient de leurs yeux les avantages qu'il y a pour eux-mêmes à diriger des services où le nursing soit à la hauteur de la science et de la conscience médicales qui s'y dépensent chaque jour. Le Directeur de l'Administration générale de l'Assistance publique à Paris qui consacre à cette réforme du nursing une activité et un cœur que nous admirons tous, sait quel concours les œuvres d'initiative privée sont prêtes à lui donner dans ce but; ce concours n'est d'ailleurs qu'un prêté pour un rendu, et je vois, pour ma part dans ce contact, que M. Mesureur s'efforce de créer et maintenir entre son administration et les œuvres privées, le germe fécond de cette collaboration dont je parlais tout à l'heure. A cette collaboration il faut que vienne s'en ajouter une autre : celle du corps médical. C'est la tâche urgente d'aujourd'hui et de demain.

CONCLUSION A LA PREMIÈRE SÉANCE DU CONGRÈS

Par M. le docteur Maurice LETULLE,

Médecin en chef de l'hôpital Boucicaut.

Je répondrai à M. le Dr Bourneville que peu nous importe aujourd'hui qu'on soit laïque ou non, pourvu qu'on soit à la hauteur de sa profession. Là est le point important, et il est grandement temps qu'en France on facilite aux femmes qui veulent consacrer leur vie au soignage des malades l'exercice de ce dévouement. Il faut que les conditions matérielles qui leur sont faites dans les hôpitaux de l'Assistance publique soient vraiment ce à quoi elles ont droit, qu'elles soient suffisamment rétribuées, mais surtout qu'elles soient bien nourries et bien logées. Bien logées! qu'on oublie les dortoirs désolants de certains hôpitaux, et que chaque infirmière ait sa chambre ou du moins une case séparée, bien à elle. Pour tout cela, évidemment, il faut de l'argent : espérons que, avant peu d'aanées, les ressources de l'Assistance publique permettront toutes ces améliorations indispensables. De plus, l'infirmière « soigneuse » ne devra pas avoir à faire les gros ouvrages, tels que laver les planchers, etc. Cela est l'affaire des hommes, qui n'ont pas, en général, les qualités requises pour soigner les malades.

Évidemment, l'infirmière doit savoir faire les plus dures besognes, sans quoi elle ne sera pas capable de diriger ceux qui les font, mais il importe qu'on n'abuse pas de ses forces physiques, et surtout qu'on lui donne une instruction adaptée à ses devoirs. Cette instruction devra évidemment comprendre des cours théoriques, c'est entendu mais que ces cours leur enseignent la science même du *métier*. Ce n'est pas tant par des leçons orales, fussent-elles du meilleur professeur d'anatomie, que par des stages continus et un exercice persévérant auprès du lit même du malade, qu'une infirmière apprendra ce qu'elle doit savoir. Que ces stages soient aussi variés que possible, et vraiment pratiques. L'hygiène personnelle et professionnelle devra faire l'objet de leçons très importantes, car la propreté est la première base, non seulement de l'asepsie, mais aussi et tout bonnement de la santé. Il ne faut pas par exemple qu'une infirmière soit exposée, faute d'hygiène, à contracter la tuberculose !

En France, le mot de nurse, qui signifie nourrice, n'est pas possible. Et le vrai nom à donner, c'est infirmière. Mais ce nom a été si longtemps pris en un sens abject qu'il est encore, souvent, mal compris.

Il importe de relever le niveau de la fonction elle-même, et alors le nom d'Infirmière redeviendra ce qu'il doit être réellement : un titre respecté dans la plus respectable des professions.

Certes, aucun de mes confrères ne me démentira si je dis que nous avons tous rencontré parmi le personnel de l'Assistance, des femmes admirables, absolument à la hauteur de leur sublime mission. C'est avec confiance qu'en terminant j'affirme que ces femmes seront de plus en plus en majorité dans les services de nos hôpitaux de Paris !

DEUXIÈME SÉANCE

(Rapport oral)

LE COURS PRÉPARATOIRE POUR LES NURSES

Dans cette communication, Miss Nutting explique que ce qui fait l'importance de ce cours préparatoire, ce n'est pas qu'il y soit enseigné des matières autres que celles comprises dans le cours du stage, mais que ces différents points que l'élève devrait acquérir graduellement, étant étudiés à l'avance, lui permettent, en quelque sorte, de « nager » avant de « plonger » dans les services hospitaliers. Ce cours préparatoire devrait être toujours assuré et il serait peut-être possible de l'organiser en commun avec d'autres écoles hospitalières. Miss Nutting estime que les écoles de gardes-malades ne devraient point être considérées comme des œuvres charitables, elles devraient subvenir à leurs propres frais et ne jamais être une charge pour les hôpitaux auxquels elles doivent être forcément annexées, afin d'y trouver le stage indispensable aux études. Ces écoles sont assimilables à tout autre établissement d'instruction et doivent posséder la même dignité professionnelle, se gardant bien d'accepter des subsides d'ordre charitable. Miss Nutting est ex-directrice de l'École de Gardes-Malades de l'Hôpital Johns Hopkins de Baltimore, poste dont elle a démissionné récemment ayant été choisie pour occuper la nouvelle chaire du « Institutional Management », créé à l'Université de Colombie de New-York.

A CENTRAL PREPARATORY COURSE FOR NURSES

By Miss M. HUXLEY

Late Matron of Sir Patrick Dun's Hospital, Dublin and late
President of the Irish Nurses' Association.

———

The possibility of starting a scheme for a better and more
uniform theoretical education for nurses was first discussed
in the year 1893 when secretaries of medical boards and
Matrons of hospitals met together to consider ways et means.
The outcome of these meetings was the Dublin Metropolitan Technical School for Nurses. It was founded as a
central school which all hospitals and training institutions
are invited to join, in order to provide systematic teaching
and uniform examinations to supplement the practical training already given at the general hospitals.

Courses of lectures in anatomy, physiology, hygiène, invalid cookery and drugs and their actions are given each year
and at close of the examination a gold and a silver medal
are awarded for superior answering. The following rules and
regulations were arranged.

1o The school shall be called « The Dublin Metropolitan
Technical School for Nurses. »

2o The object of this school shall be to instruct probationer nurses in anatomy, physiology, hygiène, invalid cookery, drugs, their actions, and such other subjects outside
hospital training as may be deemed necessary for the efficient training of nurses.

3o There shall be two patrons, viz, the presidents of
the Royal Colleges of Physicians and Surgeons, for the time
being, who shall be *ex-officio* members of the governing
Body.

4o The governing body shall consist of the Matron and
one representative of the medical staff of each co-operating
institution.

5o Intending candidates shall be required to pass a preliminary Examination in reading, spelling, writing and arithme-
tic, corresponding to the fourth class of National education.

8º At the conclusion of each course of lectures an examination shall be held in the subject lectured upon, and a list of candidates from each institution arranged in order of merit transmitted to the respective Matrons.

9º If a nurse fails to pass, she shall present herself at the next examination, and shall pay a fee for re-examination to be decided upon by the governing body.

10º A nurse who passes these examinations shall receive a diploma from the governing body, certifying her knowledge in the subjects in which she has been examined.

11º This diploma shall be distinct from the certificate which the nurse receives from her hospital for proficiency in general nursing, and in no case shall this diploma be delivered to the nurse until she shall have received her nursing certificate after due training.

12º Lecturers shall be appointed who are unconnected with any of the co-operating institutions.

13º All courses of lectures shall be open to any trained nurse or probationer on payment of a fee to be fixed by the governing body, and they may proceed to the diploma in the same way as the probationers belonging to the co-operating institutions subject to the conditions laid down in Rule II.

14º One Matron of a co-operating institution shall be present at each lecture and examination.

15º The governing body to have full power to make new rules or to amend any of the existing rules at their discretion, their decision on all matters connected with the school to be final.

16º For the present, the fee to be paid by each co-operating institution for every probationer attending the lectures is fixed at £1 for the terms. This fee includes expenses of examination.

17º Institutions other than those at present co-operating, shall pay 10 s. for each probationer attending a course of lectures and examination.

18º Nurses unconnected with any institution shall pay 1s. per lecture, or 5 s. for the course and examination.

19º Trained nurses of the co-operating institutions may attend any lecture on payment of 6d.

20º Probationers requiring re-examination must present themselves at the time appointed and pay a fee of 10 s. for same.

Except during the months of June, July, and August, a lecture is delivered each Monday evening and repeated on

Thursday, this enabling the attendance of all probationers, without inconvenience to their respective hospitals.

Before the Dublin Metropolitan Technical School for nurses was started the theoretical education of probationers was usually left to the generosity of the medical staff of the hospital; these busy men were often too busy to spare the necessary time and the delivery of the lectures was irregular and as a consequence the nurse's education suffered. The advantages of the school are undeniable, each participating hospital being assured that its probationers receive systematic teaching in the theory of their work, and rivalry to obtain the highest number of marks proves a healthy stimulus to the student.

In the absence of a recognized standard and State examination the Dublin Metropolitan Technical School for nurses appears to be a degree more dependable than the usual private teaching of-no-one-knows-what, carried on in most training schools. However it is only a step in the right direction not as thorough as it ought to be considering the important and responsible service required of nurses by modern methods of surgery and medicine.

LE DRESSAGE DES ÉLÈVES DANS LES SALLES ET LA POSITION ET LES DEVOIRS DE LA DIRECTRICE

par Mlle Isla Stewart,

Directrice de l'Hôpital St-Barthélemy, Londres, et présidente de l'Association des Directrices des Hôpitaux de Grande-Bretagne et d'Irlande.

Mon discours se divisera naturellement en deux parties. L'Education pratique des gardes-malades dans les salles et la position et responsabilité de la Directrice.

Ces deux sujets paraissent loin l'un de l'autre, mais, en réalité, ils sont indissolublement liés. Le dressage pratique de l'élève dans les salles d'un hôpital, constitue certaine-

ment la partie la plus importante de son éducation professionnelle. L'instruction théorique, qui prend de plus en plus
d'importance dans la plupart des écoles, a une grande valeur
quant au développement intellectuel, mais l'école, les cours,
les démonstrations, soit réunis en un enseignement préala-
lable, soit répartis entre les trois années du stage, doivent
toujours être secondaires à côté du travail pratique dans les
salles. Veuillez croire que je ne cherche pas à déprécier
l'instruction théorique, qui, non seulement augmente l'intelligence et la capacité de l'élève, mais encore qui marque la
limite entre la garde-malade inintelligente (faisant son travail
machinalement) et celle dont les capacités sont fortement et
scientifiquement développées. Cependant, il y a un point indiscutable: ce qui fait la garde-malade est l'expérience con-
tinuelle et la présence ininterrompue dans les salles et au chevet
du malade.

Il y a 20 et 30 ans, les gardes-malades, en Angleterre,
finissaient leurs études en un an et commençaient aussitôt à pratiquer au-dehors, comme gardes-malades tout à fait qualifiées.
Malgré ce stage si écurt, il y avait un certain nombre d'excellentes gardes-malades. De nos jours, nous leur donnons une
instruction de trois ans, et nous trouvons ce laps de temps
encore trop limité pour leur inculquer tout ce qu'elles doivent savoir.

Le dressage en un an se faisait principalement aux dépens
du malade. Nous avions peu de temps pour enseigner et peu
de personnes qualifiées pour l'enseignement. Les élèves devaient s'instruire toutes seules. Après un an d'instruction, quelquefois même avant, elles étaient nommées surveillantes de
salle ou envoyées soigner des malades au dehors. Leur savoir était nécessairement limité et leur expérience l'était encore
plus. Mais leur courage était grand et comme elles exerçaient
leur profession sans la surveillance qui eût pu leur servir
de guide, elles se perfectionnaient par leurs erreurs et acquéraient leur expérience au dépens de leurs malades.

Il y avait de grandes âmes parmi ces femmes qui, faisant
de leur mieux auprès des malades, se heurtaient à des difficultés presque invincibles et rencontraient la misère sans
pouvoir y rémédier. Leurs efforts ne furent pas vains, puisque le stage de trois ans est devenu à peu près général, et
c'est le malade qui bénéficia le plus de cette amélioration.
Pour obtenir un tel résultat, il faut que la cheftaine, c'est-à-dire
la garde-malade qui est à la tête d'une salle (la sœur, comme
nous disions en Angleterre), soit qualifiée de toute manière

pour son rôle. Elle doit avoir l'expérience de trois années de dressage, être elle-même capable de dresser ses subordonnées et de les instruire. Après bien des années d'expériences, je crains de devoir dire que la cheftaine parfaite est rare, elle doit posséder tant de vertus et n'avoir que si peu de défauts !

La cheftaine qui dirige bien sa salle, n'est pas rare, mais la personne qui, en plus de cela et malgré toutes les difficultés et tout le travail d'une salle, trouve encore le temps d'enseigner ses élèves, est plus difficile à trouver.

C'est là une des difficultés qui se dressent devant la Directrice: découvrir la garde-malade la plus capable d'être cheftaine, et, l'ayant trouvée, savoir la garder, car « sa valeur dépasse celle des rubis »! Donc, l'essentiel, pour le dressage de l'élève dans la salle, est qu'il soit entrepris par une garde-malade habile et experte, qui soit, en même temps, une cheftaine éprouvée.

Autre point important: l'élève, elle-même. Nous ne saurions faire des meules sans paille et nous ne pouvons faire de bonnes gardes-malades, qu'à la condition d'avoir, comme élèves, des personnes assez intelligentes, ayant un degré d'éducation assez élevé pour leur permettre de s'assimiler et de mettre à profit l'instruction soignée que nous sommes prêts à leur donner. L'instruction donnée aux gardes-malades de nos jours n'est pas du lait destiné à des nouveau-nés. Nous avons, hélas! dans la plupart des cas, à nous contenter du médiocre. Nous tâchons de faire de notre mieux. Mais l'élève idéale après laquelle soupirent toutes les directrices, est celle qui possède une bonne santé, un esprit sain, une intelligence vive, une parfaite éducation, de bonnes manières et des mains adroites et agiles.

Le troisième point important est la nature de l'enseignement que doit donner à ses élèves la cheftaine parfaite.

Un professeur éminent, auteur d'un travail de bactériologie, a dit: Les infiniment petits sont les maîtres du monde. Nous savons que l'homme commence à devenir le maître de ces infiniment petits et qu'il s'efforce à observer infatigablement avec minutie et système, leurs habitudes, leurs conditions de vie et la méthode la plus sûre pour les détruire. La médecine a besoin des gardes-malades pour l'aider à cette guerre invisible, mais destructive. Afin que cette aide soit proportionnée à la grandeur de la tâche, il faut que l'instruction de la garde-malade soit faite soigneusement, minutieusement et systématiquement. Elle doit saisir l'importance du moindre détail, comprendre que la minutie est indispensable pour produire et pour maintenir la propreté chirurgicale. Elle doit savoir observer attentivement son malade et obéir exactement et strictement aux ordres reçus.

Un mot, maintenant, sur ce que j'entends par: instruction soignée à donner à l'élève. D'abord elle doit apprendre à observer. Nulle science ne manque autant aux commençantes, nulle n'est plus difficile à inculquer, nulle n'est plus nécessaire pour la garde-malade. Ce n'est que par une surveillance sévère et en encourageant l'élève à faire des rapports sur ses malades, que nous pouvons obtenir un résultat.

Ensuite, elle apprendra à prendre sur elle des responsabilités. On commence par la rendre responsable du cuivre jaune, par exemple; c'est peu de chose, si vous voulez, c'est peu important j'en conviens, mais si la cheftaine n'accepte que du cuivre parfaitement brillant, ce nettoyage du cuivre prendra aux yeux de l'élève, l'importance d'un devoir dont elle est chargée et son enseignement aura commencé. Elle passe ainsi d'une chose à l'autre, au cours de son stage de 3 années, une responsabilité en suivra une autre jusqu'à ce qu'elle soit capable de supporter la lourde charge des responsabilités très grandes, qui, tôt ou tard, ne lui seront pas épargnées. Dans ses relations journalières avec les malades des salles, elle apprendra non seulement à connaître l'humanité la plus humble et la plus malheureuse, mais encore elle la servira, sans croire indignes d'elle les moindres détails des soins qu'elle lui donne, si pénibles fussent-ils.

Croyez-moi, une des choses les plus importantes parmi les nombreuses choses importantes à apprendre aux gardes-malades est celle-ci: savoir, se réjouir avec le convalescent à son retour à la santé; savoir accompagner le mourant jusqu'au bord du fleuve redoutable que nous tous devons traverser un jour.

En dehors de l'instruction des gardes-malades et de la marche du service hospitalier; les devoirs d'une Directrice sont si nombreux qu'il est impossible de les énumérer en détail. Je ne ferai donc que les effleurer.

D'abord, il y a l'entretien de l'hôpital: les planchers des salles, les corridors, les escaliers, les vestibules, les amphithéâtres, les lavabos, les salles de bains, etc. La Directrice décide quand, comment, et à quels frais doit se faire le nettoyage et combien de temps il doit durer.

Puis, il y a le linge à choisir, à distribuer, à faire réparer. La directrice doit connaître la quantité nécessaire à chaque salle et surveiller les inventaires périodiques.

Ensuite, il y a la correspondance très variée, parfois amusante et qui arrive avec une régularité incessante. Certes, elle n'est pas quantité négligeable la correspondance de la Directrice dans le labeur quotidien!

Evidemment, la Directrice ne peut pas accomplir tout par elle-même et dans les grands hôpitaux, elle a des assistantes qui surveillent chaque département. Mais, au début, c'est elle qui organise tout, et qui, par la suite, apporte les changements qu'exige la routine hospitalière. Elle doit s'apercevoir de toute négligence et mettre un frein à toute extravagance.

Dans les grands hôpitaux, l'Ecole de gardes-malades ne constitue qu'une partie du travail de la Directrice, mais c'en est la partie la plus importante, celle qui présente les plus grosses difficultés et qui implique les plus graves responsabilités. L'Economat est confié à une intendance qui dirige le ménage au nom de la Directrice, exécute ses ordres, s'occupe de la bonne tenue des chambres à coucher, des salles à manger, des salles à bain, de la cuisine, en un mot, de tout ce qui constitue une maison bien ordonnée. La Directrice visite de temps en temps et s'assure de la bonne administration.

Il faut qu'elle choisisse avec soin ses élèves et qu'elle renvoie sans hésitation celles qu'elle juge incapables de jamais faire honneur à l'hôpital. Elle doit organiser le roulement régulier des gardes-malades de jour et des gardes-malades de nuit, s'arranger de façon à ce que chaque élève passe dans tous les services pendant les trois années de son stage. Elle les placera sous l'autorité d'une cheftaine capable de les guider et de les enseigner, elle établira des règlements de conduite générale et spéciale et en surveillera l'application. Toutes ces obligations imposent un travail à peu près illimité et la Directrice trouve son temps et son intelligence amplement occupés.

Toutes les Directrices ici présentes se rendent compte que je n'ai qu'effleuré leurs devoirs, sans toucher aux détails. Prenez le service de bureau, par exemple. Voici des questions dont on accablera la Directrice: «Pourquoi le linge est-il moins bien blanchi cette semaine?» — «Quelle quantité d'épingles est nécessaire pour telle ou telle salle?» Deux heures de gymnastique intellectuelle ne sont pas de trop chaque jour, car, avant de pouvoir répondre à la première question, la Directrice est obligée de connaître les incidents de la buanderie et pour pouvoir répondre à la seconde, elle doit avoir présent à la mémoire, le service de la salle dont il s'agit. Chaque détail implique une multitude d'autres détails.

Il me reste deux points à mentionner en terminant, ce sont la responsabilité et les qualités de la Directrice. Sa position est remplie de responsabilités: son premier devoir est envers l'hôpital. Le travail doit se faire sans dépenses exagérées, avec le moins de désaccord possible entre les nombreuses personnes qui l'accomplissent. Le grand souci de la Directrice, celui qui l'accompagne jour et nuit, c'est sa responsabilité envers tous ces êtres qui agissent sous son autorité, qu'elle guide et auxquels elle sert d'exemple; son but est de développer ses gardes-malades, de les mettre dans la bonne voie afin que le résultat soit satisfaisant et qu'au bout de sa carrière on puisse compter un bon nombre de bonnes gardes-malades et quelques grandes femmes de plus. L'élève est ce que nous appelons le matériel brut et la Directrice n'a d'autre but que sa transformation en garde-malade parfaite et bien disciplinée.

Quand la Directrice peut remettre le diplôme à une de ses élèves, elle éprouve une grande satisfaction. Mais hélas! ce n'est pas toujours le résultat qu'on obtient. Parfois, la novice prend le sentier qui mène à la perfection; parfois, elle se détourne du bon chemin et les trois années sont perdues! C'est alors que la Directrice se demande si elle n'a pas manqué à son devoir, si elle n'a été, ni trop indulgente, ni trop sévère. Plus une Directrice a de gardes-malades à dresser et plus elle se rend compte de la responsabilité terrible qu'elle a envers ses subordonnées, envers des êtres humains dans la vie desquels elle est appelée à intervenir pour leur malheur ou leur bonheur.

Quel genre de femme faut-il pour entreprendre cette vie de travail, de tourments et de responsabilités? Il faut, avant tout une garde-malade. Je suis certaine d'exprimer une vérité absolue et prouvée en disant que la Directrice doit être avant tout une garde-malade hospitalière capable, qui doit avoir passé par les mêmes routes, par les mêmes étapes que ses élèves, qui doit connaître leurs élèves et leurs tentations. Elle doit posséder une bonne santé, avoir de bonnes manières, une parfaite éducation, être accoutumée au monde, avoir une certaine confiance en elle-même et le don de l'enseignement. Elle doit être ferme de caractère, avoir un bon jugement, un grand esprit de justice, et ne pas se croire infaillible — ce qu'elle devra être prête à avouer — car, seuls, les gens qui ne font rien, sont sûrs de ne jamais commettre d'erreurs.

Si un hôpital possède une telle directrice, qu'il s'estime heureux, les gardes-malades le béniront.

THE PROGRESS OF NURSING IN GERMANY

By Sister Agnes Karll.

President of the German Nurses Association.

It is not easy for a German to address this meeting on the subject of nursing education and training. Though it is an acknowledged fact that Kaiserswerth was, so to say the birth-place of systematic nursing and though we all know that its fame has spread through civilized lands, and that it may be regarded as the pattern on which professional nursing has been moulded, we professional pioneers are none the less clear that during latter times we have loitered by the way and have been left behind by many other countries, even those of the far east. It is not so very long since nursing was almost exclusively practised by religious communities and looked upon as purely a religious duty, and that long after the advance of science had caused physicians to demand the aid of women whose nursing duties might be regarded as professional and in no way likely to clash with their religious duties or excercices. To-day the social conscience is awake in all countries and in proportion as people are beginning to recognise the fact that prevention is better than cure, so are the demands made upon the capabilities of a nurse increasing; demands ,which can only be met by those who possess an adequate, thorough and versatile professional training.

The demand for trained professional nurses has so increased during the last few years that even the many and different nursing institutions in Germany are unable to furnish a sufficient number. Although the returns of the last statistics show that there are 40,000 women engaged in nursing, who for the most part belong to a religious or denominational community, still the want of nurses is growing to be felt more and more daily. And how much more do we, who see clearly, feel, that whilst the demand as regards numbers is still greater than the supply, the quality of that material with which we work is decidedly in many cases below par.

The careful training and education in humane as well as professional duties, which in former years a deaconess-home accorded to its members, is almost a thing of the past, nor is now-a-days the same care as formely bestowed upon the admittance of probationers, which formerly secured only those really fitted for it to the profession. A great hindrance to the training of a thoroughly professional nurse, is the lack of unity existing as regards the standard of their requirements and the apparent want of comprehension of the fact ,that the greater the demands on a nurse's capabilities, the longer the time of training required for fitting her to meet them.

Nearly 100 years ago one of our large state hospitals founded a training school and fixed the time of duration of the training at 5 months; to-day this same institution is content with a period of 3 months for training. It is true that the number of lessons has been lately doubled, but the demands upon a nurse's capabilities have increased one hundred fold It is true that occasionally one finds the desire for improvement in nursing education existing. A few municipal hospitals as, for instance the training-schools of the Diaconie-Verein, have instituted a training course lasting not less than a year; and this rule is strictly kept. But by far the greater number of institutions are content with a period of 6 months, and in many Motherhouses even these 6 months are an illusion for a greater number of the nurses, as the want of hands makes itself so felt on all sides that frequently probationers are during this 6 months sent away to other stations and so lose all chance of any theoretical training even should such training take place. It is an unfortunate fact to which we cannot close our eyes that in Germany it is no uncommon thing for probationers of a week's standing to be intrusted with a night-watch or sent to take charge of a responsible case. Examinations at the end of this truly inefficient training are by no means the order of the day. We cannot be too thankful, that the growing discontent with the existing state of things has awakened the State to the duty of improvement. About 15 months ago the «Bundesrat» passed a decision for examination for the German Empire, fixing a years training as the time which should precede a government examination. Unfortunately this is however only optional, not obligatory, but, there can be no doubt that as soon as this law comes into force competition will cause all nursing institutions to adopt it. At present many are in doubt about its

efficacy, but before the tide of time and facts they will not
be able to hold out. Those countries which are fortunate
enough to enjoy a period of 2-3 and even more years training will be much astonished to hear that we Germans are
thankful to have achieved a period of one year. But when
one remembers that our responsible profession can be inva-
ded and entered upon by any one who has undergone an inefficient training of 6 weeks duration or so, it will be understood
how gratefully any concessions made by the State, which may
we hope through practical experience will lead to more,
are to be welcomed. Moreover no one can be prevented
if they wish to train longer than a year. The German Nurses Association has provided for a second years training in
all such hospitals and training-schools, where the staff consists solely of its members and it is to be hoped that the
results of this provision will be such, that the extension of
the one years training required by the state will soon follow,
if we have not in the meantime the good fortune to obtain
a 3 years period. Of actuel progress, I can say but little!
More than a year passed before the decision was followed by
the drawing up of the regulations in Prussia. This has only
come into force since the 1st of June 1907. Those German
states which do not, like Bavaria, hold quite aloof from
the movement, are awaiting Prussia's example before making a décision. The old Hanseatic town of Lubeck has drawn
up the necessary rules some monthes ago so that 2 of our
nurses who live there, Sister Johanna Chalibaus and Sister
Minna Welle are already in possession of state registration.
Of course this does not imply that there is in any sense of
the word a school according to modern principles, it is sim-
ply the acknowledgment of professionally trained nurses that
is thus there secured.

The Sophienhaus in Weimar has however since the 21st
of April instituted a course of training moulded according
to the state plans, which is worthy of imitation. Geheimrat
Pfeiffer, who has been head physician there for 30 years is
fully alive to the worth of a good foundation and thorough
grounding, in our profession and it is owing to him that this
training school receives other probationers than those which
are destined to enter the Motherhouse; these probationers
do not bind themselves to anything beyond the payment
of a small sum for their board at the commencement of
their entrance. Geheimrat Pfeiffer has adapted his book of
instructions (which has just reached its 4th edition), by the

aid of 40 doctors and nurses to the government regulations, and has had all the chapters on practical nursing revised by women. He always draws particular notice to the importance of women's help in the education and training of nurses and bases his convictions on his 30 years experience as manager of a nursing school.

Only the future can show whether the municipal hospitals in Dusseldorf, Dortmund and Rheydt which are now connected with the German Nurses Association fulfil all that they promise. In Dortmund probationers receive instruction but as the regulations regarding the order of examination have only just been formulated, the ancient rule, non obligatory still holds good. Sisters belonging to the German Nurses Association will be able to enter the Rheydt-institution on the 1st of July, whilst Dusseldorf, which is being newly built, and only opens some departments, this month, cannot begin a course of training and instruction before the 1st of October.

In Germany we can only speak of «hope», of «progress» not of certainty, and we must comfort ourselves with the words of encouragement spoken by our English colleagues in 1901 and hope that their prophecy that German thoroughness will eventually bring about quick progress even if the commencement be slow, will prove true. We of the German Nurses Association are certainly willing to do our share toward lessening the difficulties of this state of transition. It remains for us to hope that ere long our medical men will see the force of these arguments and become alive to the importance of the case; also that the hospital boards will learn, that they can no longer found so called schools unless they are prepared to fulfil their duties and enforce the rules to the letter instead of using those who are «pupils» as cheapest workers.

The duties of a governing committee include the careful choice of matrons, doctors and head sisters (nurses). These should be chosen with a view to their capabilities of teaching, an important point, but one which with us has been more or less overlooked though it may be considered as absolutely necessary to progress. Also care must be taken to ensure proper time for instruction and the study of information received. Instruction must no longer on any account be imparted at a late evening-hour after the nurse has gone through 14-15 hours hard work, nor must spare moments of the night-watch which are not devoted to do-

mestic work be considered the right time for the probationer to prepare her written work. Until these regulations
are the order of the day, we can not confidently speak of
progress in nursing in Germany. One hope we can built
upon : « the future is ours » !

LE DEGRÉ D'ENSEIGNEMENT ACTUEL DU NURSING
EN HOLLANDE

Par Mlle VAN LANSCHOT-HUBRECHT,

Secrétaire de l'Association des Gardes-malades hollandaises.

Vous m'avez fait l'honneur de me demander un rapport
sur le système d'éducation pratique des gardes-malades en
Hollande.

Je veux commencer par vous donner un aperçu de l'éducation actuelle de nos gardes-malades et des conditions dans
lesquelles elles travaillent. Les hôpitaux municipaux et uni-
versitaires, ayant un minimum de 40 lits ont toujours été
reconnus comme les seules écoles hospitalières, ces derniers temps, on s'est écarté de cette règle.

Les élèves ne sont en général pas admises avant l'âge
de 20 ans; elles doivent avoir suivi l'école secondaire; mais
on accepte bien souvent comme élèves des jeunes filles dont
l'instruction a cessé en quittant l'école primaire. La cause
de cette inconséquence peut être expliquée par le fait que
les directions des hôpitaux sont obligées de compléter leur
personnel en engageant des infirmières peu éduquées, parce
que les jeunes filles de bonne famille hésitent à choisir une
profession, dont l'apprentissage est si dur et qui exige une
santé si robuste.

Les heures de travail sont en général au nombre de 11-13,
dans quelques hôpitaux les journées sont de dix heures.

Le travail manuel, dont une grande partie devrait être
faite par des domestiques, prend une place trop large dans la
journée; il vaudrait bien mieux vouer aux malades toutes

ces heures employées à nettoyer et à frotter, en cherchant à les distraire, les occuper et leur faire oublier momentanément leurs souffrances par une lecture, une conversation ou quelque travail léger.

Le salaire des élèves est de 200-500 francs.

Après un stage de trois ans les élèves passent un examen, afin d'obtenir un diplôme et un insigne. Cet examen ne dure tout au plus qu'une heure. L'élève est examinée par les médecins qui lui ont donné le cours théorique, parfois la directrice de l'hôpital assiste, mais elle n'y prend point une part active, et ne fait aucune question relative au savoir pratique de l'élève.

Munie de ce diplôme, la jeune femme peut aller soigner dans les familles et solliciter une place de cheftaine et même de directrice; aucun cours spécial n'est donné pour ces différentes fonctions qui cependant demandent des connaissances spéciales.

Pour les releveuses et pour les infirmières, qui désirent soigner les aliénés, on a institué des cours et un examen spécial.

Pour obtenir le diplôme général les élèves doivent officiellement avoir parcouru toutes les divisions de leur école, mais bien souvent on s'écarte de cette règle et plusieurs gardes-malades en quittant l'hôpital n'ont travaillé que dans deux ou trois divisions, elles ne connaissent donc qu'en théorie les soins à donner dans plusieurs maladies. C'est surtout au travail de la salle d'opérations que très peu d'élèves sont admises. L'instruction comprend un cours théorique donné par un médecin, durant une heure chaque semaine, et le travail pratique dans les salles. Les élèves ont des cours d'anatomie, de physiologie, de thérapeutique, de pathologie et d'hygiène. Pour ce qui se rapporte au travail pratique aucun cours n'est donné dans la plupart des hôpitaux, les élèves dépendent généralement du bon vouloir des gardes-malades diplômées et de l'idée que celles-ci se font des connaissances, nécessaires à une bonne garde-malade. Assurément il y a parmi ces infirmières, plusieurs qui se font un devoir de donner un enseignement très consciencieux à leurs élèves, mais c'est toujours une bonne aubaine de se trouver placée sous l'autorité d'une telle personne. Cette aubaine n'est hélas pas la règle. Puis le nombre des infirmières diplômées étant trop restreint, celles-ci n'ont point le temps nécessaire pour se vouer complètement à l'instruction des élèves qui leur sont confiées.

Voilà ce qui me procure l'occasion de dire que l'éducation de nos gardes-malades se fait d'une manière toute empirique, quelques cas exceptés.

Nos hôpitaux étant très bien organisés et administrés, les élèves y contractent durant leur stage de 3 ans des notions de propreté, de discipline et de travail méthodique qui, certainement sont d'une grande valeur dans l'éducation d'une infirmière. Pendant ces longues années de travail parmi et pour les malades, elles acquièrent une grande expérience, mais elles n'apprennent point à se rendre compte de ce qu'elles font, et observent. Quelques-unes, les intelligentes, et les ambitieuses trouvent moyen de perfectionner leur éducation en étudiant en dehors des cours et en questionnant cheftaines et médecins, le plus grand nombre quitte l'hôpital ayant machinalement appris ce qu'il faut faire dans tel ou tel cas, mais ne sachant pas soigner ses malades avec intelligence et perspicacité.

Dès son arrivée, l'élève est admise dans les salles. Aucun cours préparatoire ne lui est donné, on lui marque sa tâche, et c'est à elle à savoir, tant bien que mal, se tirer d'affaire. Quoique chaque division ait sa cheftaine et que chaque salle soit sous la direction d'une garde-malade diplômée, chacun a trop à faire pour pouvoir se vouer à la nouvelle venue et lui expliquer patiemment et méthodiquement ses devoirs. On lui donne, en passant, quelques conseils, quelques renseignements; mais, chacun étant pressé, la nouvelle venue doit savoir se débrouiller toute seule. Il en résulte que le sentiment de malaise que la nouvelle venue ressent, s'accroît et la rend encore plus maladroite qu'elle ne l'est déjà.

On ne considère point la nouvelle arrivée comme une élève, qui doit être éduquée, initiée dans l'art de soigner des malades, à laquelle il faut apprendre à observer les différentes phases d'une maladie, à se rendre compte de tout ce qu'elle voit et entend du malade qu'elle soigne et de tout ce qu'on lui dit de faire pour ses malades. Au contraire. Dès son entrée dans l'hôpital, la jeune fille fait partie du corps des gardes-malades, elle a sa part de responsabilité, une part bien petite, il est vrai, pendant les premiers jours, mais qui ne s'accroît que trop rapidement. Aucune de nous n'oubliera ces premiers mois passés à l'hôpital. On a ressenti trop d'angoisses, on a fait inconsciemment trop de bévues, on a été trop peu encouragée, chacun des chefs et aussi des collègues vous considérant comme une charge, pour ne point désirer ardemment et y collaborer avec corps et âme qu'un changement bien radical s'opère dans l'instruction de nos gardes-malades.

Après un stage de trois ans, l'élève passe ses examens, qui sont purement théoriques. Quelquefois, pas trop souvent il est vrai, on lui demande de faire un léger pansement, ou bien d'expliquer l'usage de tel ou tel instrument, mais le côté pratique de l'examen ne s'étend pas plus loin. Après l'examen on lui donne un diplôme, qui la consacre capable de soigner les différentes maladies et lui défère les qualités nécessaires pour faire une bonne garde-malade. Voilà donc notre jeune fille lancée. Mais dès qu'il s'agit d'obtenir une place comme cheftaine ou bien pour aller soigner les pauvres à domicile, le fait curieux se présente que souvent les informations prises auprès de ces mêmes personnes qui lui ont donné son diplôme, ne sont point d'accord avec le texte du diplôme et qu'on s'aperçoit que la garde-malade n'a point les connaissances nécessaires pour l'emploi qu'elle sollicite. La solution de cette énigme est bien simple. C'est parce que les hôpitaux sont restés ce qu'ils étaient il y a 25 ans, malgré leur prétention de se nommer écoles hospitalières; les infirmières y apprennent seulement à soigner des malades dans l'hôpital, elles n'y ont point appris leur métier dans toute son étendue.

Ces diplômes, qui devraient être un témoignage de capacité sont distribués avec un légèreté inconcevable. Chaque hôpital peut s'arroger le droit de donner des diplômes et un insigne de garde-malade. Notre pays est bien petit, cependant le nombre d'insignes différentes est énorme, il atteint à peu près le chiffre de 15. Les gardes-malades pas ou mal éduquées profitent de cette confusion. Elles achètent un de ces insignes, puis se disent diplômées. Le seul moyen de remédier à cette situation déplorable serait une éducation et des examens réglés par l'État.

Il faut que je relève au sujet des diplômes, un fait bien grave, une mesure réactionnaire, prise il y a quelques mois par une association, qui prétend s'occuper des intérêts des malades et de leurs gardes. Cette association, qui se nomme « De Nederlansche Bond voor Ziekenverpleging », sous le prétexte d'uniformiser l'instruction dans les divers hôpitaux et de réduire le nombre de diplômes à un seul, contresigné par elle, a décidé que pour être admis à l'examen, il n'est plus nécessaire d'avoir fait un stage de trois ans dans un hôpital général, ayant au minimum 40 lits, mais qu'un comité, nommé par elle pourra, dans la suite décider si telle

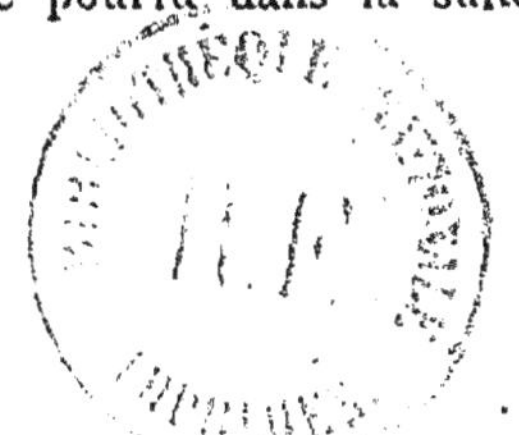

ou telle clinique spéciale ou tel petit hôpital peut être considéré comme école hospitalière, d'après le nombre de journées d'hospitalisation et d'après la diversité de maladies, qui y ont été soignées. Voilà donc d'un coup le principe écarté, anéanti, qu'on ne peut pas obtenir une expérience suffisante dans l'art si difficile de soigner les malades sans avoir fait un stage de trois ans dans un hôpital général comptant au moins 40 lits, un principe, qui a été adopté unanimement dans tous les pays où l'on s'occupe plus spécialement de l'instruction des gardes-malades. L'an dernier les hôpitaux d'enfants ont été promus par le comité les égaux des hôpitaux généraux, cette année un petit hôpital de 20 lits est promu école hospitalière. Même en admettant que l'instruction dans ces petits hôpitaux ait atteint un rare degré de perfection, vous concevez aisément que les élèves, en quittant ces soi-disantes écoles hospitalières pour aller soigner des malades en famille rencontrent à chaque heure des difficultés presque insurmontables. Bientôt, elles s'apercevront de toutes les lacunes de leur éducation défectueuse et pour celles, qui ont une haute conception de la profession de garde-malade c'est toute une éducation à refaire. Les autres s'en tireront tant bien que mal, la plupart du temps très mal, au grand détriment de la profession entière et des malades.

Notre association s'ingénie à trouver des moyens pour remédier à toutes ces anomalies, d'abord en n'admettant à l'examen de notre association, que celles qui ont fait leur apprentissage dans les hôpitaux ayant un minimum de 40 lits, puis en donnant aux preuves de connaissances pratiques une large part dans l'examen, enfin en tâchant d'obtenir que le dressage, l'examen des infirmières soient réglés par l'Etat. Nous avons pour nos idées, la sympathie de beaucoup de médecins, qui, n'étant point directeurs d'hôpitaux, désirent avoir pour soigner leurs malades, des infirmières capables de mener à bonne fin la tâche, qui leur est confiée.

Vous me demanderez pourquoi notre association a augmenté le nombre de comités d'examen en en instituant encore un? La raison en est, que lorsque le moment sera venu où l'Etat s'occupera de l'instruction des gardes-malades et où le gouvernement nommera un comité spécial pour régler cette question, on ne pourra passer sous silence notre association et ne pas nous demander de déléguer quelques membres, qui ayant étudié la question, seront capables de faire converger les différentes opinions vers le but que nous nous sommes proposé.

Je vous ai déjà dit qu'il y a un manque absolu d'instruction systématique. A qui la faute? En premier lieu aux infirmières-directrices, puis aux infirmières elles ˙êmes, qui par leur indifférence, leur apathie, leur manque absolu de sentiment social et de solidarité, subissent cet état de choses sans chercher à y remédier en se servant des moyens loyaux, que leur offre notre association. Mais la faute en est aussi à ceux par qui les directrices sont nommées. Il est vrai qu'on choisit de préférence comme directrices des gardes-malades diplômées, mais la plupart d'entre elles ne semblent point se rendre compte de la grande responsabilité qu'elles assument envers leurs élèves; une responsabilité, qui devrait les obliger à s'occuper personnellement de l'enseignement pratique des élèves. Ce sont elles, qui sont responsables des capacités qu'auront acquises les gardes-malades à l'hôpital, capacités qui leur permettent de remplir les diverses fonctions auxquelles leur profession les appellera, des fonctions de nature si différente et qui exigent un développement bien supérieur à celui des gardes d'il y a 25 ans. La science de soigner les malades suit pas à pas la science médicale, celles donc, qui choisissent cette profession ont le droit d'exiger une éducation pratique, non seulement appris empiriquement, mais une éducation pratique dont les principes leur sont enseignés systématiquement par des gardes-malades diplômées, directrices ou cheftaines, ayant le don d'enseigner; des personnes désignées spécialement pour cette tâche et ayant le temps de s'y vouer entièrement.

Nos directrices Hollandaises forment une association comme les directrices Américaines et Anglaises, mais ce n'est point une association vivante, s'intéressant aux questions brûlantes, qui de nos jours agitent les gardes-malades et les médecins. Elles ne semblent point réaliser que c'est à elles à se mettre à la tête du mouvement, et à montrer par leurs paroles et par leurs actes le chemin qu'il faut suivre pour annoblir notre profession.

Le but vers lequel se dirigent tous les efforts de notre association, est, en premier lieu, l'obtention d'une loi qui réglera et l'instruction et l'examen des futures gardes-malades et un plan d'instruction, qui sera obligatoire pour toutes les écoles hospitalières. Dans cette instruction seront compris des cours préparatoires où l'on enseignera aux élèves la préparation des divers aliments et leur valeur nutritive, les travaux manuels que chaque garde-malade doit connaître à fond, mais qu'on ne lui enseigne point méthodiquement à l'hôpital, les principes de la stérilisation, la construction et l'usage des ustensiles nécessaires au soin des malades, les différentes manières de porter un malade, de faire son lit, etc., etc. Notre association a institué l'an dernier un cours préparatoires où ces différents sujets sont enseignés et que Miss Dock a eu la grâce de nommer « a most splendid thing », mais à notre grand regret, ces cours ne sont point assez appréciés chez nous. Nous croyons en trouver la cause dans le fait que les gardes-malades se sont tellement accoutumées à l'idée d'avoir une éducation gratuite et même d'obtenir un salaire, qu'il leur semble extravagant de payer 200 francs par an pour un cours préparatoire, dont le brevet n'est exigé par aucune direction d'hôpital.

Nous désirons, en outre que l'instruction comprendra des cours spéciaux pour celles qui veulent aller soigner les pauvres à domicile. Il faut absolument leur donner quelques notions de sociologie et un cours d'hygiène plus étendu, car en dehors des soins à donner aux malades, elles doivent bien souvent s'occuper des intérêts de toute la famille et prêcher toujours et en tout lieu les lois de l'hygiène.

Et enfin, en dernier lieu, nous désirons ardemment obtenir des cours spéciaux pour directrices et cheftaines, des cours qui les prépareront pour leur tâche si difficile et si compliquée.

Et voilà tout ce que j'ai à vous dire quant à l'instruction pratique de nos gardes-malades. Nous avons encore bien à faire avant d'avoir atteint l'idéal que nous nous proposons, mais l'exemple de travail continu et de solidarité, que nous donnent les associations affiliées à l'association internationale des gardes-malades, nous donne le courage de persévérer et de suivre bravement la route qui mène au but proposé.

NURSING PROGRESS IN DENMARK

By Miss Bodil Hellfach,

Head Sister, Kommune Hospital, Copenhagen.

In reading you some facts about nursing in Denmark, I must explain that until yestarday I had supposed that a more qua lified représentative than I would do this, and you must excuse my lack of preparation.

Thirty years ago a few young women of the upper classes went for the first time to work in the hospitals. They met with much resistance and ill-will from the physicians and the authorities, but they worked patiently on, and so well, that this opposition soon disappeared, and more than a thousand others followed in their steps. There are now educated women in all of our great hospitals, some of which are old, others new and up-to-date, and the practical nursing in Denmark has now a high standard. The authorities have improved conditions and many hospitals have comfortable nurses' homes, the Kommune hospital having built a fine one last year. Hours of duty have also been shortened, but we need to have matrons in our hospitals; we need regular training schools with systematic courses of training, and State Registration, for now any woman can call herself a nurse and deceive the public.

In 1899, the Danish Nurses Association was started with about fifty members, now increased to over a thousand under the presidency of Mrs. Henny Tscherning. It requires a three years training for membership and works in all possible ways for the progress of nursing and the benefit of the members. Much has been accomplished in the past few years, of which I may mention:

1. A residence for private nurses, with comfortable rooms and meals.

2. A home for nurses who wish to have further hospital training (post graduate work).

3. A system of life insurance and insurance against illness.

4. A fund to assist nurses during their training.

5. Classes in sick cookery.

6. A Journal of Nursing.

7. A home of rest for nurses.

8. Monthly social gatherings during the winter.

We greatly wish to obtain State Registration, and our committee has approached the government upon this question. We hope that in the near future we may succeed in fixing a minimum standard of training by this means.

NURSING IN FINLAND

By Baroness Mannerheim,

Directress of the Surgical Hospital, and President of the
Finnish Nurses Association, Helsingfors.

I have been asked to say a few words about our nurses'
association in Finland. It is not very old, not more than
ten years, but already it has done a good deal to improve
the standard of nursing in my country.

As late as in the seventies and early eighties the words
nurses and servants were still almost synonymous. It was
not until 1886 when the new surgical hospital of the
University of Helsingfors was opened, that a somew hat regular training of nurses was organized and that a one year
course was decided upon; until then half a year had been
thought sufficient.

The probationers, however, then had no home. They had
to live in the town, and this was of course a great inconvenience. It was then that the nurses' association was
founded, and the nurses decided to take the matter in their
own hands by opening a home for probationers, for which
the necessary funds were secured, partly from private friends,
and partly from the Red Cross Society.

However, the association could not compel probationers
to live in the home, and the hospital directors · thought it
an interference with personal liberty to require it, so the
home became a sort of hotel where the nurses could stay
if they liked and as long as they wished. The results of
this system were, obviously, a lack of discipline, and advantage
often taken of the freedom accorded. The pupils who went
to theatres or balls in the evening were not fit for their
morning's work, and the others had to do double work.
Then, as it was impossible to control the places where the
nurses lived, cases of contagious disease not infrequently
broke out in the hospital, from infection brought by care-
less pupils.

It was at this time that one of our nurses, who took a

course of training in England, had the great privilege of meeting Miss Florence Nightingale, who, with the lively interest she always feels for every thing connected with nursing at once grasped the situation and told our nurse that we « must » make remaining in the home compulsory for the probationers.

She was even kind enough to give a sum of money to be spent in the home so soon as it should contain all the probationers.

This happened only last year, and we are very proud of Miss Nightingale's interest in our work' and feel it as a consecration and a stimulus to new efforts. We have devoted her gift to a fund for a library. The house has now accomodation for 18 probatione , and the work of course goes much better since all are obliged to live together.

The best work our association has done and that which has brought the greatest improvement in the training is the preliminary training school which we opened last August, to the maintenance of which as well as to that of the home, the Finnish government is now contributing.

Through the kindness of Miss Lückes, the matron of the London hospital, who has shown great interest in our work and helped us with advice for which we shall ever be grateful, one of our Sisters was allowed to go through the preliminary training at Tredegar House. On her return she was placed in charge of our preliminary training school which has now been in operation for the two terms with the most satisfactory results.

The probationers remain for two months in the preliminary school and have courses in anatomy, physiology; hygiène, the practice and theory of nursing, bandaging, dispensing, massage, and cooking for the sick. After this they are free from lectures and devote themselves entirely to the practical work in the hospital for the first half of the probation year.

During the second half they have lectures in medical and surgical nursing and repetition classes.

The one year training has now become one and one-half. During the third half year the probationer is appointed as staff nurse (senior) either by day or night.

We are not yet quite satisfied, but wish for a longer training. But our association is young and energetic and will work its way to a thorough course and a high appreciation of the nurses' work.

———————

LA SOURCE

La doyenne des écoles de Gardes-malades indépendantes,
fondée en 1859, à Lausanne (Suisse).

par M. KRETZER, garde-malade diplômé de La Source.

Ancienne élève de *La Source* — qui a chargé trois gardes-
malades de la représenter, — je voudrais vous donner quel-
détails historiques sur cette école de gardes-malades laïques,
qui a été fondée en 1859 et qui est la première des institutions
semblable (1).

La Source comptera bientôt cinquante ans d'existence. Mais
qui dira le travail qu'une source doit accomplir avant de jaillir
du sol?

Les vaillants fondateurs, Monsieur et Madame de Gasparin,
n'avaient pas d'enfants; ils ont créé cette école qui fut leur fille,
l'enfant qu'ils ont aimé, élevé, dont ils ont assuré l'avenir et
qui cherche à conserver les traits de ses nobles parents, si
pleins de générosité discrète.

L'Etat, par décret a accordé à «l'Ecole Normale Evangé-
lique des Gardes-Malades indépendantes» — tel est le nom
officiel de *La Source* — la personnalité morale. Madame de Gasparin lui a légué un capital d'environ 260.000 francs, y
compris une villa taxée 46.000 francs. Telle fut l'origine de
La Source. — Dès sa fondation, en 1859, La Source a refusé:

1o D'exiger le célibat des candidates;

2o D'imposer un uniforme religieux;

3o Elle a laissé les élèves indépendantes, une fois l'apprentissage terminé;

4o Refusé de les appeler «sœur», dénomination ecclésias-
tique;

5o Admis le paiement direct des gardes par les malades.

Et nous constatons que l'institution de gardes-malades libres, responsables de leur travail, a répondu à de nombreux
besoins. Car il y a place, dans le monde, pour des gardes-
malades indépendantes, relevant de leur propre initiative et

---

(1) Il y en a eu une en Angleterre, fondée en 1840, par Mrs Fry
(Note de Mlle L. L. Dock, secrétaire du Congrès).

conquérant, sans titre spécial et sans costume sacré, l'autorité et le respect. Ce qui caractérise *La Source*, c'est qu'elle met l'évangile à la base de l'éducation des gardes-malades; et, dans les épreuves d'examens, elle place les questions de caractère et de moralité à côté des questions d'intelligence et de capacité professionnelles.

Dès l'abord, l'école s'ouvre avec huit élèves; l'enseignement y est théorique et pratique. Puis, viennent les temps de marche régulière et de progrès successifs. Les branches d'enseignement sont portées à cinq: anatomie, physiologie, pathologie, hygiène, thérapeutique. En 1870 et 1871, l'arrivée des internés français appelle les élèves de *La Source* à un travail suivi; elles veillent toutes les nuits à l'ambulance.

Une deuxième période s'ouvrit en 1891. Jusqu'alors, trois pasteurs successifs, MM. Müller, Panchaud et Reymand dirigèrent *La Source*; ce fut un médecin qui leur succéda.

Rien n'oppose ces deux vocations; bien des traits leur sont communs, mais beaucoup d'autres les distinguent! Pour diriger une école de gardes-malades, les pasteurs avaient dû se mettre à la médecine; le médecin lui, devait s'occuper d'éducation. D'autre part, combien n'était-il pas mieux qualifié à l'heure où *La Source* arrivait à son développement, pour répondre aux exigences de la situation! Nous parlerons successivement des réformes introduites, du travail accompli et des résultats obtenus pendant les quinze années de la nouvelle direction. Dès le commencement, M. Krafft, comprenant qu'une école de gardes-malades sans malades n'était pas complète, il ouvrit la Clinique de Beaulieu — dix lits — assez pour être de première utilité pour les élèves, pas assez pour que celles-ci soient réléguées à l'arrière-plan et qu'on doive s'occuper, non plus de former des gardes, mais de soigner des malades. La charge était grande pour le Directeur: charge financière, la clinique étant établie à ses frais; charge morale aussi, puisque chaque malade admis à la clinique représente une responsabilité pour le médecin.

Ce que les élèves avaient trouvé imparfaitement au début, leur était offert ici: opérations, pansements, soins réguliers, elles devaient se mettre à électriser, à masser, à baigner les malades.

Bientôt un dispensaire gratuit s'ouvrit, qui a maintenant pris une expension nouvelle. Dès octobre dernier, la Policlinique s'ouvre tous les jours à de nombreux pauvres, grâce au dévouement de plusieurs spécialistes: médecins, oculiste, dentiste; et les élèves reçoivent ainsi sur place un enseignement complet.

Un autre vœu du Directeur fut compris par le Conseil et entra en vigueur en 1895; il s'agit de la prolongation du temps d'apprentissage. Et, dès 1895, au lieu de 5 mois de séjour à *La Source*, les élèves doivent y rester 8 mois externes et internes. Le nombre de ces dernières, pour obtenir l'équilibre budgétaire, fut réduit à 10. En outre, dès 1898, le diplôme qui était remis aux élèves à leur sortie de la maison, après les examens, fut remplacé par un livret de service qui doit être présenté aux médecins qui emploient les gardes; ils y inscrivent leurs appréciations. Le livret est réclamé trois fois par an par le Directeur, qui continue ainsi à suivre les élèves, et ce n'est qu'au bout de deux ans, si les certificats médicaux sont favorables, si la conduite et la tenue des gardes ont été jugées bonnes, qu'il leur remet le diplôme.

De sorte que l'apprentissage actuel est de trois ans.

Elle a reçu, il y a deux ans, une subvention de la Confédération suisse de 1,000 francs, en échange de l'engagement pris par les gardes suisses de se mettre — cas échéant — au service de la Croix-Rouge; mais cette subvention tout encourageante qu'elle soit, n'est pas la seule preuve des bons résultats de l'œuvre.

Pendant les 15 dernières années, 400 élèves ont suivi les cours et leur nombre suit une progression presque toujours croissante. Depuis la fondation de *La Source*, 1,015 gardes sont sorties de l'école.

Mlle VILLARD, Garde-Malade de *La Source*, a dit:

Permettez-moi, Mesdames et Messieurs, d'ajouter quelques mots à ce qui vient de vous être dit par ma compagne, Mademoiselle Kretzer.

Avant tout qu'il me soit permis de rendre un hommage public au nom vénéré de Mᵐᵉ de Gasparin. A l'époque où l'Ecole de gardes-malades indépendantes, *La Source*, fut fondée, notre petite Suisse française était alors bouleversée par des luttes ressemblant de loin à celles qui viennent de secouer la France, et il fallait toute l'ardeur et l'enthousiasme vibrant d'une Mᵐᵉ de Gasparin pour oser mettre en avant et défendre l'idée laïque, et l'énergie patiente, la persévérance pleine de tact de son mari pour planter les premiers jalons d'une école de gardes-malades répondant à l'idée de liberté religieuse qu'ils avaient le courage de soutenir en face de l'opinion publique hostile à toute idée franchement laïque.

Nous ne voulons pas oublier, non plus, que notre Ecole a des attaches bien françaises, et il est fort probable que si notre vaillante Suissesse, Valérie Boissier, n'eût point épousé

M. le comte de Gasparin, notre petite école n'eût jamais vu le jour, et nous sommes fiers d'avoir bonne mémoire et de ne point oublier ce que nous devons à la France.

Il nous est doux de placer à côté du nom de Florence Nightingale celui de Mme de Gasparin, à une époque où on ne parlait pas encore des revendications féminines, des droits de la femme, etc., etc.; on se contentait alors de faire du féminisme pratique, en se souvenant sans doute que le bruit ne fait point de bien et que le bien ne fait point de bruit!

Dans ce Congrès international, il nous semble utile de rappeler que *La Source* a constamment fait usage du principe d'échange international; des élèves de nationalités bien diverses sont venues à nous; de notre côté, nous les avons envoyées dans toutes les directions. Après la Suisse, c'est la France qui nous a fourni le plus grand nombre d'élèves, et c'est aussi la France qui leur a le plus largement ouvert ses portes. Du 4 novembre 1859, date de la fondation de l'Ecole jusqu'au 2 avril, 1906, 1.000 élèves ont été formées à *La Source*; 771 sont des Suissesses; la France nous en envoie 84, l'Allemagne 33, la Hollande 27, l'Angleterre 17, la Russie 9, l'Italie 7, le Danemark 4, l'Irlande 3, l'Ecosse 2, la Belgique 2, l'Autriche 2, l'Australie, la Suède, la République Argentine, les Etats-Unis, la Roumanie, l'Espagne, une élève.

Bien qu'étant une œuvre essentiellement protestante, de par la volonté des fondateurs, *La Source* n'a point fermé ses portes aux élèves d'autres confessions.

Si nous considérons ce que nous avons fait avec la modicité de nos ressources, nous ne pouvons nous empêcher d'être reconnaissants envers ceux qui nous ont permis de « faire œuvre » dans ce monde; mais, malgré tout le travail accompli, les progrès réalisés, nous ne serons satisfaits que lorsque notre infirmerie viendra s'ajouter à la clinique et à la polyclinique et que nous pourrons envoyer des élèves en aussi grand nombre qu'on nous le demande et faire, selon le vœu de notre infatigable et dévoué directeur: « plus et mieux », et nous sommes assurés que ce Congrès sera le point de départ de nouveaux progrès à réaliser et d'un nouvel élan vers le Bien...

LA CHAIRE D'ORGANISATION HOSPITALIÈRE A L'UNIVERSITÉ DE COLOMBIE A NEW-YORK

Mlle Dock déclare que lorsqu'il y a 15 ans, l'« Association des Directrices d'Écoles » et l' « Association des Gardes-Malades diplômées » furent fondées aux États-Unis, on se rendit compte entre autres choses combien étaient considérables les difficultés qui entouraient les gardes-malades, et les directrices d'écoles reconnurent qu'elles n'avaient pas été préparées au cours de leurs études pour leur rôle de professeur vis-à-vis des élèves et d'économes quant à l'administration des grands établissements. Elles réalisèrent que l'enseignement était un don que toute garde-malade ne possédait pas forcément et qu'il fallait que celles qui pouvaient l'acquérir s'y préparassent soigneusement. La « Société des Directrices » obtint que l'Université de New-York consentit à créer un cours spécial pour les gardes-malades diplômées par les hôpitaux grâce auquel elles pourraient se préparer à leur tâche de professeur. La Société prit à sa charge les frais inhérents à cette création de chaire. A ce cours est annexé un stage à l'Économat de cinq des hôpitaux les plus considérables de New-York ce qui complète l'enseignement des futures directrices. La première titulaire de cette chaire est Miss Nutting.

(The inception of the course in Hospital Economics at Teachers'College, a branch of Columbia University, is due to Mrs Robb, delegate of the Nurses' Associated Alumnae of the U. S. As Miss Isabel Hampton, then Superintendent of the Johns Hopkins Hospital training school for nurses she realized that nurses holding superior positions needed a special training in teaching methods and in executive work, and during a year and a half she inquired among the State normal schools and universities, but nothing adapted to her ideas was discovered until the year when Teachers'College was affiliated with the University. Their prospectus seemed promising and Mrs Robb explained her views in a paper on « Educational Qualifications for Membership in the Society of Superintendents, of Training Schools for Nurses" read at the Toronto meeting. A committee was appointed to take up the inquiry and Mrs Robb as chairman of this committee later laid her views before the president of the University — who, as well as Dean Russell of Teachers' College, was interested and sympathetic, though the latter had never been inside of a hospital. At the New-York meeting of the Society of Superintendents of Training Schools for Nurses Mrs Robb made her report. The society took up the plan and has been financially responsible for it ever since, making up any deficit in current expenses. A committee from the society is appointed annually to direct the work of the course in Hospital Economics, and Miss Alline, one of the members of the society has with great devotion and for a purely nominal salary, taken charge of the class from its outset until her appointment as Inspector under the Regents in the past year. From a crude beginning it has developed yearly and now it is hoped that the large city hospitals will provide that practical experience in departments which has always been the aim of the founders of the course but never before realized. From the first the students have had excellent training in psychology, sociology, and pedagogy, and a broadening general culture.

The chair to which Miss Nutting has been appointed is a universitiy chair and includes the Course in Hospital Economics within its scope. The organized nurses of America are raising money to endow this chair, so that a nurse may always hold it. As the recent meeting over $ 6.000 (30.000 francs) for this purpose were promised.)

A la suite de ces dernières communications, la discussion fut ouverte paar Mme Keith Payne, directrice de l'Hôpital de Wellington (Nouvelle-Zélande) qui au cours de sa dissertation signale les avantages du diplôme de garde-malade re-reconnu paar l'Etat en Nouvelle-Zélande. Les hôpitaux ne peuvent exiger plus de huit heures de service dans ce pays de sorte qu'il a fallu organiser trois escouades de nurses se succédant au cours des 24 heures, ce qui est une charge considérable pour les hôpitaux. Mais les femmes ayant droit de voter en Nouvelle-Zélande, ne veulent pas travailler davantage que les hommes.

TROISIÈME SÉANCE

THE SCOPE OF THE MATERNITY NURSE

By Miss MARGARET BREAY, Hon. Secretary, Matrons Council.

There is, probably, no subject connected with nursing upon which more diverse views have been held than upon the scope of the maternity nurse. The keenest controversy has centred around the length and extent of her training, whether or not it should be included in the three years' curriculum of general nursing education, and whether maternity nurses for the poor are best drawn from the same rank in life as their patients or from the more educated classes.

The real point at issue may be stated in a few words, and is whether the ministrations of any motherly woman who has seen a few maternity cases are sufficient for a lying-in patient, or whether such a patient requires the attention of a skilled and intelligent nurse, who, in the absence of the doctor is able to be left in responsible charge. I believe that not only the highest and most intelligent professionnal skill is desirable in a maternity nurse in the interest of the patient, but also that the moral and educative influence of the right type of woman is of the greatest possible importance, and that the best women the nursing profession can produce are needed for this work. Most especially they are needed in the homes of the poor, for in the United Kingdom we have with sorrow to own that while in lying-in hospitals puerperal fever has been stamped out, the mortality from this preventable cause throughout the country is as high as ever, and the main cause is unquestionably the inefficient maternity nurse.

To some persons it appears that the fact of motherhood suffices as a qualification for maternity nursing, and it is even not unusual to hear the fact of having had a large family, and lost the greater portion of it, advanced as an unanswerable proof of competence in the management of infants.

While a personal experience of the pain and peril of childbirth may teach sympathy with others undergoing the same experience, I submit it is not a convenient moment for absorbing instruction on the technical side. Further, because a person has had pneumonia or enteric fever, or undergone abdominal section, we do not consider her qualified thereby to nurse similar cases, and it is equally illogical to suppose because a woman has had a child that by that fact she becomes competent to nurse other women in childbirth.

Assuming, then, that every woman who desires to be a maternity nurse should have definite training to fit her for this work what should be the extent of her education?

I am of those who hold that our maternity nurses should be well educated women, who have already received training in general nursing, and that their special training should include instruction in the science and art of midwifery. I should like, if I can, to justify these beliefs.

The date when it was reasonable to suppose that any kindly woman needed only a little special knowledge to become a competent maternity nurse passed, if it ever existed, when Lister, Pasteur, and other heroes of science revealed the paramount importance of the aseptic principle. No woman who does not grasp the meaning of this principle, and conscientiously put it into practice, is safe as a maternity nurse, and it will be conceded that a certain amount of education is needed before a nurse can apply it intelligently to her work.

For this reason we may class as out of date those who would have us believe that the ideal maternity nurse for the poor is the woman who will in the intervals of attending to the patient cook, mend, and scrub for the rest of the family. It is easier to keep one's hands free from contact with infective matter than to cleanse them when infected, and a woman whose hands are roughened by daily toil, and who is constantly wrestling with dirty corners, is not a suitable or safe person as a maternity nurse. She has her use, her honourable use, but she should not be engaged in this branch of work.

There is a consensus of opinion amongst those who have studied educational questions that a general training should always precede a special one. Thus a good general education helps a pupil to grasp the principles underlying her work as a nurse, and in the same way a knowledge of general nursing should precede training in obstetric nursing. In this connection it is interesting to note that in the education of students, the General Medical Council in the United Kingdom has decreed that medical students must have held the positions of surgical dresser and clinical clerk before taking their midwifery cases. The training of obstetric nurses should follow on the same lines.

Should every nurse have obstetric training? I hold strongly that she should, and that she should never be content to consider her nursing education as complete until she has obtained it. With regard to specialities in addition to general training, we can only make a selection, and specialise in one or two directions, but the three great branches of our work, medical, surgical, and obstetric nursing, should surely be included in the educational curriculum of every nurse, as they are in that of every medical student. In the United Kingdom we are behindhand in this respect, and I believe that in the United States of America and in Canada this triple training is already the rule.

Here I would like to urge the importance of putting this triple standard of training before nurses as the ideal. If a hospital has no obstetric wards, however much we theoretically consider obstetric training desirable, it is not always possible to arrange for it, though much may be done by establishing post graduate courses in connection with outdoor maternities. But it is always possible to hold up an ideal and to encourage its attainment. Thus if hospital committees gave preference in selecting Matrons and Sisters to those who could produce evidence of obstetric training, a stimulus would quickly be given to the acquisition of this knowledge, and if leave of absence were readily granted to nurses in general hospitals for this purpose the benefit both to the nurse and hospital would be mutual.

I have suggested that all ward sisters should have obstetric training, and I would especially urge its importance in the case of the Sister of a gynæcological ward. To give an illustration. A nurse who had passed through her three years' course with distinction was promoted to the position of Sister of the gynæcological ward in a large hospital. As not unfrequently happens, a premature confinement came on unexpectedly, the child showed no sign of life, and the Sister directed the nurse to place it in a basin, and put it on one side for the inspection of the resident medical officer. The cold basin afforded the needed stimulus, and the child began to cry! A nurse trained in obstetric work, even if she had no general training, would have known it does not follow that because a child is born apparently lifeless it is not living, and would have practised methods of resuscitation.

And if a knowledge of obstetric nursing is desirable in the institution worker, to an even greater extent it is necessary for private and district nurses, the reason being that patients require nursing as a whole, not in sections. Thus a case of scarlet or enteric fever, or, indeed, any serious disease, may in a pregnant woman become complicated with premature labour. It is humiliating to the nurse in attendance to have to own that she knows nothing of this branch of work, and that a maternity nurse should be called in. Yet, if this course is not taken, neither mother nor child will have the expert care which it is most important they should receive. I should like, therefore, to urge upon those responsible for the training of nurses to endeavour either to provide for experience in obstetric nursing for their pupils, or, failing this, to make leave of absence easy for those who desire to obtain it elsewhere.

The founding of scholarships to enable trained nurses who otherwise would be unable to afford a course of obstetric training to obtain this experience is also a point to be borne in mind.

A word as to the vexed question of whether a maternity nurse should be a midwife.

It is sometimes held that as soon as a nurse takes up midwifery she encroaches on the province of the doctor, and is an independent practitioner. I do not think that either of these positions can be maintained. The province of the doctor is to treat disease, and of the midwife to render skilled assistance to a healthy woman passing through a normal process. Directly the case is complicated by abnormality or disease it is the immediate duty of the midwife to summon medical assistance, and to carry out medical orders. She cannot, therefore, be regarded as an independent practitioner.

To render efficient assistance to the doctor in his absence a maternity nurse must be able to cope with obstetric emergencies. A nurse who has no knowledge of midwifery is but ill equipped for such work.

8

Further, from the point of view of the patient, which is in some danger of being overlooked in a controversy on points of training, the maternity nurse, who is trained as a midwife, is the safest person.

If there is one thing more certain than another, it is this—that whether or no a maternity nurse is trained as a midwife she will have to act as one, for babies have a knack of arriving at unexpected moments. The nurse as a rule, is on the spot, the doctor is not. Therefore, as she will have to render assistance as a midwife, skilled or unskilled, surely it is desirable that such assistance should be skilled.

I have tried to show that a maternity nurse should be a woman of some education in order that she may be safe from a practical standpoint. An equally important reason is that a most useful side of her work is her educative influence. Both in fighting timehonoured prejudices, with regard to mother and child, and in teaching the hygiene of the home, the maternity nurse may be a most valuable agent in the dissemination of knowledge, and may have an appreciable effect in raising the standard of the national health, but in order to achieve this, her own standards must be high, and she must possess the power of imparting what she knows, a power which is seldom dissociated from educational training.

I therefore submit—

1. That it is desirable for maternity nurses to be drawn from the educated classes.

2. That it is desirable that every trained nurse should be trained in maternity work as a midwife, although it is not yet possible that every midwife should be trained as a nurse.

Such highly skilled workers are a valuable national asset, and it should be the aim of the State to place them within reach of every lying-in mother. The value of any subsidy granted with this object would be more than repaid by the insurance to every child of a fair start in life, and consequently the maintenance of a high standard of national health.

L'AIDE MATERNELLE

Par le Docteur Louis Dubrisay (Paris)

Permettez-moi de vous parler d'une œuvre importante au point de vue social ,et intéressante également au point de vue de l'instruction des infirmières à Paris: « L'Aide Maternelle » .

Un certain nombre de personnes ont pensé qu'à côté des asiles officiels pour les femmes sortant des Maternités, il y avait place pour autre chose: Fonder un asile dans lequel on recueillerait:

a) D'une part, les femmes sortant de l'hôpital avec leur enfant;

b) D'autre part, les femmes accouchées chez elles, qui au bout de dix ou quinze jours ne sont pas encore en état de s'occuper de leur ménage.

A cet asile seront annexées une ou plusieurs garderies, où nous pourrons prendre les autres enfants de la mère, récemment accouchée, que nous aurons recueillie.

Grâce à la grande générosité de l'œuvre de « l'Allaitement Maternel », et en particulier de Mme Becquet de Vienne, sa présidente, nous venons de recevoir un don superbe: une maison toute construite. Cela nous permettra d'ouvrir très prochainement, à Paris, le premier asile de « l'Aide Maternelle ».

Toutes les femmes, malheureusement, ne peuvent pas continuer à allaiter leurs enfants pendant un temps suffisamment long. Nous ne devons pas abandonner ces petits, qu'on nourrirait un peu n'importe comment. Nous les mettrons en nourrice dans des conditions exceptionnelles de bon marché; au lieu de demander 25 ou 30 francs par mois pour qu'ils soient mal nourris nous les enverrons, pour 10 ou 12 francs, dans des endroits où les nourrices seront surveillées par un comité médical. La femme qui a deux enfants, qui n'a pas les moyens de dépenser 60 francs par mois pour placer ses enfants en nourrice, par notre intermédiaire, pourra les faire nourrir dans de meilleures conditions.

Les avantages sont donc multiples: les mères recevront des

soins médicaux et garderont avec elles leurs enfants âgés de moins de cinq ans. Plusieurs petits pavillons pour 15 enfants au maximum, seront annexés à l'établissement. Enfin, à la sortie de l'asile, on s'occupera de trouver un emploi à la mère et on lui paiera le premier mois de nourrice.

Dès que nous avons créé cette œuvre, nous nous sommes adressés à l'Ecole de la rue Amyot pour avoir une surveillante qui entrera en fonctions dès que l'asile sera aménagé. Au point de vue instruction professionnelle des nurses et infirmières, nous avons proposé de prendre des infirmières qui viendront faire un stage, apprendre à soigner les femmes pendant les suites des couches, à surveiller l'allaitement, à soigner les enfants, etc.

ASSISTANCE TO THE WIVES AND CHILDREN OF WORKING MEN

By Mlle L. CHAPTAL.

Infantile mortality is one of the questions the most worthy of the attention of the public. It has been much studied in France during the last twenty years and its causes enquired into, and the state as well as private individuals have made it the object of their sollicitude.

The aim of the present paper is to give an idea of what has been done at Paris, both by the doctors of the school of the late regretted Professor Budin and by philanthropic persons, animated by the desire to ameliorate the conditions under which the children of the working classes are reared. It will not be possible to describe all the various works that for the last twenty years have had for their object the preservation of infant life, we can only mention in passing the most important of them.

The city of Paris conducts at its own expense seven dispensaries for infants, to which may be added three others in the suburbs, all equally dependant upon the « Assistance publique » for funds.

These ten dispensaries, all of which are situated in poor and populous quarters, make free distribution of milk to the women who attend there regularly, with their infants. In 1906, 941 children were thus helped, of which number 216 only were suckled by the mother. 291.550 litres (599.100 pints) of sterilised milk were given. The total expenses for one year amounted to 147.335 frs (£ 5.890.0.0). If I give these figures it is to prove the real effort that the municipalities have made in the matter of assistance to mothers. Dr. Dubrisay has given in his interesting report the results obtained by the various « cliniques » having annexed to them a dispensary for infants; my part then is much simplified and I have only to lay before you what appears to be the most fruitful field of action in the future for those who have at heart the protection of the children of the working classes. To arrive at this we must not only consider the good side and the undeniable advantages of the « goutte de lait » so far as gratuitous distribution of milk is concerned, but also its inconveniences and dangers. It is a critical study, very precise and supported by facts, that would have to be made and the, limits of this paper do not allow of our dealing fully with it; we will reduce then to a single point the objections that may be raised against the free distribution of milk, sterilised or not, as the case may be. To give milk to a mother gratuitously without being assured beforehand that she cannot possibly suckle her infant, is to offer a premium on weaning. To avoid this the tickets for milk must be given with the gretest discretion and only with the advice of the doctor after an examination of the mother. This is an indispensable condition, but it is not enough. It is nearly always possible for a woman to suckle her child, so it is beforehand, during the time of her pregnancy that she must be convinced that she can and ought to do it.

From this arises the necessity of joining to the dispensaries for infants one for women for the purpose of watching over them during their pregnancy, and where the mother will be expected to present herself before the birth of her child if she desires to receive aid from the dispensary afterwards. Now, when a woman sees the possibility of obtaining without any effort on her part a regular supply of milk she ceases as a rule to wish to suckle her child herself and dries up her milk. This leads to the necessity of establishing equally with the distribution of milk, assistance of another

kind, with the object of aiding the mother to suckle her
infant; so, tickets for meat and flour, lentils and beans
are given and form an excellent substitude for the milk
tickets. The mother of the family is the gainer by the good
nourishment that she receives and at the same time has
the happiness of seeing her child profit by the better milk
she is enabled to give it. The conclusion to be drawn from
a daily experience of six years is, that the work which has
for its object the giving of effectual assistance to the mothers
of the working classes must not be merely content with
instituting a « goutte de lait » nor even with dispensaries for
infants, but must extend its field of action and must comprise
also a preventive consultation for pregnant women, and in
addition to the milk supplied to the babies must give help
in nutrition to the mothers.

These necessary additions need not necessitate any increase
of expenditure for the dispensaries in which they are established; on the contrary, by avoiding the indiscriminate giving,
of relief and in utilising the mother's milk, immeasurable wealth
for the family and an inestimable boon for the child, the funds
of the dispensary will be more successfully laid out and
its expenses diminished.

If any one wishes for proofs in support of this statement they
can easily be given. The dispensary known under the name
of the « Assistance maternelle et infantile de Plaisance »
which has been working in that very poor quarter of Paris
since January 1901, has seen the decrease of its expenses in the
measure that suckling by the mother has increased. In order
to prove this we will compare the figures of two distinct
years. In 1901 66 nursing mothers had been helped and
milk had been given to 129 infants and the expenses amounted to 12.908 francs. (£ 516.6.0) In 1906 91 nursing mothers
were helped and milk given to 97 infants who were being
brought up by hand and the expenses were only 10.832
francs (£ 436. 0.0.) In addition a more complete care of
the families is assured by the visits at the houses of a
woman appointed to relieve the mother from the care of her
household during the time of her confinement and so avoid
the necessity of her going to the Lying-in Hospital. This
combination of works; which comprises also one for giving
the women needle-work in their own homes., has obtained in
the quarter where it is working, the very best results.

The mortality amongst infants which was 14·1 per cent
in 1901 had fallen in 1906 to 6·9 per cent and amongst the

immediate attendants at the dispensary, that is to say the infants entered there from 0 to 2 years, to 2 per cent.

After laying these figures before you there is no need to add anything more Perhaps they will be sufficiently convincing to those who listen to us. Whether this be so or not I should like to draw the attention of maternity nurses and those engaged in works which have for object the saving of child life to the study of a form of assistance which will give them when put into practise the surest elements of success.

LA LUTTE CONTRE LA MORTALITÉ INFANTILE EN ALLEMAGNE

Par la sœur Erna WEYDEMANN

de l'Hôpital des enfants de Düsseldorf (Allemagne), et délégué de la Municipalité de cette ville.

On m'a priée d'aborder un sujet de grande importance nationale et sociale : Le sauvetage des petits enfants. Mais le temps est court et je dois me contenter de résumer en quelques mots tout ce que j'ai à dire.

Au cours des dernières années, de grands efforts ont été tentés en Allemagne pour secourir l'enfance et c'est l'Impératrice Augusta Victoria qui, personnellement a encouragé tout mouvement tendant à combattre la mortalité infantile. C'est grâce à ce haut patronage qu'a été donné l'élan d'une activité générale, d'une œuvre d'assistance nationale très étendue, bien comprise, établie sous la direction des municipalités et appelée à remplacer petit à petit les institutions philanthropiques privées par une œuvre générale.

En faisant diminuer le chiffre de la mortalité infantile la société remplit non seulement un grand devoir humanitaire mais elle se protège et se fortifie.

Il y a longtemps que l'on a reconnu la fausseté de l'idée qu'une grande mortalité infantile fait du bien à la nation, en éliminant les enfants les plus faibles. Avec les soins nécessaires dans un milieu sain, même les plus délicats peuvent être sauvés et devenir des êtres utiles et énergiques.

La somme de force morale et d'énergie physique dépensée pour mettre un enfant au monde est trop grande pour être méprisée. Actuellement il meurt en Allemagne 40.000 enfants au-dessous d'un an ; 40.000 petites tombes, quel capital de force nationale gaspillée, qui aurait pu servir l'humanité.

Aucune nation n'est en mesure de pouvoir supporter avec dédain de telles pertes. Les femmes et surtout les gardes-malades sont appelées à s'occuper de cette œuvre de sauvetage. C'est à elles qu'incombe le devoir de mettre en pratique tous les petits détails que la science a démontrés nécessaires ; à elle revient le soin de vulgariser dans les rangs les plus bas de la société les règles si simples et combien négligées qu'il faut suivre pour élever les enfants au sein. Qui donc, mieux qu'elles, pourrait enseigner aux mères leurs devoirs naturels et les encourager à les bien remplir.

On doit de toutes façons aider et encourager le nourrissage naturel. Pour cela il faut avant tout que les jeunes mères indigentes viennent s'accoucher dans les maternités où des fonds privés ou publics leur assurent pour quelques semaines, un asile, sans le souci du pain quotidien à gagner. On en fait aujourd'hui l'essai et les efforts tendent à obtenir que la mère puisse, une fois le travail repris, allaiter son bébé deux ou trois fois par jour.

On cherche aussi à améliorer l'allaitement artificiel pour les cas qui l'exigent et la préparation du « milk-cake » est entreprise sous la direction municipale ce qui permet de trouver cette spécialité dans toutes les villes grandes et petites.

Le médecin est toujours prêt à donner ses conseils et son aide, car la science moderne ne se contente pas du traitement appliqué au chevet du malade, elle est devenue la conseillère pour prévenir la maladie et conserver la santé.

Une autre chose encore a été tentée pour sauver les enfants orphelins. On a trouvé qu'une mère saine peut souvent nourrir deux autres enfants avec le sien, et que les trois enfants se portent bien.

En prenant dans un asile d'orphelins, des mères saines — après examen médical — on a obtenu des résultats satisfaisants et on espère pouvoir sauver la vie de beaucoup d'enfants en adoptant ce système.

Mais l'écueil de toutes ces excellentes tentatives municipales et gouvernementales c'est le manque de gardes-malades diplômées, les seules femmes vraiment capables d'être les bonnes directrices, les consciencieuses inspectrices de toutes les œuvres de prophylaxie.

Dans les établissements on ne peut s'occuper que d'un nombre restreint de cas. Pour résoudre cette question de santé publique il faudrait avant tout développer le « district-nursing. » Tôt ou tard nos municipalités le comprendront et s'en occuperont.

THE PART OF THE TRAINED NURSE IN THE CAMPAIGN AGAINST TUBERCULOSIS

Miss M. L. JOHNSON,

Superintendent cf Nurses, Visiting Nurses'
Association, Cleveland, U. S. A.

In this great modern Crusade against tuberculosis, there are two distinct sides to the work : 1º The care of the individual patient by means of the recognized treatment of fresh air, rest and food; 2º The care of the community by educational and preventative measures.

Thus far the care of the individual has been most successfully accomplished in the sanatoria, while the best work in educating the people and thus preventing the spread of the disease, has been done by the dispensaries.

As Dr Osler has so well said, however, « the problem of tuberculosis is a home problem—and the vast majority of all tuberculous patients must be treated in their homes. » This means that in order to accomplish successfully the two-fold work of the anti-tuberculosis movement the essential features of the sanatorium treatment and the essential features of the educational and preventative work of the dispensaries must be brought directly into the homes of the people. And in this work the visiting nurse is the great factor.

The essential features of the sanatorium treatment are careful regulation of the minutest détail of daily life, and an abundance of fresh air, rest and food. These things can all be obtained in our own homes, but in the homes of the very poor in a crowded city it is necessary to have an intelligent and trained person direct the treatment, follow the patient from the dispensary, hospital or clinic, and introduce into his own domicile the methods which will make possible his own cure, — and not only introduce the methods, but by continual visits and encouragement see that they are persisted in until good results follow.

The great work of the dispensary is preventive and educational, and here again the visiting nurse, by carrying the methods into the home and by showing the people how to apply them to the practical affairs of every day life, gives this work permanent value. It has been found that but few patients are cured by dispensary treatment alone. In the first place the majority of cases which come to a dispensary are too far advanced for a perfect cure, though they may be greatly helped, and the day of reckoning postponed; but the chief reason why the work of the dispensary is not conducive to better results is that the patient after receiving treatment, instructions, etc., returns to his home — often a miserable, unsanitary hovel, where to his ignorance and enfeebled condition it seems well-nigh impossible to carry out the doctor's instructions. After a few futile attempts to obey one or two of the simpler directions the poor victim succumbs to circumstances, falls back into the old easy way of living, and continues a menace to his family and a long drawn out misery to himself.

The first attempt towards systematic and practical visiting of the tuberculous poor in their homes was made in Edinburgh, in 1887, when the Victoria Dispensary for Consumptives was established in that city and general visiting of the patients in their own homes, for the double purpose of treatment and investigation, was inaugurated.

Nevertheless, it was not until twelve years later — namely in 1899 — that the work was taken up in this country, and then not by trained nurses but by two women medical students in Baltimore who took it up partly for philanthropic and educational purposes, and partly for investigation. These students directed the patients visited in all the essentials of home treatment, teaching them how to follow out the instructions given by the doctors as to fresh air, diet, disposal of sputum, etc., and also how to protect their families and friends from infection. At the end of a year a report was made, which showed that the investigation had been fruitful of much good and had also brought to light many conditions which it was felt must at once be fought against and remedied if we would have the anti-tuberculosis work in this country effective and permanent. These conditions were the over-crowded and unsanitary state of the patients' homes; the lack of air and light; the ignorance as to what was nourishing in the matter of food; the lack of ability on the part of the patient and his family to make the most of a little, or to follow out any of the doctors' instructions; and finally the frequency with which the people of their class moved from house to house, leaving behind them, in their infected tenements, a terrible heritage of disease to the next occupant.

The matter seemed of such importance that within a year a regular trained nurse was put in charge of the work in Baltimore, while in New-York the Charity Organization Society, the Vanderbilt Clinic and finally the Department of Health took up the matter and supplied properly qualified nurses to supervise all home cases of pulmonary tuberculosis, instruct the patient and family in preventive measures, and report all removals, whether by death or change of residence, to the health department for fumigation.

The work done by these nurses was most satisfactory. It was found that their special training enabled them to solve many of the practical problems encountered and that they were able to bring about a close cooperation not only of all dispensaries, clinics, hospitals, and sanatoria, but also of all charitable organizations, by turning over to each organization that part of the work for which it had been especially established, as for instance, to the Associated charities, Soup Kitchen, Needlework Guilds, etc., all calls for material aid; to the Housing Committees, for improvement in dwellings; to the city authorities the fumigation of infected rooms; to the fresh air charities the patients requiring fresh air; — and to each and every church and race the care of its own people.

There are at present about fourteen (14) cities in this country where home visiting is carried on by special tuberculosis nurses, and about one hundred and fifty (150) nursing organizations that are doing tuberculosis work. When one realizes that this means that approximately 500 visiting nurses are carrying practical instruction into thousands of homes, and actively combatting the disease in the very citadel of its greatest strength we can get an idea of the extent of the nurses work in the great anti-tuberculosis movement. In most of the cities the nurse works in connection with a tuberculosis dispensary, being as it were an outgrowth of the plant already established.

The work of the tuberculosis nurse differs in many respects from the work of an ordinary visiting nurse. In tuberculosis there is little real nursing to be done. The majority of the patients are not confined to bed, and are often able to move about the house until the very day of their death. But even when their strength fails and they are obliged to pass day after day, and week after week in bed, there is little that can be done for them. A daily bath or an alcohol rub to rest them; attention to bed sores, if they come; the preparation of nourishing meals to tempt the waning appetite; a bright word or a pleasant smile to cheer — this is about all that can be done to relieve the patient near to death. The greater part of the work therefore, is instructive and preventive.

« The patient is instructed how to live; how to take care of himself; how to take care of others about him; what care to take of his sputum; what to eat, what not to eat; where and how to sleep; how to get fresh air; what kind of clothing to wear; when to rest, when to exercise safely: He is encouraged to believe that his recovery rests upon his efforts and that the safety of his family is in his hands ».

These instructions are followed with a pathetic eagerness and are shared in by all the members of the family.

The visiting nurse is welcomed into the homes of the poor in a way in which no other visitor, be he never so friendly, is welcomed. She enters the home in time of sickness and trouble, often at the moment when the members of the family feel most their own ignorance and helplessness. Her visit is looked upon in the same light as the visit of the doctor. She is not an intruder, but a welcomed specialist to give aid in sickness and distress.

She is able to minister at once to physical needs. She brings relief, comfort, encouragement, and not by words only, but by deeds, simple deeds which the most ignorant can appreciate and understand.

« She practices first before she preaches, and she practices what she preaches; the seeing and the doing go together, the mother or sister or neighbor unconsciously profiting by her instruction, through her example, and many object lessons are given in the practical details of nursing.»

Infinite pains are also taken to instil into their minds the fact that prevention of disease as possible as cure, and that a careful observance of the common laws of hygiene, and proper care in regard to infection, will in ninety-nine cases out of a hundred keep the most dreaded enemy — illness — from the door.

The tuberculosis nurse gets her patients from many sources. The majority are naturally from the dispensaries. Others are reported to her by physicians, charity workers, district nurses, old patients, and private individuals. In going from household to household too, she frequently discovers new cases herself, for, becoming an expert in recognizing the symptoms of the disease, she is often able to detect it in its incipiency, long before the patient himself suspects that he is a victim. In this lies one of her greatest powers, for by discovering a case in its first stages, there is not only great hope that it may be permanently cured, but also it is possible to institute at once the precaution necessary to prevent a spread of the infection and thus many new cases are avoided.

The work of the tuberculosis nurse is very practical and very far-reaching, and gives opportunity to a large play of ingenuity.

When a case is reported to the nurse she at once makes a visit to the home. If the patient has been to the dispensary she provides herself with a report of his case and the details as to his social condition. If he has not been to a dispensary and is able to go, she persuades him to do so in order that his case may be properly diagnosed and the general instructions given. She then makes a careful note of his home and surroundings, she explains to him and to his family that it is absolutely necessary that the patient sleeps alone, instead of in the same bed with two or three others. This at first perhaps seems impossible, but by a shifting of the family a single bed is often managed and when that is impossible a cot is procured from some organization already pledged to provide cots when necessary. The next point insisted upon is fresh air. To procure this day and night necessitates the greatest tact and also the greatest ingenuity. Sometimes it is obtained by merely opening the windows, or placing a steamer chair or a hammock in the yard. Sometimes a porch or a balcony is transformed into a bedroom; or the flat roof of a house is utilized. At times a landlord can be induced to knock out a wall, or add a balcony or a platform. If it is impossible to procure fresh air in any of these ways the nurse persuades the family to move to some other quarters where air and sunlight are obtainable. When a proper place has been arranged for the patient he is taught how to take his rest. The medical day is instituted, the hours are prescribed, and the minutest detail of every hour of the day is planned for. If he is unable to work, and has been spending his time sitting over the fire or dragging himself miserably about from place to place this is comparatively easy; but if he is still endeavoring to hold his « job » it is more difficult. It is then necessary to make arrangements whereby he can either take a few weeks rest and have his place held for him; or get him a place on half pay where he can have part of the day to rest; or, if the case requires absolute rest, it is necessary to induce him to give up work and to arrange for the maintenance of himself and family in some other way, pointing out to him how essential it is for him to regain his health if he would take care of his family permanently. In this matter of work it is of the greatest assistance if a light labor bureau for tuberculosis patients has been established. It is then possible to obtain the kind of labor he can do with safety, preferably out of door work, and arrange for the number of hours he can devote to it.

Another important part of the nurse's duties is to direct the attention of the patient and his family to the value of proper food, and to teach them that not only is it necessary for the patient himself to have nourishing food, but also for all the members of the family, for, by building up the strength they can better resist disease and infection. When the food supply is not sufficient for the patient milk and eggs are usually supplied by some one of the organized charities, and the nurse instructs the family how to prepare them in tempting and healthful ways — for a long continued diet of milk and eggs sometimes becomes repugnant unless varied in the manner of taking.

So far the instruction given has been mostly for the patient himself, but even more important, because more far-reaching, is the instruction given as to the care for others.

He is told over and over again how important it is that he should destroy his sputum, and what care should be taken to guard against infection, impressing upon him at the same time that there is no danger, and that he is not a menace to his family, if only he will observe these few simple rules.

He is given the sputum cups, the paper napkins and bags, etc., and carefully watched and directed until it is found that he not only understands and appreciates their use, but is following out the instructions conscientiously.

A matter of great importance is the fumigation or disinfection of houses following the death or removal of a tuberculosis patient.

We have already spoken of the way in which these patients move from house to house leaving infected quarters behind them, and the frequently tragic results of families moving into these infected homes is incontrovertible. Cases have been known where nearly every member of a family has contracted the disease after moving into a house whose former occupant has either died from, or been in an advanced stage of, consumption.

The nurse is able, to a great extent, to keep track of these removals, and in each case she reports at once to the Health Authorities, who in turn, send the disinfecting squad, and the place is fumigated and made safe for occupancy.

New-York, Chicago and San Francisco have recognized the important part that a visiting nurse takes in the prevention of disease by thus inspecting and reporting infected quarters, and have conferred upon her the title of Voluntary Health Inspector and given her an official badge to wear.

This matter of fumigation and inspection of housing conditions is of the utmost importance. The unsanitary condition of the crowded tenements of the poor, combined with the carelessness, ignorance and poverty of the people makes these places the very hot-beds of infection and these conditions can best be controlled by municipal interference.

In most of the leading cities of the country compulsory registration of all cases of tuberculosis is now enforced, New Orleans and Denver being the most conspicuous examples of those lacking in their duty. This is one of the most urgent needs in the prevention of tuberculosis.

Dr Kress of Los Angeles, Cal., says: « It is a reasonable assumption that tuberculosis cannot be prevented on a large scale unless the public health officials know where it is to be found, and what persons are afflicted with it, and compulsory registration is the only method that will give the authorities this information. »

It is seen therefore that this compulsory registration is of the very gravest importance. It means that the Health

Department is enabled to locate every case of tuberculosis in the city; that the premises may be inspected and unsanitary conditions rectified; that the patient and families may be instructed in the rules necessary for the prevention of infection; and finally, that every case shall be under constant surveillance, and that should the patient die, or move to some other locality, the room or rooms shall be disinfected.

In Cleveland, Ohio, a great work is being done by the tuberculosis nurse in bringing whole families to the dispensary for examination, and a regulary conducted children's clinic is held every Saturday afternoon. Boston, also, has recently inaugurated a systematic effort in this direction.

When one member of a family is affected with the disease there is always more or less danger that other members may have become infected. The nurse, therefore, with infinite tact induces each one children as well as adults, to come to the dispensary. There he undergoes a thorough examination and' is tabulated a s « negative », « suspicious » or « positive ». In the latter case of course the individual becomes a regular patient; if suspicious he is kept under strict surveillance, and everything in the way of nourishing food, fresh air outings, etc., is given to him to build up his constitution so as to enable him to resist the disease. Even when the case is reported as negative it is still followed up and watched as long as it continues a part of an infected household.

This bringing entire families to the dispensaries and watching suspicious cases is also o f the greatest importance in the preventive part of the work.

There are two branches of the nurses' work in the anti-tuberculosis movement which are still in their infancy — one is the nurses' work in the public schools, where anaemic and tuberculous children are sought out and given special attention; the other is the establishing of the tuberculosis class, for the « home treatment of tuberculosis by sanatorium methods ». The first of these to be organized was the Emmanuel Church Tuberculosis Class in Boston, which has been followed by the Arlington Street Church Class and the Suburban Class in the same city, and it is to be hoped that the plan will be followed in other parts of the country. The sanatorium regime of outdoor life — greatly facilitated by the establishment of day camps — rest and abundant food, is followed, and, by limiting the size of the class, the nurse is able to supervise very carefully the home life of the patients and excellent results have followed.

We cannot close better than by citing the words of Dr
Edward Trudeau, who says :

« I think the dispensary nurse a most indispensable weapon
in this great warfare, and that she perhaps accomplishes
more, in a practical prevention, than any other agency. »

LES GARDES-MALADES DANS LES ÉCOLES PUBLIQUES
DE NEW-YORK JUSQU'A L'AN 1906

par LINA L. ROGERS, R. W., garde-malade surveillante

En 1902, le système d'inspection médicale des écoles, établi par le Service de Santé de New-York fut complété par
l'établissement d'un corps de gardes-malades.

A l'instigation de Mlle Wald, une expérience d'un mois fut
faite par une garde-malade. Cette épreuve parut si satisfaisante, que douze gardes-malades furent nommées pour cet
emploi, et en suivant le rapport de leur travail, le Service
de Santé considéra que ce supplément à l'inspection médicale était d'une valeur pratique pleinement démontrée.

Les premiers rapports de l'inspection médicale montrent,
que le but cherché était simplement l'exclusion, espérant
ainsi protéger les enfants de l'école. Le Service de Santé
ne donnait aucun traitement, mais délivrait une carte d'exclusion en diagnostiquant le mal. On supposait que les soins
médicaux seraient procurés par les parents.

Mais bientôt le Département d'Education découvrit de sérieuses difficultés résultant de cette police d'exclusion. En
beaucoup de cas, les enfants exclus, ne comprenant pas complètement les instructions données, jouèrent dans la rue avec
leurs camarades à la sortie de l'école et perdirent ou déchi-
rèrent les cartes. En d'autres cas, les parents, souvent igno-
rants de la langue anglaise ne comprirent pas l'explication
de l'enfant, non plus que les mots latins écrits sur la carte.
Le résultat fut que la plupart de ces cas ne reçurent aucun traitement et souvent ne furent pas considérés comme sérieux

par les parents, comme les maladies de peau, d'yeux ou
du cuir chevelu. Dans beaucoup de cas, les cartes ne furent
même pas lues et restèrent dans leurs enveloppes cachetées,
tandis que l'enfant passait le temps à jouer dans la rue.
Par ce système, le nombre des enfants exclus pendant le mois
de septembre 1902 fut de 10.567. Pendant le même mois
en 1903, avec les gardes-malades dans les écoles, seulement
1.101 furent exclus. Par ces chiffres, on peut voir quelle
sérieuse perte de temps d'école fut soufferte par les enfants
qui moins que tous autres peuvent se permettre de perdre
ce temps précieux, puisqu'ils appartiennent presque tous à
la classe des salariés qui ont légalement la permission de travailler pour un salaire à l'âge de quatorze ans.

Le Service de la Santé comprit fort bien ce côté de la
question et sympathisant avec le Département d'Éducation
dans son attitude envers le problème de la vie d'école des
enfants, conclut qu'en utilisant les services pratiques de la
garde-malade, avec un système bien organisé l'ancienne police d'exclusion pouvait en toute sécurité être contredite dans
la majorité des cas et que le nombre des enfants exclus
pouvait être énormément réduit. Avec ce but en vue, songeant
non seulement à la santé, mais à l'instruction de l'enfant,
l'ancienne police, qui n'ordonnait aucun traitement, fut aussi
modifiée, et la garde-malade reçut l'ordre du service de la
Santé d'administrer le traitement local spécifié dans tous
les cas qui, avec des soins et un examen quotidien, pouvaient
en toute sécurité rester dans l'école. Ainsi par exemple,
un cas de dartre qui autrefois avait été renvoyé de l'école,
n'amène pas l'exclusion, étant considéré non nuisible, in-
nocent, avec les soins prescrits par la Santé.. A la requête
de la Santé le Département d'Estimation et de Répartition
appropria £ 30.000 pour l'année 1903 pour l'extension du
service des gardes-malades et pour l'établir sur une base
plus définie. Ceci paya le salaire d'un corps de vingt-sept
gardes-malades qui fut fixé à £ 900 par an. Les gardes-malades pourvoient à leur pension, logement et dépenses cou-
rantes.

Quatre-vingt-sept écoles furent ajoutées au service, faisant un total de 129 (125 publiques et 4 paroissiales), fré-
quentées par 210.239 élèves. Les écoles ont été choisies d'après
le nombre d'exclusions sous le vieux système.

Organisation du travail

Une garde-malade reçoit d'une garde-malade surveillante les informations relativement aux écoles où elle doit remplir ses fonctions et aux différentes heures où elle doit aller dans chaque école.

En entrant dans l'école pour la première fois, elle informe la principale de son arrivée, obtient un endroit où elle peut travailler et apprend la façon de recevoir les enfants désignés par les inspecteurs de médecine. Elle a une entrevue avec le docteur et prend de ses cartes le nom des enfants. Les cartes sont gardées pour chaque classe, et tandis que la garde-malade prépare la « table de pansement » on envoie un moniteur chercher un nombre limité d'enfants. On va en chercher d'autres pendant que ceux-là sont traités, chaque enfant retournant à sa classe aussitôt qu'il a été soigné; ainsi sont évités tout retard et désordre.

Le système de traitement employé dans les écoles est prescrit par le Service de Santé. La garde-malade surintendante a la direction de toutes les gardes-malades des écoles, et est responsable de l'efficacité et du genre de travail accompli par chaque infirmière dans tous les districts de la ville. C'est à elle de faire les préparatifs nécessaires pour que le travail des soins puisse commencer dans les écoles et de veiller à ce que le Département de l'Éducation pourvoie à tout ce qu'il faut pour cela. Elle régularise la quantité de travail de chaque garde-malade, faisant les changements et transferts qu'elle juge nécessaires et inspectant le travail de chacune.

(1. Pour faciliter l'inspection médicale, on a adopté ce qui est connu sous le nom de « système de carte index » dont on trouve un compte détaillé dans la brochure du Dr Darlington sur « les Précautions · employées par le Service de Santé de la ville de New-York pour empêcher la propagation des maladies contagieuses dans les écoles de la ville ,dans les « Nouvelles Médicales », 21 janvier 1905).

La garde-malade surintendante reçoit le rapport écrit hebdomadaire de chaque garde-malade, rapport qu'elle examine et corrige avant d'en faire un sommaire général qui est envoyé à l'inspection en chef.

(2. Les demandes pour la position de garde-malade d'école sont adressées à la surintendante qui a une entrevue avec chaque postulante, prend des références sur lesquelles elle

fait des investigations et envoie le résultat de ses recherches avec ses propres recommandations au service de Santé).

Les gardes-malades lui font un rapport en personne chaque semaine.

(3. Les fournitures demandées sont comme suit :

1 paravent, 2 chaises (1 haute), 1 panier à papiers, 1 armoire, une table, 12 essuie-mains, Coton médical, Vaseline, gaze médicale, Pommade précipité blanc, Bandages, 1 jarre (verre), pour pommade, Poudre d'acide boracique, 2 cuvettes (granit blanc), Tr. savon vert, 1 jarre en verre (1 galon) Collodion, Bichloride tablettes de mercure .

Toutes ces choses sont commandées par réquisitions régulières par les directeurs et directrices des écoles et envoyées au département d'Education chaque école recevant seulement ce qui est nécessaire à ses propres besoins.

Une liste des noms des enfants exclus par les inspecteurs de médecine est remise à un employé dans chaque école. Ceci procure à l'école un record exact du nombre des enfants absents pour cause de maladie. Avant de quitter l'école, la garde-malade se procure une copie de cette liste et aussitôt qu'elle le peut va visiter chaque enfant chez lui. Cette partie du travail des gardes-malades d'écoles est de beaucoup la plus importante dans ses résultats directs, et d'une très grande portée par son influence indirecte. Les gardes-malades ont trouvé des cartes non ouvertes derrière les pendules ou sur les cheminées ; elles ont découvert des conditions malsaines qui propageaient précisément les maladies pour lesquelles les enfants avaient été exclus ; toute une famille employant le même essuie-main et autres linges, là où l'enfant avait dû quitter l'école pour une maladie contagieuse des yeux. Dans une autre tous les enfants qui n'allaient pas à l'école souffraient de la pedicalis capitis, les mères ne comprenant pas qu'il était inutile de tenir propre l'enfant écolier si les autres enfants de la famille étaient négligés ; des cas où l'enfant renvoyé de l'école parce qu'il était couvert de croutes galeuses était employé à finir et à porter des paquets de vêtements de « sweat-shop » ; de mauvaises conditions sanitaires de drainage et d'égoûts ; des cours dégoûtantes où jouaient des enfants délicats. En outre les gardes-malades découvrirent beaucoup de cas de maladies contagieuses. Par exemple un jour une garde-malade entra dans une chambre sans fenêtre et remarqua ce qui lui sembla un paquet de guenilles sur un lit de sangle. Hélas ! c'était un homme au dernier degré de la tuberculose.

Avec de telles conditions si fréquentes dans les familles pauvres, il est évident pour tous, que le travail accompli seulement dans les écoles, ne peut avoir aucun résultat sérieux.

Les soins donnés aux enfants dans les écoles ne sont qu'un soulagement momentané, ceux donnés chez eux, seuls, coupent le mal dans sa racine.

Le premier devoir de la garde-malade est d'expliquer pourquoi l'enfant a été renvoyé chez lui et ce qu'il faut faire pour le guérir. Elle instruit les mères, et si c'est nécessaire, leur donne une première leçon. Elle fait comprendre aux parents l'importance de l'avis d'un médecin et leur suggère de faire appeler le médecin de la famille. Si les gens sont trop pauvres pour payer un médecin ,elle les renseigne sur le dispensaire où ils doivent conduire l'enfant. Ses occasions de bons conseils sont multiples et aussi celles de reporter aux autorités les conditions malsaines et la non-observation de la loi au point de vue hygiénique.

Quand les pauvres mères sont surchargées de travail ou quand il y a de petits enfants qui ne peuvent être laissés seuls, les gardes-malades doivent elles-mêmes conduire l'enfant au dispensaire pour être sûres que le traitement soit administré. Aussitôt qu'il y a preuve évidente que l'enfant est régulièrement et convenablement soigné, il peut retourner à l'école, excepté dans quelques cas extrêmes. Ces derniers sont mis sur une liste à part et sont visités et soignés de temps en temps, jusqu'à ce qu'ils puissent retourner à l'école.

La routine de l'inspection

En 1903, les gardes-malades firent 16.218 visites chez les parents pour les instruire. L'expérience prouve que ce travail fait avec soin se justifie par ses résultats.

La Pediculosis a presque entièrement disparu dans les écoles ou il y a des infirmières.

Au commencement, quelques parents se montrèrent défiants jusqu'à ce qu'ils comprirent les intentions du service de la Santé. Une fois, une mère s'indigna violemment quand elle apprit de son fils que « ses yeux devaient être enlevés de leurs orbites et gratés. » La garde-malade en entrant dans cette famille fut reçue par une avalanche d'injures; sans se laisser intimider, elle réussit au contraire à faire comprendre à la mère l'urgence du cas et celle-ci non seulement consentit à ce que son fils fut opéré, mais invita la garde-malade à prendre le thé avec eux.

En 1901, le travail s'étendit et on ajouta cinquante-deux écoles. Le corps des gardes-malades fut augmenté jusqu'à trente-trois. Le plan du travail resta le même.

En 1905, le corps des gardes-malades atteignit le chiffre de cinquante et fut réparti dans les différents districts, desservant en tout 242 écoles.

Les gardes-malades sont aussi assignées pour vingt écoles paroissiales et 3 écoles industrielles qui sont dirigées à part.

Dans l'intention de soulager les médecins des écoles publiques des devoirs routiniers, et pour leur donner tout le temps nécessaire à l'examen physique, les gardes-malades sont chargées de « l'inspection de routine ». Elle consiste en un examen de classe en classe qui est fait régulièrement et systématiquement. Les enfants passent devant la garde-malade les paupières déplacées, et elle examine à la fois leurs paupières, leurs cheveux, leurs mains et leur gorge. Les noms de ceux qui réclament un traitement sont inscrits sur une carte, et ils sont soignés comme leur état l'exige. Ces cartes sont laissées pour l'inspecteur médical qui y écrit son diagnostic en faisant son inspection du matin le lendemain.

Le Corps d'Été

En juillet et août, quand les écoles sont fermées, on assigne aux gardes-malades le travail du « corps d'été ». Chaque maison de pauvres est visitée et une carte historique est écrite et envoyée à la Santé pour chaque enfant au-dessous d'un an. Les mères sont instruites sur la préparation de la nourriture les soins de la peau, les vêtements de l'enfant et la façon d'aérer sa chambre. Si on trouve qu'un enfant a besoin de soins tout particuliers, une des gardes-malades de ce corps d'été doit visiter cet enfant tous les jours, jusqu'à ce qu'il soit guéri. On distribue aux mères des billets pour obtenir glace et lait et on leur conseille instamment d'aller aussi souvent que possible se promener sur les jetées ou sur les bateaux de St-John's Guild avec leurs bébés quand ils sont malades et qu'il est impossible d'avoir de l'air frais chez eux.

Service des maladies contagieuses

Un corps de trois gardes-malades originairement établi par

le Service de Santé pour visiter chez eux les cas de fièvre scarlatine, de rougeole et de diphtérie, a été compris dans le corps général des gardes-malades des Écoles publiques, afin d'unifier le travail (les gardes-malades pour la tuberculose ne sont pas comprises dans ce corps).Ces gardes-malades font un rapport quotidien, excepté le dimanche à l'annexe de l'hôpital Villard Parker, reçoivent leurs listes de demandes que les différents inspecteurs envoient par la poste, et préparent leurs sac pour leur tour de la journée. Ces sacs contiennent une robe aseptique, un bonnet de la gaze, du coton, un thermomètre, des ciseaux, de l'acide phénique, des tablettes de bichloride, de la poudre d'acide borique, de l'alcool et du Tr. savon vert. On ajoute autre chose si c'est nécessaire. Chaque garde-malade change de robe et en revêt une qui qui peut se laver et ainsi elle est prête à partir pour son « tour ».

Arrivée chez son premier malade (les cas les plus sérieux sont toujours visités les premiers), elle enlève son chapeau et son manteau qu'elle pend dans l'endroit qu'elle juge le moins infecté, revêt le bonnet et la robe de rigueur et prépare pour ses mains une solution de bichloride de mercure. Son premier devoir est d'apprendre le traitement ordonné par le médecin chargé du cas et d'exécuter ses ordres aussi vite et aussi bien que possible.

Le traitement général, là où il n'y a pas de prescriptions particulières, est de donner un bain, de nettoyer la bouche et de refaire le lit propre et confortable.

Un rapport écrit de tout ce qui a été fait pour le malade est laissé pour le médecin. Tous les vêtements, linge ou literie qui ont en quoi que ce soit touché au malade doivent être plongés immédiatement dans une solution désinfectante. La nécessité de cette précaution aussi bien que celle d'avoir de la vaisselle à part pour le malade, est fortement recommandée à la famille. Après avoir laissé le patient aussi propre et aussi à son aise que faire se peut, la garde-malade enlève ses vêtements protecteurs, les replace dans son sac, et s'étant désinfecté les mains, se dirige vers le cas suivant. Quand tous les cas de la journée ont été visités, la garde-malade retourne au bureau, met dans un panier, procuré à cette intention, son équipement de garde-malade et envoie le tout à la station désinfectante pour stérilisation.

Ceci est fait chaque jour.

Le travail de la garde-malade de district consiste principalement à donner des bains pour abaisser la température, entretenir la propreté sanitaire et aider à la desquamation.

Des onctions de toute sorte, enemata, irrigations, l'humec-
tage des parties affectées, sont administrés.

Les mères sont instruites dans la préparation de la nourriture et l'administration des remèdes. On leur suggère comment la chambre doit être aérée, le malade isolé, les vêtements et la vaisselle dont il se sert désinfectés. Les dra-
peries et les vieux vêtements sont descendus des murailles.,
les enfants enlevés de leurs lits de plumes dans des chambres
obscures et placés où il y a autant de lumière et d'air que
possible dans la pauvre demeure. Beaucoup de choses qui
sont des sources de contagion sont enlevées et les meilleures
conditions hygiéniques que peuvent permettre ces tristes de-
meures sont établies.

A présent, 1907, le nombre des gardes-malades dans les
Ecoles publiques de New-York s'élève à quatre-vingt.

SCHOOL NURSING IN PHILADELPHIA

By Anna L. Stanley

In November 1903, the Visiting Nurse Society of Philadelphia placed a nurse in the public schools to supplement
the work of the medical inspector. One school was selected
in the heart of the foreign district, and the children being
almost exclusively of Jewish and Italian parentage, the field
for usefulness was a peculiarly rich one. In 1904, the work
was extended to four more schools. A regularly systematic
inspection was carried out followed by very good results.

The number of schools now visited by the nurse is six,
with a total number of 6600 scholars. Five are visited daily, three in the morning and two in the afternoon. All
cases whom the Medical Inspector deems advisable are treated
in school. There is at each place a small medicine chest
containing ointments, bandages, absorbent cotton, basins, etc.,
for that purpose. The cases treated are all skin diseases,
conjunctivitis, infected wounds, and minor surgical cases. All

children excluded by the medical inspector, except scarlet fever, measles, mumps and diphtheria, are visited in their homes after school hours and on Saturdays, by the nurse, who sees to it that they are placed under medical treatment and returned to school as quickly as possible. Many times she is obliged to take the child to a dispensary, otherwise it would receive no treatment.

Much time has been spent in the homes in getting parents to have defective vision corrected, indeed this has meant a great expenditure of time and persistence on the part of the nurse in getting the parents to see the necessity of having poor vision corrected, also devising ways and means to pay for the glasses.

Another phase of the work is in getting the parents' consent to have adenoids and enlarged tonsils removed, it requiring repeated efforts to gain permission.

The supervising Principals and teachers alike have given their heartiest co-operation from the first and it is seldom that a child needing medical attention is overlooked in the class room.

The Visiting Nurse Society supports the nurse in this work, doing what the city should do in the physical care of the school children.

THE PLACE OF THE SCHOOL NURSE

By Miss HELEN L. PEARSE,

Superintendent of School Nurses under the London
County Council.

In the first place I must explain that although this work of a nurse in the National Schools of London for Children has been going on for five or six years, I have only been connected with it a very short time, that is since March, 1907.

The few nurses appointed by the County Council, when it took over the management of the schools, attended the schools and gave their time to a variety of duties, in fact became a sort of first-aid to the children for cut fingers, sore eyes, etc. This was not altogether satisfactory, and it could only be done in a very perfunctory manner, and then the County Council Medical Officer restrained them from giving their time to useless work, and required that they look after the general condition of the scholars with regard specially to cleanliness, and to the cases of contagious skin diseases, such as ringworm, scabies, etc. This work was then found to be so extensive that the number of nurses had to be increased, and then again increased, until now we have 32.

Last March I was appointed to take over the supérinten-dence of these nurses, and if I could, draw the units together and make an organized whole. You will see that my own appointment is so recent that I cannot speak definitely at present of what we hope to arrive at, and will therefore go on now to tell you what we are doing, and then what we hope to do, and lastly the kind of nurse best adapted to do it.

As to what we are doing:

The School Nurse has a varying number of schools to attend, according to the character of the district they are in; but the least number is 24, and the largest, 48. I may say here that I am afraid even 24 is too large a number to be attended, often enough to get a good result, and we hope in time to considerably increase our number of nurses. The nurse goes to the school and with the help of the heads of the school goes through the children, with a view to finding out how many are infected with vermin, either in their hair or in their clothes, if any, have any form of skin disease. If any of the children are found dirty and verminous, or with ringworm or scabies, they are excluded from attending school and if after many warnings they still continue to be in an unfit state to associate with the others, the case is taken up by the divisional superintendent, who summons the parents at the Police Court to explain why their children are not in school. When the magistrate hears from the nurse that she was obliged to send the children out of school on account of their dirty condition, he usually imposes a fine, which is made very heavy for a second of-fence. Such a course of proceeding is already making a very considerable difference in the condition of the children in school, and it is curious to see the surprise of the parents when they begin to realise the difference between our es-timate of uncleanliness and their own. They are often very indignant and give the nurse a very bad time, in fact, during the first years of the work, one nurse was obliged to be escorted away from a school by the police, as enraged parents announced their intention of waiting to give her two black eyes. They are not so bad now, but are still often very abusive and rude. How often I wish that we could enforce short hair among all infants, and oblige the girls to plait or tie their hair back; as far as the nurse is concerned, it would save no end of trouble and be most helpful.

What I have been saying as to prosecuting the parents, does not, of course, apply to cases of skin disease, such as ringworm, and these are more troublesome to the nurse than anything else; the difficulty of getting proper treatment for it, the want of agreement as to what is a cure, the certificates given by medical men without microscopic examination, and therefore a difference of opinion with the Council's medical officer: all are difficulties. Then as the parents are very apathetic, often the child is out of school for months, some times even over a year. Naturally the teachers are anxious to get the child back in school as soon as they can, and some times they take the children in and fail to let the nurse know, and the next thing is another case of ringworm and more trouble all round.

I feel I must not fail to speak of a new and most important branch of the nurse's work, that is in urging the use of the Cleansing Stations, where free baths are provided for children, and during their bath their clothes are disinfected by heat. Until the last few days there are but few only of these baths available, but I am glad to say the Medical Officers of Health are now co-operating with the County Council, and placing baths and an attendant who cleanses the children at their disposal.

Our nurses do a considerable amount of home-visiting, so that in reporting cases for prosecution, justice may be tempered with mercy, and the circumstances of the parents be taken into account. I am afraid ours is not a very interesting work to the outsider, but to those who work in the schools it becomes very absorbing. This question of cleanliness is so all-important to the child's health, that I do not think it can be too much pressed; if you could see as I do, the dirty, neglected, unhealthy child, with pale, meagre face, and often sore eyes, and not only one or two, but often forty or fifty of them; and then see the difference that a thorough cleansing, even only once a week, makes in their general health and apparance, you would not think any other of a nurse's many vocations, more valuable.

Here is the strength of a nation! these are the future fathers and mothers of our race! We hope that we are able to raise their standard of self-respect, and prove to them that care of their health and surroundings should be their most important duty.

And now, lastly, what kind of nurse must this be who works in this way in the schools? She must of course, be thouroughly trained, as she often is asked for advice in a great variety of ailments; she must be very conscientious, as she works to a great extent alone, and have good observation, or she will fail to pick out children requiring treatment in the schools. And she must possess a very kind heart, so that she can talk to the children without frightening them, and sympathise with the difficulties of the parents. There are two last most essential characteristics for a school nurse, one is tact, which must be her greatest quality in her dealings with teachers, to whom she is often a great nuisance and then there must be enthusiasm, without which she will not do much good; oh, how necessary this is when we suffer from the depression produced by having to go over our work again and again, with very little apparent success. I feel that in this connection, I am a great boon to the nurses, for they only see their own little bit, and I can tell them of it as a whole; and it is encouraging to hear that good is really being done, when one is feeling very disheartened. I hope I have not taken up too much of your time in telling you of this comparatively new branch of our work; and may I say in concluding how strongly I feel that the spread of the knowledge of hygiene and public health- is quite as much the vocation of the nurse as the nursing of people back to health when they are already ill.

DISCUSSION

Miss Wortabet in opening, summed up the most important points in the subjects considered and then gave a resume of it all, in French, for the benefit of the French auditors present.

Miss Dock said that, in the school nursing it was very important that the nurse should not have too many schools. She should not become a clerk or inspector but should keep to the practical handling and personal care of the children. The tendency of Boards, even of physicians, was to take away the nurse's practical duties and leave her only a routine.

Miss Amy Hughes said that the school nursing of England had sprung from the district nursing, and that it had originally fallen to her lot to be the first district nurse to be sent into a school. This was the beginning of all school work. At present in many parts of England the Queens' nurses also work in the schools and teach the mothers as well.

Mrs Fenwick spoke of schools for defective and backward children, and of hospital schools for children with chronic disease. She also made a point of the subject of maternal nourishment. All mothers are not able to nurse their babes and therefore all nurses must understand scientific artificial nourishment for infants.

Docteur LANDE

Les français et françaises réunis ici apprendront beaucoup de ces débats. Ils sont fort en retard, en effet, sur cette question.

On a parlé de notre inspection médicale des écoles. Elle fonctionne avec beaucoup d'assiduité, elle a rendu d'éminents services mais il lui manque je le reconnais la « nurse » des écoles. Je suis certain que les enseignements que vous avez apportés ici ne seront pas perdus et que sous peu il se trouvera des municipalités assez intelligentes pour comprendre que cette œuvre de défense sociale nécessite le concours de la nurse des écoles.

Laissez-moi vous signaler un premier essai qui a été fait avec une de mes élèves. Il y a quelques mois, une épidémie grave survenait dans un grand établissement scolaire : le collège de jeunes filles de Tarbes. On fut un peu affolé en voyant la maladie atteindre un grand nombre d'élèves. On se rendit compte que le personnel domestique, jusque-là employé à l'infirmerie comme dans les autres services, était insuffisant pour donner les soins prescrits par les médecins aux nombreuses élèves frappées de maladie. Un fonctionnaire haut placé comprit qu'il fallait au moins une assistante parfaitement au courant des soins à donner aux malades. Il m'écrivit, et je fus heureux de pouvoir lui envoyer une des cheftaines de l'Ecole du Tondu qui a eu tôt fait d'établir une hygiène rigoureuse.

Ceci s'est passé il y a quelques mois; permettez-moi de vous citer un autre fait. Il y a trois ans déjà que le service de l'infirmerie du lycée de jeunes filles de Bordeaux est assuré par les élèves de l'Ecole de gardes-malades de Bordeaux. Ces jeunes filles font à tour de rôle un mois de service à l'infirmerie de cet établissement. Il y a une moyenne de 600 élèves dont plus de cent sont internes. Leur âge varie de six à vingt ans. Vous voyez quelle occasion de petits accidents, de petites indispositions de maladies d'enfants qu'une garde-malade attentive peut enrayer, soulager, guérir, — surtout si elle possède la science dont parlait notre confrère tout à l'heure. Ainsi depuis trois ans à tour de rôle, les élèves les plus avancées de l'Ecole du Tondu vont faire un stage d'un mois à l'infirmerie du lycée. La Directrice, les professeurs, les élèves et les parents, tout le monde est enchanté de ce service, et je suis heureux de rendre ce témoignage à l'école du Tondu.

Je tiens à vous signaler une œuvre plus remarquable, réalisée par ces jeunes filles. L'école est largement ouverte: certaines payent les frais de leur scolarité, soit directement, soit par des bourses votées par leur ville ou leur département d'origine, d'autres, comme compensation de la gratuité concédée par l'Administration ,s'engagent à faire deux ans de service en qualité d'infirmières diplômées. Aucune ne reçoit la moindre rétribution pendant les deux années de présence à l'école.

Cependant l'élève détachée à l'infirmerie du Lycée de jeunes filles, touche, à la fin du mois, un honoraire de 60 fr.; Toutes ne pouvant passer au lycée dans le courant de l'année scolaire, les élèves désignées n'ont pas voulu retirer un avantage personnel de cette délégation. Elles ont décidé de mettre en commun l'indemnité mensuelle qui leur est attribuée. Elles ont constitué ainsi une caisse de mutualité, caisse anonyme dont les fonds sont déposés entre les mains de la Directrice qui, seule, sans rendre compte à qui que ce soit, dispose de ces fonds pour le mieux des intérêts des élèves pouvant se trouver dans une situation difficile ou embarrassée.

J'ai tenu à vous signaler que le principe — si je puis m'exprimer ainsi, — de la présence des nurses dans les écoles, a été réalisé, en France, dans des conditions bien restreintes encore, mais la graine est semée, elle ne tardera pas à se propager.

Docteur LEY, de Bruxelles

En voyant hier le programme de la séance d'aujourd'hui, j'ai vu qu'il s'agissait surtout de la responsabilité et des devoirs des infirmières. Il m'a semblé dès lors, qu'il n'était pas possible de laisser passer cette séance sans vous parler des infirmières qui ont peut-être le plus de responsabilité: celles qui se dévouent aux malades aliénés. Ces infirmières forment à peu près dans tous les pays une catégorie un peu spéciale. Les malades aliénés sont beaucoup plus nombreux qu'on ne se le figure. En Belgique il y a vingt mille aliénés. C'est un chiffre formidable et par conséquent la profession d'infirmières aux malades aliénés acquiert certainement une importance considérable. Il faut à ces infirmières un dévouement tout particulier, un tempérament spécial, surtout à cause des méthodes modernes pour soigner ces aliénés. Jadis c'était très simple, dès qu'un malade aliéné devenait violent, on l'attachait et c'était là tous les soins qu'on lui donnait. Actuellement les médecins aliénistes ont reconnu que cette méthode avait une très mauvaise influence sur l'état mental des malades, et on les traite actuellement par la méthode qu'on appelle en Angleterre «non-restraint». Il est certain que les infirmières qui se dévouent aux aliénés doivent avoir une instruction plus spéciale. Je ne saurais mieux faire ressortir la responsabilité qui pèse sur elles qu'en vous citant un fait malheureux qui est arrivé il y a une quinzaine de jours à une de mes malades, atteinte de la monomanie du suicide. Elle est arrivée à prendre une paire de ciseaux à une des infirmières; elle s'est ouvert le ventre et elle a retiré ses intestins. L'infirmière s'est laissé prendre ses ciseaux, elle a eu un moment d'inattention et cela a suffi. Ce fait, montre plus que n'importe quelle discussion la responsabilité formidable qui pèse sur une infirmière.

Il y a également un fait assez courant dans les asiles
d'aliénés. Lorsque les malades crient la nuit on les prend
et on les met dans une chambre écartée où elles pourront
crier sans déranger toutes les autres. Ce seul fait d'isoler
un malade peut avoir une importance considérable. Il y a
des malades qui peuvent' se faire du mal, peuvent projeter
de se suicider, et l'infirmière doit bien savoir les cas dans
lesquels elle peut isoler les malades.

J'ai entendu parler hier de l'instruction à donner aux infirmières. Je donne également de l'instruction à mes infirmières. Je n'ai pas du tout les scrupules qu'ont témoignés
ici certains médecins quant à l'instruction à donner. Je la
donne aussi large que possible. Le Dr Letulle a parlé des
vaisseaux chylifères. Il me semble qu'il y a là une erreur
considérable; même les infirmières doivent savoir quels sont
les organes de la digestion. Ce n'est pas si difficile. On n'a
qu'à l'apprendre d'une façon pratique. C'est très facile à
voir dans le ventre d'un lapin qu'on a tué au moment où
il faisait sa digestion. On voit les vaisseaux chylifères qui
sont là comme de petites racines qui sucent les matières
provenant de la digestion. Ce n'est pas bien difficile à comprendre. Le Docteur Bourneville et   —   —   ont eu
l'air d'avoir des scrupules ou d'être sensibles aux reproches
qu'on leur avait fait de vouloir donner trop d'instruction aux
infirmières. On ne leur en donne pas assez. Ce qui leur
manque surtout, c'est la base, que je cherche à donner à
mes infirmières, en leur enseignant de la chimie, un peu
de physique et même de zoologie, et en cherchant à faire
d'elles des femmes intelligentes et non de simples donneu-
ses de lavements et de cataplasmes.

Mlle CHAPTAL

Je crois devoir répondre au Docteur Ley. Je ne crois
pas que la pensée d'aucune des personnes qui ont parlé ait
été de restreindre au point de vue professionnel l'instruction des infirmières. Je crois qu'il y a malentendu. Ne s'a-
git-il pas de donner aux infirmières un enseignement spécial
plutôt que d'étudiantes en médecine? Celles qui désirent devenir étudiantes en médecine peuvent faire leurs études, c'est
une autre question. Le Docteur Letulle, d'autres encore, dans
les cours qu'ils font à certaines infirmières leur donnent des
notions particulièrement nécessaires d'anatomie aux élèves qui

les écoutent. C'est un petit malentendu. Qu'est-ce qui doit intéresser l'infirmière, est-ce le malade en lui-même ou est-ce la maladie? Je crois que c'est, non pas la maladie qui doit intéresser et faire travailler l'infirmière, c'est les soins à donner aux malades, le cas particulier devant lequel elle est. Nous sommes il me semble du même avis, je demande seulement à dire un mot sur la tuberculose. Ce qu'on a lu aujourd'hui sur ce sujet m'a vivement frappée. Comme on l'a dit, prévention vaut mieux que guérison. A ce point de vue en Allemagne, en Angleterre on est beaucoup plus avancé que chez nous mais j'espère que notre pays va s'orienter dans ce sens.

QUATRIÈME SÉANCE

QUEEN VICTORIA JUBILEE INSTITUTE FOR NURSES
Organisation, travaux et développement de l'Institut.

Par Mlle AMY HUGHES,
Directrice générale.

Le premier effort tenté dans le but de former des gardes-malades diplômées destinées à donner des soins à domicile à la population pauvre, fut réalisé par la « Society of St-John's House », fondée en 1848, dans l'intention bien définie d'élever la capacité professionnelle et le niveau moral des Infirmières exerçant dans les hôpitaux, dans les quartiers pauvres et dans les familles. A cette époque, en raison du manque d'écoles préparatoires, les infirmières acquéraient leur instruction pratique en travaillant dans les maisons pauvres. Le système régional, tel qu'il est compris aujourd'hui, date de 1859-1862. C'est pendant cette période que son établissement systématique fut assuré à Liverpool, par William Rathbone, décédé depuis.

Au début, les infirmières étaient placées isolément dans des districts déterminés, puis, au fur et à mesure de l'accroissement de l'œuvre, elles furent groupées dans des établissements, sous l'autorité d'une directrice de hautes capacités. L'utilité de cette modification se manifesta aussitôt par l'amélioration du travail matériel et de la discipline parmi les infirmières, ainsi que par un plus grand zèle et un meilleur esprit de corps. L'exemple donné à Liverpool fut bientôt suivi dans d'autres grandes villes : la première société organisée à Londres, dans le but exclusif d'assurer des soins aux malades pauvres est la « East London Nursing Society », établie en 1878. La fondation en 1874, de la « Metropolitan and National Association », actuellement : « Metropolitan Nursing Association », releva l'œuvre des nurses régionales, en exigeant des infirmières qu'elle engageait, des qualités plus hautes, au double point de vue de l'éducation et de l'instruction. Le « Rural Nursing Association » fut organisé dans le Centre-Ouest, pour fournir aux populations des campagnes des gardes-malades et des sages-femmes. L'Ecosse et l'Irlande avaient formé des œuvres similaires à Glasgow et à Dublin et de nombreux établissements se créaient en Angleterre, quand, en 1887, un geste généreux de feue Sa Majesté, la Reine Victoria,, venait élever au rang d'Institution Nationale l'œuvre des « Districts Nurses », que jusque-là soutenaient seules des œuvres individuelles.

Le « Queen Victoria Jubilee Institute for Nurses » fut fondé par charte royale en septembre 1889 et reçut de la Reine une dotation de 70.000 livres sterling (1.750.000 fr.), montant de l'offrande qui venait de lui être faite par les femmes de Grande-Bretagne et d'Irlande, à l'occasion du cinquantième anniversaire de son élévation sur le trône.

Par sa charte, l'Institute fut rattaché à l'ancien Hôpital Royal de Ste-Catherine, fondation religieuse établie à son origine, en 1148, près de la tour de Londres, sur l'emplacement occupé actuellement par les quais de Ste-Catherine, par la Reine Mathilde, épouse de Stéphane, pour assurer le repos des âmes de ses deux petits enfants. En 1273, cette fondation reçut une charte de la Reine Eléonore, femme d'Henri III. Elle en reçut une autre, en 1351, de Philippa, épouse d'Edouard III. Les visites aux malades et aux infirmes des quartiers voisins de l'hôpital figuraient parmi les devoirs imposés aux Frères et aux Sœurs de l'Ordre. Toutes les reines d'Angleterre, de la Reine Mathilde à la reine actuelle, furent patronnesses de l'hôpital Ste-Catherine. Les bureaux du Queen's Institute se trouvaient dans les bâtiments de l'hôpital Ste-Catherine, mais, en 1903, par suite du large développement de l'Institute, les locaux occupés devenant insuffisants furent transférés dans un immeuble plus vaste, au n° 120, Victoria Street.

Organisation et But

Le Queen's Institute, est administré par un Conseil désigné par S. M. la Reine, avec l'approbation de S. M. le Roi. Vingt-quatre membres de ce Conseil sont directement nommés par la Reine ; les autres sont désignés à son choix par le Conseil lui-même et par les Corps constitués représentant les intérêts du Nursing dans le pays entier. Le Conseil a un bureau composé de: 1 président; 3 administrateurs choisis par S. M. la Reine, 1 Vice-président, 1 secrétaire, 1 trésorier.

Le Conseil Central a la direction immédiate de l'œuvre en Angleterre, dans le pays de Galles et en Irlande. Un Conseil autonome a été, dès le premier moment, chargé de la même mission en Ecosse. Le but de l'« Institute » est ainsi défini dans sa charte constitutive: « Education de femmes se vouant au soignage des malades pauvres ; fondations, si cela paraît utile et nécessaire, d'un ou de plusieurs établissements pour ces femmes. Recherche et poursuite de tous les progrès à réaliser dans l'organisation des soins à domicile pour les malades pauvres ». Le Comité provisoire, désigné au début par la Reine pour donner la formule de l'œuvre projetée par elle, adopta comme objet particulier, le développement du traitement des malades pauvres à domicile, en procurant à ces malades, des infirmières capables de les soigner dans leur domicile même. Peu après la fondation du « Queen's Institute » un grand mouvement se produisit en faveur de l'extension aux quartiers ruraux de ce service de gardes-malades à domicile. Ce mouvement eut pour résultat la formation par Comtés de Sociétés de Nurses affiliées à l'« Institute ». Ces associations se sont donné pour objet:

1o Attirer l'intérêt local sur l'œuvre qui a pour but de fournir aux malades pauvres du Comté, des infirmières et des sages-femmes allant les soigner à domicile ; 2o Recueillir des dons pour assurer l'éducation et l'entretien de ces infirmières et sages-femmes ; 3o Etablir autant que possible des sortes de Nursing dans toutes les parties du pays ; 4o Recruter et instruire des femmes selon la méthode et les règles du Queen's Institute ».

Education spéciale et Direction

La grande majorité des associations de nurses a accepté les conditions de l'affiliation au « Queen's Institute », qui est, aujourd'hui, la plus grande association du pays et a acquis une très vaste expérience du fonctionnement de l'œuvre dans toutes les parties du royaume et dans les conditions les plus diverses. Cette expérience a conduit à l'adoption de deux principes fondamentaux: Instruction professionnelle spéciale des Nurses, Direction compétente et habile de leur travail technique.

S. M. la Reine Victoria avait formellement émis le désir que *seules les nurses diplômées des hôpitaux* fussent inscrites sur le rôle des Nurses de la Reine, afin, disait-elle, que la nurse expérimentée soit à la disposition des plus pauvres de mon peuple. Les Nurses de la Reine sont soigneusement choisies: elles doivent posséder le diplôme d'un hôpital agréé par l'« Institute » et suivre, pendant six mois, un cours complémentaire dans un établissement régional affilié. C'est là qu'elles apprennent à adapter leurs connaissances spéciales aux conditions sociales de leurs malades et à tirer le meilleur parti de leurs locaux défavorables et de ressources restreintes.

Bon nombre d'infirmières de la Reine sont en même temps sages-femmes, surtout dans les campagnes et toutes sont instruites des soins à donner dans les affections gynécologiques. Il existe un service régulier d'inspection des Nurses de la Reine, service confié aux plus capables et aux plus expérimentés. Cette haute surveillance a été primitivement vue avec méfiance, comme une intervention déplacée; mais on a bientôt reconnu le mal-fondé de semblable crainte. Les Inspectrices évitent d'intervenir dans les efforts locaux et de gêner les initiatives individuelles; elles se contentent de visiter chaque organisation affiliée, depuis celle d'une grande ville, avec ses 40 ou 50 nurses réparties avec leurs directrices dans divers établissements, jusqu'à la garde-malade isolée au fin fond de la campagne. Chaque association rédige ses rapports et ses documents dans la même forme et sur les mêmes bases. Chacune doit fournir la même quantité de travail. L'inspectrice vient en amie auprès du Comité comme auprès de la nurse, elle examine les livres, s'enquiert de tous les cas et, par son expérience et ses conseils aplanit les difficultés qui ont pu se présenter. L'uniformité de méthode dans le travail assure le succès par l'uniformité dans l'excellence des résultats.

« L'Institute » préconise deux autres principes: Les nurses ne doivent jamais prendre le rôle d'aumônier; leur travail consiste uniquement à soigner les malades; toutefois, elles sont engagées à signaler aux autorités locales les cas méritant leur attention, afin d'obtenir ainsi en toutes choses, les secours réclamés par leurs malades.

Les infirmières n'interviendront jamais dans les questions religieuses avec leurs malades ou leur entourage. Ces deux principes mettent l'œuvre des infirmières de la Reine au-dessus de la suspicion qui s'attache parfois à des œuvres charitables et confessionnelles; les nurses de la Reine ne doivent travailler que pour les associations affiliées à « L'Institute ». Leur travail est réglé par le Comité qui les emploie et est leur maître absolu sous la seule distinction que les principes énumérés ci-dessus soient rigoureusement respectés. L'infirmière travaillant seule dans une petite ville où à la campagne est directement responsable vis-à-vis du Comité et lui adresse ses rapports mensuels. Habituellement, la secrétaire du Comité visite la nurse isolée une fois par semaine. Elle est souvent accompagnée d'un autre membre du Comité, choisi à tour de rôle. Quand le groupe est plus nombreux, l'aînée des nurses est considérée comme Directrice; souvent alors elle se borne aux instructions de ses compagnes, sans se charger elle-même d'un district.

Dans les grandes villes, où, malgré la situation centrale de l'établissement les distances sont trop considérables, il arrive que les nurses ne puissent pas faire leur travail dans la banlieue. Dans ce cas, une nurse s'installe dans le quartier, ou bien on établit une petite succursale pour recevoir 3 ou 4 nurses, qui, dans ce cas, restent sous le contrôle de l'établissement central.

Coopération

Pour recueillir les fonds nécessaires à son fonctionnement, l'œuvre emploie diverses méthodes qui varient avec les conditions économiques de la région. Dans les villes, grandes ou petites, ou dont la population présente de notables différences de professions et de situations, les souscriptions annuelles et les dons constituent la principale source de revenus. Les malades sont engagés à donner selon leurs moyens. Les quêtes à domicile, systématiquement faites par des collecteurs répartis par quartiers, donnent de bons résultats.

L'Association réalise des économies en obtenant des Compagnies de Chemins de fer et des tramways, des abonnements réduits ou des bons gratuits et utiles pour les infirmières en déplacement. Dans les centres miniers, charbonniers et manufacturiers, où il y a uniformité de travail, et de bénéfice pour les ouvriers, il est possible de faire entretenir une association de nurses en faisant consentir à toute la population une redevance hebdomadaire, bimensuelle ou mensuelle, d'un demi-penny ou 2 pence. Ce système, avec les délégués par corporation, fonctionne facilement et plus d'une association arrive ainsi à se suffire. Dans les villes ayant moins de 10,000 habitants, dans les campagnes, il est prudent de faire œuvre de prévoyance en taxant chaque catégories d'habitant, par une contribution déterminée. Les souscripteurs réguliers ont droit aux services de la nurse pour eux et leur famille. Les non-souscripteurs doivent, en cas de besoin, verser un honoraire plus élevé. Enfin, les malades secourus par l'Assistance publique sont soignés gratuitement. Il n'est pas toujours possible à une association de se suffire avec les ressources du seul ordre; elle doit alors s'adresser aux habitants les plus riches, pour des subsides supplémentaires.

Il vaut mieux que l'association obtienne les fonds qui lui sont nécessaires de la coopération de tout le district, plutôt que de la générosité d'un ou de deux bienfaiteurs, car si ceux-ci viennent à cesser leur contribution, l'association se trouve en péril, peut même disparaître, et les pauvres qui comptaient sur les soins des nurses, subissent une grande privation.

Le nombre total d'associations affiliées au «Queen's Institute est actuellement de 698. Douze associations de comtés. Le nombre des nurses qui ont été inscrites aux rôles de la Reine est d'environ 2600, dont 1500 sont actuellement en exercice. L'affiliation assure à toute localité le service d'une nurse parfaitement instruite, apte à soigner tous les malades, sachant ce qu'il faut faire et ce qu'il faut éviter, incapable de franchir les limites qui séparent son action de celle du médecin. Son instruction à l'hôpital n'a pas seulement donné à la nurse de la reine une expérience variée et exceptionnelle, elle lui a enseigné aussi la discipline et la discrétion. Son instruction dans la pratique du district nurse lui aura en outre appris à tirer le meilleur parti des ressources limitées dans les hôpitaux très pauvres. Capable de reconnaître les maladies contagieuses dès leur premier stade, elle sait avec quelle autorité elle doit se mettre en rapport, elle peut souvent empêcher qu'une épidémie éclate.

Par ses soins, des vies précieuses sont sauvées, la souffrance soulagée, la durée de la maladie souvent abrégée. Grâce à l'observation rigoureuse des conseils de la nurse, le père de famille évite de longs mois de maladie. La mère de famille évite les conséquences de l'ignorance et de l'imprudence qui, parfois, durent si longtemps et retentissent même sur sa santé générale pendant toute l'existence. Les soins des nurses de la Reine rendent souvent possible le traitement à domicile de maladies graves, qui, sans elles, devraient être soignées à l'hôpital. Que de foyers ont été ainsi sauvegardés, qui auraient été détruits. Les pauvres apprennent de la nurse les soins nécessaires à donner aux malades, ils arrivent à comprendre l'utilité des précautions d'hygiène à opposer à la propagation de la maladie; ils acquièrent quelques notions sur le régime spécial utile aux malades. Les mères s'instruisent dans l'élevage des enfants; les principes primordiaux de la véritable propreté, principes nouveaux et même surprenants pour beaucoup d'entre elles, leur sont inculqués presque à leur insu. L'exemple donné ne s'oublie pas quand la nurse a accompli sa mission

---

SETTLEMENT DES GARDES-MALADES

New-York.

Par LILLIAN D. WALD, R, N., directrice générale.

Le Settlement des Gardes-malades de New-York a été créé par deux gardes-malades dont l'une est l'auteur de cet article. Leur but unique était de découvrir les malades, de les soigner, et de s'installer dans ce quartier de New-York où elles désiraient travailler.

Le Département de la Santé, encourageant nos efforts, créa une plaque qui nous déclarait : Gardes-malades non résidentes sous les auspices du Département de la Santé. Cette précaution paraissait nécessaire pour nous faire adopter dans les maisons des pauvres, mais peu de temps après, elle devint inutile.

Nous passâmes deux années dans une modeste maison située au bas de la ville à l'Est. Durant les premiers jours seulement il fallut chercher des malades. Bientôt les familles, les médecins et les agences du voisinage demandèrent des gardes-malades.

Les soins donnés aux malades chez eux ,doivent être sérieux et complets, pareils en tous points à ceux qui se donnent dans la clientèle privée; la garde-malade de district doit être prête à répondre à l'appel des docteurs ou des malades avec le moins de formalités possible et aussi vite que la garde-malade privée qui n'a à s'occuper que d'un seul malade. Voilà quel fut dès le début notre principe fondamental.

Les hôpitaux soignent — dit-on — environ un dixième des malades de la ville. On a été amené à étudier d'autres modes de soignage vu la grande dépense qu'occasionne chaque hospitalisé et l'impossibilité d'admettre dans les hôpitaux tous les malades. Pour des raisons d'économie évidentes, un système bien compris de soignage à domicile mérite d'être examiné.

Il y a certainement un grand nombre de malades dont l'état réclame des soins que seuls les hôpitaux peuvent donner, mais il est vrai aussi que les places qui devraient revenir à ces malades-là sont souvent occupées par des malades pour lesquels le système de soignage à domicile n'aurait aucun inconvénient.

Cette question n'a été abordée que très superficiellement jusqu'ici, mais nos expériences du settlement et celles d'autres organisations de nurses à domicile prouvent que ce système mérite d'être étudié et qu'il est possible d'établir une coopération avec les hôpitaux et autres établissements, afin que tous les malades d'une ville puissent être soignés.

En commençant nous étions deux, nous sommes aujourd'hui vingt-sept gardes-malades dont vingt-trois dans les districts et les autres aux convalescents et à l'administration.

Chaque garde-malade fait un rapport quotidien sur les feuilles volantes qui lui sont fournies dans ce but. Elle donne le nom du malade, le nombre d'heures qu'elle lui a consacrées, les observations sur sa situation et le traitement appliqué.

En examinant les rapports, on voit que le malade qui a eu une température élevée dans la matinée, reçoit une deuxième et troisième visite dans la soirée, et que la garde-malade arrange sa journée de manière à voir les plus gravement atteints les premiers, le matin, et les derniers, le soir, afin de les laisser installés le plus confortablement possible pour la nuit.

Ce travail est trop fatigant pour que la même personne puisse donner les soins la nuit et souvent la garde-malade du district est remplacée la nuit par une garde-malade veilleuse payée en partie ou entièrement par la famille ou par le settlement.

Les malades que nous soignons

Des pancartes de chevet, identiques à celles qu'on emploie dans les hôpitaux sont soigneusement gardées pour chaque malade afin que le médecin puisse les lire, soit à la visite, soit au cabinet de consultation ou au dispensaire.

Parmi les malades, beaucoup, très pauvres, sont dans l'impossibilité absolue de payer un médecin ou une garde-malade, d'autres paient une cotisation annuelle à une loge ou à une société de bienfaisance, obtenant ainsi droit aux services d'un médecin, mais ils sont généralement incapables de faire plus.

Une autre catégorie de malades, très nombreux, eux aussi, paie le médecin et la garde-malade du district, mais ne peut engager la malade toute la journée ni la loger dans les petites maisons qu'elle occupe. Les honoraires varient de dix sous à vingt-cinq sous la visite.

Un service d'accouchements a été organisé en 1905 avec une garde-malade ne soignant que les femmes en couche.

Il y a trois ans une garde-malade négresse s'est établie, une travailleuse intelligente et zélée qui travaille avec ardeur pour le bien de sa race. Elle a obtenu un succès qui donne courage et espoir à ses camarades des autres districts.

Le settlement entretient aussi une maison de convalescence appelée « Le Repos », et qui se trouve sur les bords de l'Hudson. Une garde-malade en a la direction. A elle revient le devoir de renvoyer les malades guéris de corps et d'esprit fortifiés pour reprendre la lutte pour la vie.

Le settlement et la société

J'ai parlé jusqu'à présent du côté professionnel du settlement. On ne peut cependant séparer le principe du service technique de celui de l'organisation générale de l'œuvre. Le service s'étend maintenant presque sur toute l'île de Manhattan. Toutes les gardes-malades vivent dans le voisinage de leurs malades : soit dans les maisons du settlement installées dans le bas de la ville et dans celles du haut, soit dans leurs propres appartements. Deux des gardes-malades vivent dans une immense et pauvre maison habitée par des Italiens et deux autres dans une maison du quartier hongrois.

La vie menée ainsi en commun avec les pauvres et avec d'autres grandes âmes occupées elles aussi de l'unique pensée d'aider les faibles, de soulager ceux qui souffrent, ne peut que donner un horizon plus large et plus humanitaire.

La garde malade de l'Ecole Communale, établie maintenant est très utile pour découvrir le pauvre enfant réduit à vagabonder tout le jour.

Il y a treize ans, les deux premières gardes-malades comprenant le danger qui résulte pour la société entière de l'ignorance de la cause du danger, se procurèrent les noms de tous les enfants malades qui avaient fait pour la tuberculose une demande d'admission dans les hôpitaux. Ceux-là et d'autres que nous découvrîmes chemin faisant furent visités régulièrement. On donne des instructions à leur famille, on leur procure des crachoirs et des désinfectants. Depuis il y a des gardes-malades envoyées partout par le service de la santé, les cliniques et les agences, chargées de faire systématiquement ce que nous avions fait d'abord comme un essai.

Les Comités nationaux ou locaux s'occupant de l'enfance qui travaille ont maintenant un représentant du settlement qui en est toujours la directrice. Mais il n'y a pas que ces travailleuses pour veiller aux enfants.. Tous les membres du settlement, gardes-malades, aides bénévoles, résidents et non résidents, demandent ardemment l'abolition du travail de l'enfant, afin que chaque homme futur, que chaque femme de demain puisse se développer comme ils en ont le droit, au physique et intellectuellement.

Travaillant avec les autres bonnes volontés de la grande ville pour obtenir un nivellement social plus raisonnable, le settlement a joué un rôle considérable dans les comités et partout où ces questions ont été agitées, afin d'obtenir des réformes dans les maisons pauvres, des terrains de jeux pour les enfants, des petits parcs, des mesures sanitaires plus complètes; il a fait aussi une campagne contre la propagation de la tuberculose et autres dangers aussi grands.

Son temps et ses forces étant limitées, la garde-malade qui travaille tout le jour ne peut pas participer efficacement à l'activité sociale générale du settlement, activité qui a grandi au fur et à mesure que s'étendait son établissement dans le quartier.

Des premiers petits groupes de garçons qui ont exprimé le désir de se joindre à nous est sorti tout un système de clubs et de classes qui comprend actuellement de 2 à 3 mille personnes de tout âge, enregistrées et venant régulièrement dans les différents établissements du settlement attirés par le Kindergarten, le travail manuel, le gymnase, les débats sur les questions du jour, la danse, les conférences, les études, les récits d'histoires, etc.

Une généreuse coopération nous est venue des gens instruits et intellectuels de la ville. Un certain nombre d'hommes et de femmes non résidents (appartenant pour la plupart aux classes fortunées), ont des réunions régulières et se chargent d'organiser les distractions instructives ou sociales de la semaine.

Des membres de la famille settlement non gardes-malades, participent activement aux études et au programme des réunions organisées, analogues à celles des autres settlements sérieux et qui consistent généralement en lectures familières.

Un nombre considérable de résidents ont fait du settlement leur «home» ce qui a donné à l'ensemble un caractère de stabilité, bien établi maintenant.

Les différentes organisations du settlement occupent plusieurs homes, en ville et à la campagne. Plus de trente personnes demandent à y résider, tandis que soixante-quinze environ se sont engagées à diriger et à coopérer au programme établi.

La sympathie active qui aide et encourage les membres du settlement, nous fait espérer l'acheminement vers un état social meilleur. Le settlement est nécessaire tant que la société ne sera pas meilleure. — dans une société idéale il serait inutile. L'âme des efforts de cette œuvre est la foi ardente dans le principe démocratique qui nous guide et qui nous donne l'espoir d'un avenir plus parfait que le présent.

PRIVATE DUTY NURSING

By Miss E. M. Roberts, late Lady Superintendent, the Nurses Co-operation, London.

It is impossible to walk the streets of London, or indeed of any considerable town in the United Kingdom, without being struck by the enormous number of women wearing the uniform which we recognize as that pertaining to the

« Hospital Nurse ». Some of them are not bonà-fide nurses, but we may take it, that for the most part the women so clo-thed are employed either in the hospitals of our land, or engaged in the occupation of private nursing.

Was this the case sixty years ago? And were our parents and grandparents accustomed in times of sickness to call in the help of the « trained nurse »? No-formerly the presence of a nurse betokened that a birth or death waas imminent; but now few illnesses, and practically no operations are carried through without the services of one or two nurses being obtained.

During the latter part of the eighteenth century and the early portion of the nineteenth century, nursing was at a very low ebb. I cannot do better than quote to you some passages from ´George Gissing's book Charles Dickens' on this subject for there the case is graphically put before us.

« Granted then that Mrs Gamp has indubitable existence, who and what is she? Well a sick nurse living in Kingsgate Street, Holborn, in a filthy room somewhere upstairs, and summoned for nursing of all kinds by persons more or less well-to-do who are so unfortunate as to know of no less offensive substitute.

We are told and can believe that in the year 1844 (the date of Martin Chuzzlewit) few people did know of any substi-tute for Mrs Gamp; that she was an institution; that she carried her odious vices and her criminal incompetence from house to house in decent parts of London...

In plain words then we are speaking of a very loath-some creature: a sluttish, drunken, avaricious, dishonest woman. Meeting her in the flesh, we should shrink disgus-ted, so well does the foulness of her person correspond with the baseness of her mind...

Do you ask for the platonic idea of London's monthly nurse early in Queen Victoria's reign? Dickens shows it you embodied. At such a thing as this, crawling between earth and heaven what can one do but laugh? Its existence is a puzzle, a wonder. The class it represents shall be got rid of as speedily as possible; well and good; we cannot tole-rate such a public nuisance. But the individual, so perfect a specimen shall be preserved for all time by the magic of a great writer's deep seeing humour and shall be known as Mrs Gamp. »

This then Charles Dickens accomplished by his humour, and not many years after, when urgent need arose, the woman was found to change the old order, and speedily effect a most wonderful reform in all matters connected with nursing the sick whether in hospital, the battlefield or the home. It is a most interesting point to note in connection with this international Conference of ours, that Florence Nightingale had fitted herself for her arduous duties in the Crimea by going through a course of training at the Protestant Deaconness's Institute at Kaiserwerth in Germany (1846) and also by studying French methods in Paris.

In my paper I will endeavour to describe the various ways in which a qualified nurse is able to find employment in private duty nursing in our country.

A nurse may choose, on completing her training, to work entirely on her own account, and if she has been employed in one of our large training schools, she can attach herself to one medical man (usually a surgeon) who gives her his cases to nurse, and keeps her constantly employed. This no doubt, is a satisfactory arrangement while it lasts, but not advisable, for the nurse may find herself stranded before her working days are over by the death, or retirement of her sole employer. Possibly she is by then cut off from joining any of the best institutions on account of the age limit, and she does not find it an easy thing to obtain suitable work again. A solitary nurse often finds that a busy doctor, after sending once or twice and finding her engaged at some other case gives her up, and saves precious time by applying to an institution where a large staff immediately ensures the prompt despatch of a nurse. Most nurses therefore find it expedient to join one of the many associations which provide their members with patients.

In many hospitals there is a private nursing staff and nurses, on completing their training, are drafted on to the private staff, receiving a salary varying usually from £ 30 to £ 60 per annum. In the interval between cases there is a Home where the nurses are boarded free of charge, and in case of sickness they are nursed in their own hospital. This system also obtains in many private nursing institutions, the superintendents are usually trained nurses themselves, and they engage nurses at a salary and frequently give a bonus at the end of the year, or a percentage on the cases undertaken. The nurses are provided for free of charge between their cases.

Many private institutions however exist merely as commercial ventures. Uncertificated, inexperienced nurses sometimes swell the staffs, and for this reason nurses should exercise caution in joining unknown establishments.

The most popular way of finding employment, and one that is the fairest for the wage-earning nurse is the Co-operation system. The first and original Nurses' Co-operation commenced in London in the year 1891, when a small body of nurses joined together and set up an office for themselves. They were fortunate in gaining the support of several influential surgeons and physicians who clearly recognized the injustice of exploiting trained nurses as a means of money-making for the hospitals to which they belonged. The Co-operation speedily became a success and rapidly grew in size and importance until it now numbers over 500 members.

Many associations are now run on similar lines. It has also had the effect of improving the condition of those private nurses who are employed at a salary for the superintendents realize that in order to keep their nurses they must be well paid. The nurses working on Co-operative principles receive their full earnings less a percentage for office and working expenses — in the Nurses Co-operation the percentage is 7 1/2 0/0 for new members and 5 0/0 for older members. The management is under the control of a committee largely composed of nurses elected by their fellow nurses, and this committee is of great assistance to the nurse in any dispute with her employers, and for the recovery of fees in troublesome cases. The comittee also deals with all cases of complaint brought against the nurses.

In time of sickness the nurses have no claim on the Co-operation for support, and it is therefore imperative to urge upon them the necessity of putting by for a rainy day, and making provision by joining some fund where sick pay is allowed. They are free to live where they please, and often form clubs or share apartments.

And now for a few remarks on the qualities most desirable for the nurse undertaking private duty. Superintendents of private nursing institutions naturally aim at securing the services of competent and well trained nurses, and from the medical point of view one who knows her work well and will faithfully carry out directions is all that can be desired. But a nice woman and one who will fit in with the ways of the household is of more importance to the well being of family life than the most skilled and up to date of nurses. We are all familiar with the impossible piece of perfection frequently asked for by relations to nurse the most trying of cases -— but as superintendents have only poor faulty human nature as matérial, they must exercise their discretion as to the selection of the nurses for the various cases.

Here is one of the difficulties to be confronted in Co-operation work. It is an accepted rule that nurses should be sent out in rotation, and obviously that is the fair method where loss of time means extra expense to the nurse who is paying her own way between cases, but to despatch a nurse to care for a sick child, who professes not to understand children, or a clever surgical nurse to a chronic medical case would end in disaster for all concerned. Certainly without tact and adaptability a nurse had much better remain at institution work during her whole career; but much friction can be avoided by careful selection of the nurses, and studying their wishes with regard to the kind of cases which they prefer to undertake. Herein is one of the chief charms of Co-operation principles to the private nurse -— she has a voice in the management of her own affairs — and also when feeling tired and run down she can get leave of absence for a few days to get rested and feel fresh for her next case.

The again so many requirements are asked for independently of the ordinary work of a hospital nurse. At one time a good linguist is asked for, at another one who can sing and play the piano, and very frequently a nurse has to undertake housekeeping and the keeping of accounts when ordered away with the patient, so that the better educated a woman is, so much easier is it for her to command the best kind of work. I remember once being asked to provide a nurse as companion to a lady, and in addition to the highest nursing qualifications she was required to speak French and German, to be able to play the piano, to undertake the housekeeping and in addition a knowledge of botany was desirable! As far as I am aware that particular nurse is still being sought.

There is one grievous error into which a nurse is apt to fall, and that is to have no other conversation than her cases. There is nothing more trying than to have the nurse perpetually relating histories of her late patients, and I have frequently had it said to me, « A very good nurse, but she had no conversation ». A nurse should certainly endeavour to have other topics than perpetual « shop », and should try to enter intelligently into the home life and views of the various families through which she passes in more or less rapid succession.

The ups and downs of a private nurse's life must be much alleviated if she combines with a keen love of her work, a sense of humour which will enable her to bear the most trying experiences; at one moment despatched to nurse the highest in the land, at another sent to a labourer's cottage, sharing the bread and cheese which is all he is able to provide for the mid-day meal. A nurse need not go to the wars to seek strange adventures, for she may find herself nursing a strangulated hernia in a travelling caravan, or awaiting bad accidents in a tent on Epsom downs during race week. Frequently too a nurse is required to organise a miniature isolation hospital in some lonely country village, where all appliances are of the most primitive description.

A nurse who cheerfully accepts her fate, is prompt to set off to her work, and makes the best of the difficulties which beset her on arrival, is the nurse whom all superintendents would like to possess — and surely a nurse should set before her an ideal other and higher than that of making money, or achieving material comfort, not losing sight of the fact that she is serving the sick, that she goes forth to set her patient at rest in mind and body, and that her work is one that calls for self denial and self sacrifice, remembering that by her actions the whole army of private nurses is either blessed or condemned.

DISCUSSION

LADY HERMIONE BLACKWOOD dit qu'il existe une grande affinité entre l'Irlande et la France; je crois que le trait commun entre les deux peuples est, avant tout, le même caractère charmant et gai. Cependant, les « district nurses » savent que les conditions d'existence du peuple changent d'une localité à l'autre, et elles comprennent combien ces différences s'accentuent lorsqu'il s'agit de pays éloignés les uns des autres et dont le climat, la situation géographique, et l'histoire ont formé les habitudes, les coutumes et les lois.

Pour vous faire comprendre les difficultés que rencontre la « district nurse » dans certaines parties de l'Irlande, pour vous permettre de les comparer à celles qui vous attendent vous-mêmes ici et ailleurs, je voudrais vous parler d'une contrée située dans l'ouest de notre pays.

Pour la beauté de ses lacs et de ses cours d'eau, pour l'exubérance de sa verdure, on a appelé l'Irlande « l'Ile Emeralde »; — je vais vous décrire une de ces régions singulièrement inaccessible où l'on trouve réunis l'extrême pauvreté et le degré de civilisation le plus bas — et c'est avec intention que je choisis cette contrée-là parce que le tableau de la « district nurse » ne serait pas complet si l'on ne rappelait l'œuvre des « Queen's Nurses » dans la solitude déserte de la côte de l'Atlantique.

Là, à l'extrême-ouest de l'Irlande, on trouve une région aussi sauvage qu'isolée. Sur une étendue considérable on ne voit que marais et pierres; une telle quantité de pierres qu'on a l'impression que nulle part au monde on ne pourrait en trouver autant réunies en un même point. On songe à quelque pluie de pierres qui serait tombée là, à quelque époque lointaine.

Les sentiers parsemés de cailloux sont bordés de murs en pierre qui entourent des terrains rocailleux où de pauvres pommes de terre font, pour pousser, des efforts désespérés. Les cabanes, qui, le plus souvent ne contiennent qu'une seule pièce, sont construites en pierres rudement empilées et couvertes de chaume, qui, à son tour, est retenu par de grosses pierres, afin que les vents de l'Atlantique ne puissent pas emporter le toit tout entier.

Avant l'apparition de la « District nurse », les vaches, les chevaux et les poules partageaient le logis familial.

Les indigènes conviennent que leur climat est « mou », mais les peuples des pays où le soleil se montre plus généreux, le qualifieraient plus sévèrement. Les habitants sont peu nombreux et dispersés, souvent très éloignés des écoles, dont la fréquentation n'est du reste pas obligatoire.

Sans communications avec les villes, la voie ferrée la plus proche étant à 30 ou 40 milles, les gens ne peuvent améliorer leur existence, tant que les superstitions et les croyances qui enlizent les esprits simples et les cœurs de ce peuple à l'imagination vive, n'auront pas disparu devant la civilisation qui s'avance vers eux.

La « district nurse » est plutôt embarrassée lorsqu'elle découvre, par exemple, que, pour tromper les fées, elle doit faire semblant d'ignorer la naissance prochaine d'un bébé. Il ne faut, ni parler de l'événement attendu, ni faire les moindres préparatifs pour recevoir l'enfant, et, jusqu'au moment où l'on voit le bébé bien vivant, on ne permet pas aux voisines de s'occuper des deux uniques petits vêtements qui composent la layette du petit Irlandais. La garde-malade apprend aussi que l'ordre et la propreté présentent de grands dangers, surtout chez les enfants qui, s'ils sont bien tenus, risquent d'attirer les fées, de se faire désirer d'elles et d'être ravies par elles.

La garde-malade rencontre, naturellement, dans ces contrées-là, des difficultés énormes pour arriver jusqu'à ses malades. Le prêtre d'une paroisse de la région disait, en parlant d'une nurse: «Pour vous donner un exemple de la façon dont elle remplissait son devoir, je vous dirai que, pour soigner un certain cas, elle devait faire sept milles à bicyclette, cinq milles à cheval, traverser un lac en bateau, et finalement suivre un sentier de quelques centaines de mètres avant d'arriver chez sa malade. «Voilà les conditions dans lesquelles nos gardes-malades exercent leur profession sur la côte occidentale!

Dans son rapport, Miss Amy Hughes nous a démontré que les associations locales dépendant de l'Institut de la Reine, devraient se suffire en faisant coopérer les populations elles-mêmes à leur œuvre. Mais, dans des contrées comme celles que je viens de décrire, on ne peut demander l'aide des habitants, et, cependant là, plus que partout ailleurs, on en aurait besoin.

Grâce à l'initiative de Lady Dudley, femme d'un ancien vice-roi de l'Irlande, on a recueilli des fonds pour subvenir aux frais du district nursing et on vous a dit qu'actuellement, treize nurses sont établies en différents endroits de cette côte.

Avant l'installation de ces gardes-malades qui, toutes, sont sages-femmes et gardes-malades diplômées, la mortalité des femmes en couches était anormale. Très jeunes, les femmes commencent à travailler la terre et à porter de lourds fardeaux, ce qui provoque chez elles d'inguérissables maux. Depuis l'apparition des gardes-malades, une mort en couches est devenue une chose exceptionnelle.

On remarque aussi la diminution des épidémies de typhus et de rougeole, qui autrefois décimaient des villages entiers. Dans un de ses rapports trimestriels de 1905, le secrétaire relatant une épidémie de rougeole, constatait l'absence de complications pulmonaires et l'attribuait aux soins des gardes-malades. Dans un certain endroit, on imposa la quarantaine et empêcha ainsi une épidémie, grâce aux nurses qui avaient signalé plusieurs cas suspects de typhus.

On ne saurait exagérer le bien que peuvent faire les « district nurses », ni les révolutions accomplies par elles dans les maisons des pauvres.

En commençant, je disais que les difficultés que la garde-malade doit vaincre, sont de nature différente, selon les localités, mais il existe forcément des points de ressemblance comme nous l'ont appris les rapports de cet après-midi : dans n'importe quel endroit, dans n'importe quel pays, les « district nurses » ont la même mission : faire l'éducation du peuple et prévenir la maladie.

A la district nurse seule se présente l'occasion d'enseigner la tempérance et l'hygiène. La garde-malade idéale ne se contente pas de faciliter la guérison de son malade, et d'assister les derniers moments du pauvre chronique, elle cherche surtout et avant tout à améliorer la santé du peuple pour lequel elle travaille.

Sauf quelques rares exceptions, toutes les nations déplorent l'excessive mortalité infantile. En ce qui concerne mon pays, le chiffre, quoique au-dessus de la moyenne est inférieur à celui de l'Angleterre et de l'Ecosse. Cela s'explique par le fait que les mères Irlandaises ont davantage l'habitude de nourrir elles-mêmes leurs enfants.

Je ne sais si la tuberculose menace la France, mais je sais que l'Irlande en est ravagée. En luttant contre ces deux dangers, la « district nurse » rend service à son pays. C'est elle qui peut le mieux montrer à la jeune mère comment soigner les enfants, lui expliquer les écueils de la nourriture artificielle, avertir le phtisique et sa famille du danger de la contagion et leur enseigner les précautions à prendre pour l'éviter.

La bonne district nurse ne se contente même pas de cela, elle cherche, autant que possible à apprendre aux pauvres qui lui sont confiés, à se débrouiller eux-mêmes. Dans cette intention, elle se met en rapport avec toutes les institutions et organisations sociales de la contrée, sociétés de tempérance, sanatoriums pour convalescents, etc., et coopérant à ces œuvres, elles lui sont d'un grand secours pour ses malades.

On ne saurait assez recommander à la « district nurse » de ne jamais vouloir jouer le rôle d'aumônier. On entend dire souvent qu'il ne faut pas d'études spéciales pour bien remplir les fonctions de district nurses. Les rapports de cet après-midi nous démontrent que la district nurse, plus encore que « la garde-malade hospitalière », a besoin de dressage et d'instruction, parce que, bien souvent, elle se trouve seule responsable, sans conseillère, et elle doit pouvoir, en toutes circonstances, compter sur ses propres capacités, son initiative et sa présence d'esprit. Au cours de ses études, de son dressage et de son développement, elle sera à même de s'intéresser aux questions sociales et économiques du jour, et elle se rendra compte de sa responsabilité non seulement vis-à-vis du malade, mais aussi vis-à-vis de l'Etat.

Miss ANNA MAXWELL, superintendent of nurses in the Presbyterian Hospital, New-York, described the system of that hospital in extending nursing care to the patients of the Dispensary (Out-Patient department.)

The staff consists of a graduate who has the direction and supervision of the work done by three third-year students and two permanent graduates who do the tuberculosis work from the dispensaries.

The course is elective, the term two months, and the nurses are sent out during the last six months of their third-year. They are provided with a uniform of blue wash gingham, a coat and hat of Cambridge gray and a bag with the necessary articles for use, also allowance for carfare.

The object and advantages of the work from a hospital standpoint are: First-To relieve the wards earlier of convalescent patients who no longer need actual hospital care, but general supervision in the home regarding rest, food, hygiene, household sanitation, etc., to do surgical dressing of patients until they are strong enough to return to the Emergency Ward for dressing. Second-To visit ambulance patients who after examination prove not ill enough for hospital care; also those who are ill but refuse transfer to other hospitals. This work is all done under the direction of the hospital staff. Third-To visit dispensary patients who cannot leave home and make the prescribed treatment more efficacious by seeing that it is carried out; to keep patients under observation until the doctor has made a positive diagnosis; to visit patients with chronic diseases who would otherwise become objects of public charity. This work is done under the direction of the dispensary staff. Fourth-To visit, investigate and care for, if necessary, patients reported to the office of the superintendent of the hospital.

Daily reports of all cases are written up by nurses and posted in their respective places for the different staffs, and when the doctor is visiting the patient in the home, complete bedside notes are left there for him. The hours of duty are from 8 A. M. to 5 P. M. with one hour for luncheon. Time is allowed for all classes and lectures and no calls are answered at night. We take obstetrical cases only in emergency and we do not take contagious cases. All contagious cases are referred to the Board of Health.

For those who can pay a charge of from 10 to 25 cents per visit is asked and collected. Some are able to pay more and gladly do so, this all depends upon the circumstances of the family.

We have found the course invaluable to the nurse. She leaves the hospital where supplies are abundant and goes into the homes where there is practically nothing and learns to improvise and economize with good results. There is such a thing as too much hospital, too much discipline, too rigid a life for some temperaments; it destroys originality in a few and blunts the sympathies of others and a little glimpse into the homes of the people is an excellent experience, especially for a nurse who has been placed in charge of a hospital ward, where such knowledge makes her more appreciative of the home problems of her patients.

The course being elective gives us the advantage of nurses who declare themselves interested in this special branch of nursing and the majority have shown strong qualifications and special adaptability to the work.

CINQUIÉME SÉANCE

THE ORGANISATION OF THE NURSING PROFESSION

BY ITS MEMBERS : BY THE STATE

By Mrs Bedford Fenwick.

Hon. President, International Council of Nurses

The organisation of the nursing profession should be based on the graduate vote, and any form of organisation which omits this proviso is unsound in its constitution.

The professional enfranchisement of every trained nurse must be secured in any system of organisation which can hope to promote individual responsibility and healthy professional progress.

Thus the methods by which their profession is organised are of the utmost importance to nurses in every country.

I would divide the subject upon which I have the honour of addressing this important Conference into two parts, in order to secure both brevity and simplicity.

(1) The organisation of the nursing profession by its members.

(2) The organisation of the profession by the State, for the protection of trained nurses and the public.

I may define the first part of the subject as social, economic, and political in its objects, whilst the second part is, in its results, educational and disciplinary.

With regard to the first division of the subject, the organisation of nurses by nurses, it has been proved by experience, both in the United States of America, and Great Britain and Ireland, that this can best be done by first associating together the Superintendents of training schools and nursing institutions in one Society, and by associating graduate nurses in groups of Leagues or Societies of the nurses trained in one school, and of those associated together in one particular branch of work—such as private or district nursing—and further by delegation forming a National Association or Council of Nurses, on which every affiliated group has direct representation. Organisation on these lines has proved most representative in countries where there are great numbers of trained nurses, in countries where the numbers are limited a national association may be formed of individuals by direct membership.

Thus, in organising our National Council of Nurses of Great Britain and Ireland, we hope to include various groups of self-governing nurses.

(a) Leagues of nurses attached to hospitals in which every nurse certificated by the school is eligible for membership: also Leagues of the certificated members of corporate bodies of nurses, and of government nursing departments.

(b) Co-operations for private nursing employment.

(c) Societies for defence, and for professional protection, and improvement.

(a) The hospital Leagues as already established in England, are capable, of course, of enormous development in the future. Their chief usefulness is the inculcation of professional « esprit de corps », that those who leave their training school can still keep in touch with it, and feel themselves a corporate part of it, whilst the members who find their sphere of usefulness within the hospital walls, are brought into contact with the wider province of nursing outside, and gain immensely by extended sympathy with, and an increased knowledge of, its ever increasing influence as a factor in social reform. Great questions which must affect nurses individually, such as professional legislation, educational, and political movements, can be considered and debated, and if duty demands conjoint action can be taken.

Thus, through their Leagues, nurses possess a definite voice in the decision of questions of national rather than parochial importance. By social gatherings the members also keep in kindly association with one another, learn of one another's successes and sorrows, and share in each.

(b) Co-operations, as they exist at present for private nursing employment, will, I believe, steadily increase in number in the future, as the success of those which have already been established, and the great benefits they confer upon their members, and upon the public who employ them, become more universally recognised. These co operations are formed of certificated nurses who each pay a small sum, 5—10 per cent., on their weekly earnings, which suffices to meet the expenses of a central office and clerical work.

(c) When an Act of Parliament is passed in any country for the Registration of Nurses, and the nursing profession becomes recognised by the public as well as by the State, there will arise cases in which nurses will be attacked, as the members of other professions have been. Then there would soon be recognised the necessity which other professions have realised, of forming societies to provide legal advice and defence for individual nurses. Each nurse would pay a small annual subscription, which would entitle her in case of necessity to be defended and advised with the full strength and ability at the command of the whole society. Other societies will probably also arise for promoting improvements and for communicating information and knowledge on professional matters, or, perhaps, even for carrying out the protection of the whole nursing profession by watching and guiding legislation in Parliament which might otherwise have injurious effects upon its members.

National Councils of Nurses

Such Leagues, Co-operations, and Societies are no new thing. They exist already either in the nursing world, or in the case of other professions; but I would hope that in our case organisation will not stop there. I look forward with confidence to the time when every Nurses' League, Co-operation, and Society, for whatever purpose each may exist, will be represented by delegates, according to the size of the respective body, upon a National Council of Nurses; that this National Council will meet at regular intervals, and will possess a central office and efficient clerical staff, so that it can keep in constant and active touch with every one of its constituent associations; so that it can consider, and decide upon questions of professional importance, and can concentrate the ability and power of the whole nursing profession in the country not only on its deliberations, but also in carrying out whatever schemes may seem to it to be required for the good of the profession.

The International Council of Nurses

I would go still further, and look forward to the time when there will be such a National Council as I have sketched in every civilised country, and when all National Councils will be united together by possessing representatives upon the International Council of Nurses. By such an International Council, information concerning nursing methods, improvements, and reforms in every country could be collected and distributed to the National Councils, through the medium of accredited nursing journals. I believe that such an International Council will do much to promote harmony and reciprocal goodwill amongst the nurses of all nations, whilst it will bind together the nurses of the world into one great sisterhood of mercy. Already federations of nurses in Great Britain and Ireland, the United States of America, and Germany, are united by affiliation to the International Council of Nurses and are ready to welcome into such affiliation National Councils formed in other countries.

Organisation by the State

2. With regard to the organisation of nursing by the State, I look forward to the establishment by Parliament of a Central Nursing Council, entrusted with the control of nursing education and with the disciplinary oversight of trained nurses in every country. Such a Council should be empowered to define the curriculum of education for a trained nurse, to appoint examiners to test the knowledge acquired by each candidate, and confer a state diploma of nursing upon persons who have thus satisfied the Council as to their educational training and their professional knowledge. At first, of course, a Nursing Council must recognise and place upon a register of trained nurses, those who at the time of the passing of the Act were engaged in the bonâ-fide practice of their profession, and could produce evidence of training satisfactory tho the Council, or had obtained a certificate of nursing from a recognised training school. After a short period of grace, only those nurses would be so enrolled upon the register who had conformed

to the requirements of the Council, and satisfied its examiners. Finally, it would be essential that the Council should possess power to remove from its list anyone who proved to be unworthy of professional trust and confidence. Beyond this, I think that two principles should be firmly recognised; firstly, that the fees paid by the nurses for their examination and certification should be sufficient to defray the working expenses of the Nursing Council. Nurses could well afford to do this; they would reap a rich return, in professional prestige and personal benefit from the institution of such a system; and, moreover, by thus defraying the whole cost of their government they could justly demand what I regard as the most essential principle of all. They could demand that the great principle of constitutional government should be carried out in their case; and that they should, therefore, be permitted themselves to elect a majority of the members of the Councils who would govern them, and expend the monies they had provided. In any Act of Parliament, constituting such a General Nursing Council, it would be essential, that the State should appoint representatives of its own. But it would be just, it would be constitutionally correct, and I venture to say that it would be absolutely essential, that the registered nurses should directly elect their own governing body.

Such, in brief, then, are the views which I have long held, and perhaps too frequently expressed, on the future organisation of the nursing profession.

REPORT ON ORGANISATION AND LAWS IN THE UNITED STATES

Mrs. HUNTER ROBB, The representative of the Nurses' Associated Alumnae of the U. S. gave a verbal history of organization in that country.

[The organization of nurses in America upon a national scale was the work of Mrs. Robb, who as Miss Isabel Hampton, superintendent of nurses at the Johns Hopkins Hospital and chairman of the nursing section of the Congress of

Charities and Correction, called together the superintendents of American training schools at the time of the Worlds Fair. The superintendents society formed, Miss Hampton next planned the Associated Alumnae' and this body was called into existence by the superintendents society. Some small local organizations had previously existed. The Bellevue nurses and the Illinois training school nurses had the first alumnae societies. In the history of State Registration Mrs Robb presented the reports collected by Miss Sarah E. Sly, Interstate Secretary which alphabetically arranged, are condensed as follows.]

The California State Nurses' Association which was organized in 1903 has been active and has accomplished much considering the depressing circumstances under which they have worked during the past year. The year 1905 was devoted almost entirely to work on the bill for state registration, which was vetoed by the governor in 1905, on the ground that it was unwise to establish another commission. During the same session of the Legislature, another bill was drafted and passed successfully. The administration of the law (which was accepted reluctantly) was placed in the hands of the Regents of the University of California. No action having been taken by the Regents, a working plan was submitted in April, 1906. This plan provided for the administration of the law to be left to a committee of 1-2 physicians from the staff of the University of California and 5 nurses, from which a training school inspector would be appointed.

Through the efforts of the Denver Trained Nurses' Association, the Colorado State Trained Nurses' Association was organized in 1901. To Miss Louie Croft Boyd of Denver, is due the credit of having successfully engineered the legislative work and secured the passage of their bill in April 1905. 527 nurses have registered in Colorado. The association has just become affiliated with the Colorado State Federation of Women's Clubs. The fact that women have the ballot in Colorado is a great factor in their success in securing legislative enactments.

The Graduate Nurses' Association of Connecticut which was organized in 1901, has a membership of 270. The first year was largely given up to preparation for the legislative work, and a bill for stage registration became a law in May, 1905, with very little opposition. The State Board of Examiners consists of five graduate nurses who have had at least 8 years experience and who are residents of Connecticut. 437 nurses have been granted certificates of registration.

The Graduate Nurses' Association of the District of Columbia has enjoyed an active year, with a fair addition of new members. The bill for state registration of nurses, which had been amended several times during the winter to meet the demands of the District Commissioners, passed both Houses, was signed by President Roosevelt, and became a law on February 9, 1907, to the great relief and joy of the association. The Board of Examiners will consist of 5 nurses to be selected from a list of 10 nurses in private practise and submitted by the association.

The Indiana State Nurses' Association held its 4th semi-annual meeting in Evansville on April 3rd and 4th. The membership is now 146 and more than 600 nurses have registered since November 1905. The first attempt to change the Indiana bill was an amendment presented at the instigation of the Lutheran hospital of Ft. Wayne, and which became a law on April 15. The amendment provides for the equivalent of a common school education instead of a high school education. The State Board of Examiners has been especially energetic in having appointed a training school Inspector from their own number, who has visited every hospital and sanitarium in the state. A uniform curriculum for the training schools of Indiana has been prepared by the State Board, and went into effect January 1st, 1907.

If patience and long-suffering are virtues, surely the splendid heroic efforts of the Illinois State Association of graduate nurses will be crowned with success. Early in November of last year after encouragement from the Illinois Federation of womens' clubs, when that body of representative women pledged themselves to work for the bill, preparations were made to have the third bill ready for the 1907 Legislature. On May 1907, the bill had received the governor's signature, and we congratulate the Illinois nurses on their great victory The association has a membership of 700.

The Iowa State Association of graduate nurses which was organized in 1901 has a membership of 250. Local organizations are being formed in all the cities of the State, and general interest is being manifested. The registration bill passed the legislature this year and is to become a law July 4th. 1907. While the law is not just what was desired, the Iowa nurses feel confident that it will have strong influence in the state and will be the means of improving educational standards in training schools. At two sessions of the legislature they were unsuccessful in obtaining an independent Examining Board of nurses. It is the policy of the Iowa legislature to centralize matters in all lines. The educational institutions of the state are under one Board of Control, and all, even remotely medical questions are being put under the super vision of the state Board of Health. The bill just passed provides an Examining Board of two doctors, members of the medical examining board, two nurses and the secretary of the Board of Health, the secretary taking part only in the clerical work.

The Kentucky State Association of graduate nurses was organized on November 28, 1906, with an initial membership of 63.

A bill for state registration has been prepared, and is under careful consideration.

Already the effect of a law for registration is being anticipated in that several training schools have changed their curriculum to come up to the standards which will be demanded when the law is in force.

The Minnesota State Graduate Nurses' Association was organized in 1905, and in the spring of 1906 work on the bill for state registration was commenced. Their bill which became a law in March, 1907 passed the Senate without amendments. 2 were offered by the House that the age limit be changed from 23 to 21 and that a physician be appointed on the Board. These were granted by the Association with the addition of a further amendment of their own to the effect that after the first year no one who was not a nurse could serve on the Board of Examiners.

The Maryland State Association of graduate nurses has held three meetings during the past year. No legislation has been necessary since last year when a damaging amendment was defeated. A nurse to work exclusively among patients suffering with tuberculosis has been maintained by the members of the association.

The Massachusetts State Nurses' Association held a meeting in Salem in November, and one in New Bedford in March. Both meetings were well attended, and were in the interests of state registration, and to bring the nurses in closer touch and sympathy with the work of the Red Cross Society. The question of training schools returning to a two years course was under discussion, the majority favoring 3 years. A bill will not be presented to the legislature again until next year.

The Missouri State Nurses' Association was organized in Kansas City in October 1906, with a good representation of nurses from all over the state. A bill was drafted and introduced in the House on January 4th. Passed both Houses, but the legislature adjourned, leaving the bill still on the calendar. A strong effort was made to have the bill considered by the governor at a special session called for April 2, 1907, but it was unsuccessful. St-Louis and Kansas City have been untiring in their efforts to secure the passage of the bill, but will now have to wait two years before they can secure a legislative enactment.

The past year of the Michigan State Nurses' Association has been one of awaiting results, and we are still waiting to hear from our second bill, which was introduced in the House on Jan. 22, 1907, and which has not been reported out of the Public Health Committee to which it was referred. Through the inspiration gained from Miss Palmer in her splendid address on « How to pass the Bill », delivered at the second annual meeting held in Ann Arbor in 1906, the foundation of our legislative work was well laid. We were strongly endorsed by professional people. State Medical Societies, and the leading physicians had championed our cause from the beginning, and we were led to believe that they were the chief promoters of our cause. Great was our surprise to learn of a substitute bill which was introduced on Feb. 12, by Dr. L. L. Kelly. This bill provided for the administration of the law to be under the management and control of the « Michigan State Board in Medicine. » The nurses' bill provides for a Board of Examiners composed entirely of nurses and to be appointed by the governor. Until they can have the administration of their law, the nurses of Michigan can well afford to wait for registration. The association became affiliated with the Michigan State Federation of Women's Clubs in 1906 and the influence of this representative body of women has been strong and far reaching.

The New-York State Nurses' Association reports a training school Inspector appointed by the Board of Regents. Miss Anna L. Alline is in charge of this work. The Board of Nurse Examiners has recommended a course of study and syllabus for all training schools for nurses.

The North Carolina State Nurses' Association secured an amendment to their bill in March 1907 which provides that the minimum standard of education for registration shall be the equivalent of a high school education. Applicants must

also have been graduated from a training school connected
with a general hospital or sanitarium where 3 years of training with a systematic course of instruction is given in the
hospital. Throughout the state there is an increased willingness
on the part of the recent graduates to take the examination
for registration as required by the Board. Superintendents of
training schools are more interested in having their nurses
meet the requirements, although registration is not compulsory.

The Ohio State Association of graduate nurses presented
a bill to the legislature which met with overwhelming opposition from small private hospitals and sanitariums. Undaunted,
they hold to their ideal, and believing that patience is a
virtue, are willing to wait rather than lower their educational
standards. They are hoping, however, that great things will
be accomplished through their educational committee in re-
forming the standards of the opposing training schools, and
in securing the co-operation of the small hospitals and
sanitaria. Enthusiasm is felt on all sides, and a great willingness to assist in any work for the betterment of the profession.

The bill for state registration has again failed in Pensylvania owing to the unreasonable opposition from correspondence schools and special hospitals, who brought forth and
distributed an imposing letter against the bill among the
legislators. The graduate Nurses' Association of Pensylvania
has been organized 4 years, and has a membership of about
1200.

In Virginia the state Board of Nurse Examiners reports
steady progress. A movement has been started to provide
with each certificate a washable band, with the letters R.
N. to be worn on the sleeve of the uniform when on duty.
Lists of names of the registered nurses are being distributed
over the state to familiarize the public with the title and
what it means.

The Graduate Nurses' Association of New Hampshire was
organized May 28th., 1906. A law for state registration
has been secured. A Board of Examiners has been appointed,
and the work of fixing the minimum standard for the registration of schools has begun.

The West Virginia State Graduate Nurses' Association was
organized in 1903. Great difficulty was experienced in reaching and arousing enthusiasm among the nurses in the
interests of organization and registration. In the meantime

their bill failed to pass the 1901 legislature. The second bill received the governor's veto as it is unconstitutional for women to hold office in West Virginia. An amendment was therefore necessary, and the bill which became a law on March 6 th, provides for a board of men examiners.

In summing up the reports it is gratifying to note that from the 28 States organized, 21 are affiliated with the Associated Alumnae, and 14 have secured State Registration.

L'EXAMEN OFFICIEL DES PERSONNES SOIGNANTES EN ALLEMAGNE.

Par Sœur CHARLOTTE VON CAEMMERER.

Membre de l'Association des Gardes-Malades Allemandes.

Le 22 mars 1905, le « Bundesrath » accepta le projet réglementant l'examen officiel des personnes soignantes de l'empire allemand.

Le 23 mars 1907, au ministère des Cultes, eut lieu une conférence ayant pour but l'étude du programme de l'examen. Organisée par le ministre, von Shrot. cette conférence réunit 31 personnes, membres des ministères et délégués de toutes les associations professionnelles du soignage.

Le 1er juin de l'année courante, la loi sur l'examen officiel est entrée en vigueur en Prusse.

Il est regrettable que les règlements adoptés ne répondent pas entièrement à nos désirs mais, en songeant à ce qu'était la situation avant, nous devons être reconnaissantes et satisfaites du moindre progrès réalisé. D'abord, l'État reconnaît le « soignage » comme une « carrière » et depuis l'entrée en vigueur de cette loi, nous ne sommes plus aussi complètement privées d'armes contre les plus grands abus et contre les plus grands torts qui, sous le couvert d'une soi-disant « liberté professionnelle », se sont développés dans l'exercice de notre profession depuis une dizaine d'années.

A l'avenir, les gardes-malades *reconnues par l'État*, se distingueront avantageusement de celles qui se font passer actuellement pour bien dressées, en se disant *examinées par un médecin*. Si le public avait une idée de ce que cache cette étiquette, il ne se laisserait pas tromper comme il le fait. Malheureusement le grand public reste absolument indifférent et ignorant des choses du soignage, jusqu'au jour où un cas grave nécessite subitement des soins. Il est alors trop tard pour se mettre au courant d'un état de choses plutôt embrouillé ; la famille, affolée, pas plus que le médecin surmené, n'est capable, en un pareil moment, de se rendre compte de ce que vaut la garde-malade à laquelle nous confions souvent la vie et toujours le bien-être de ceux que nous aimons. »

La reconnaissance officielle des capacités d'un personnel dressé d'après un programme bien défini, va créer maintenant un niveau qui servira aussi de base pour l'appréciation du personnel soignant déjà existant. On cessera alors de voir professer des infirmiers et des gardes-malades qui se disent examinés par un médecin et dont le dressage consiste en un cours suivi pendant six semaines et destiné à former des masseurs, masseuses, baigneurs, infirmières et gardes pour femmes en couches. Ces cours ont lieu dans la salle d'un hôtel quelconque ; l'inscription coûte 20 m. et un certificat pourvu d'un cachet et de la signature d'un médecin confère le droit de soigner les malades. Obtenir ,en 6 semaines, moyennant 20 marks un dressage qui offre une existence assurée pour l'avenir ! Et puis, le public s'étonnera de voir, de temps en temps, l'un ou l'autre de ces repaires de masseuses dispersé par les soins de la police.

La loi, en exigeant un an d'études, ce qui nous paraît bien court, abolit également le dressage de 6 mois en usage dans beaucoup de maisons-mères et tout à fait insuffisant vu le degré scientifique de notre profession ; de même que le dressage spécial et peu étendu des cliniques et maisons de santé privées. Nous sommes en droit d'espérer, avant tout l'abolition des maisons qui s'intitulent « Schwesternheime », maisons dont la directrice peut se permettre d'envoyer dans une clinique pour soigner un cas grave, une personne costumée en garde-malade qui vous raconte : « Il y a 8 jours, je gardais les brebis ! » Peut-être verrons-nous finir tôt ou tard les abus honteux de l'uniforme qui se multiplient ces temps derniers.

Il est impossible, cependant, qu'un dressage d'un an puisse

exercer une influence suffisante sur la candidate à la profession de garde-malade. Même s'il était possible d'obtenir en un si petit laps de temps, les connaissances techniques et scientifiques indispensables, un dressage de ce genre ne saurait donner *la mesure* d'expérience nécessaire pour professer librement, ce à quoi toute candidate reçue à l'examen, a droit.

Nous n'avons donc aucun espoir d'obtenir, grâce à la fixation du dressage à un an, des résultats approchant de ceux qu'on obtient en Angleterre et en Amérique au bout de trois ans d'études.

Les points du règlement intéressant surtout les gardes-malades sont les suivants:

Les examens ont lieu dans un hôpital. La commission chargée d'examiner les élèves se compose de trois médecins, dont un médecin fonctionnaire et un professeur attaché à une école de gardes-malades.

Les examens ont lieu en mars et en septembre; exceptionnellement et selon les besoins de la cause, ils peuvent avoir lieu en d'autres mois.

Les demandes d'admission à l'examen doivent être adressées au président de la Commission, le 15 février et le 15 août, accompagnées d'un acte qui prouve la majorité, d'un certificat de moralité, d'un certificat d'études primaires ou d'une instruction équivalente, d'un compte-rendu de la vie passée écrit par la candidate elle-même, d'un certificat de capacités physiques et intellectuelles suffisantes pour la profession de garde-malade. De plus, la candidate doit présenter un certificat de bonne santé, absence de toute infirmité qui pourrait nuire à l'accomplissement de sa tâche ou aux malades confiés à ses soins; enfin, un certificat qui prouve qu'elle a subi un an de dressage et de cours dans une école de gardes-malades de l'Etat, ou tout au moins, dans une école reconnue par l'Etat; certificat signé par le médecin chargé de l'instruction dans ladite école.

Des personnes qui n'ont pas été dressées dans une école de gardes-malades peuvent être admises exceptionnellement aux examens, si elles peuvent prouver qu'elles ont subi un dressage au moins égal.

Sont admises 6 candidates seulement à la fois: la candidate doit passer les trois jours que dure l'épreuve dans un hôpital désigné pour l'examen.

L'épreuve est orale et pratique. L'examen comprend:

Anatomie et fonctions du corps humain;

Notions générales des maladies et leurs symptômes;

Installation des salles de malades;

Soignage;

Alimentation des malades;

Observation des malades;

Rôle de la garde-malade pendant l'examen des malades au cours du traitement, dans les accidents; limites de son rôle;

Soignage des contagieux, signes de la mort;

Règlements légaux à observer.

Le devoir de la garde-malade relativement à sa conduite générale;

Principaux soins aux nouveau-nés.

Au cours de l'examen pratique, il s'agit de mettre en pratique les connaissances acquises. A cet effet, on confie à chaque candidate, le soignage complet d'un malade. La nuit du 2me au 3me jour est comprise dans l'épreuve.

L'accomplissement de cette tâche s'effectue sous la surveillance du médecin responsable du malade, et du personnel soignant enseignant.

La nuit de veille est suivie d'au moins 8 heures de repos. Un rapport écrit doit rendre compte de tous les incidents observés pendant l'épreuve. Le 2me jour les candidates doivent montrer leurs connaissances de leur rôle pendant les opérations, pendant l'anesthésie, dans l'application des prescriptions médicale, des bains à donner, de la désinfection.

Une candidate qui n'obtient pas son diplôme une 1re fois, peut se représenter après au moins six mois et au plus trois ans, à la même commission, mais jamais plus de deux fois.

Les personnes qui ont suivi des cours pendant un temps suffisant avant la promulgation de la loi, peuvent obtenir la reconnaissance officielle de leur commune, sans passer d'examen si elles font leur demande avant le 1er juin 1908 et si la Commission d'examen est consentante. Il faut alors à la candidate, un certificat du médecin de l'hôpital ou du directeur de l'institution hospitalière religieuse ou laïque, reconnue par l'Etat, dans laquelle elle a travaillé ou bien la preuve qu'elle a professé, de façon satisfaisante, au moins pendant 5 ans, comme garde-malade libre, ou comme garde-malade de quartier à domicile.

Lorsque la garde-malade se rend coupable de faits qui démontrent l'absence des qualités indispensables dans sa profession, ou lorsqu'elle néglige d'observer les règlements arrêtés par l'Etat, la « reconnaissance officielle » peut lui être retirée par les autorités de l'endroit dans lequel elle exerce.

Nous regrettons que cette loi n'implique pas l'obligation de l'examen. Après comme avant, les gardes-malades auront le choix de passer l'examen ou de ne pas le passer. Personne n'est empêché de professer librement. Cela crée dans la profession de garde-malade un état de choses analogue à celui qui est créé dans la carrière médicale par « la liberté de guérir » prévue par la loi sur les professions. Il y aura, à l'avenir, deux catégories de personnes soignantes, celles qui seront reconnues par l'État et celles qui ne le seront pas. Comme la comparaison entre cette catégorie de gardes-malades et les guérisseurs pratiquant l'exercice illégal de la médecine s'imposera à tous les esprits, les maisons-mères se verront obligées, si elles veulent être à la hauteur, d'adopter l'examen de l'État et d'organiser leur dressage en vue de cette épreuve.

Des difficultés dans la pratique surgiront alors quand il s'agira d'établir le programme des écoles de gardes-malades futures, d'autant plus qu'on ne demande, comme niveau d'instruction que celui des écoles primaires. Devant la loi, les gardes-malades sont donc toutes égales; toutes doivent avoir été dressées dans une école de gardes-malades. On se rend compte du nombre de personnes dont il s'agit, en parcourant le « Petit livre du soignage de Weimar », dans lequel Furst nous apprend qu'il y a, en Allemagne, 40.000 gardes-malades, dont 85 pour cent faisant partie d'Associations organisées. Dans le « Petit livre des Associations de gardes-malades libres », on cite, pour 1907 seulement, 2368 gardes-malades professionnelles, dont 1509 à Berlin. Le nombre des non-organisées ne se laisse guère évaluer. Avec cela, il faut remarquer que le nombre des malades hospitalisés s'est accru, chaque année, que beaucoup de nouveaux hôpitaux ont été créés, sans qu'on ait songé à s'assurer le personnel soignant nécessaire. Un grand besoin d'écoles, doit donc fatalement se faire sentir.

Les expériences des années à venir nous apprendront de quelle façon devra s'élaborer le programme d'études selon les diverses exigences du public envers le personnel soignant. La loi du « Bundesrath » ne donne pas d'indications à suivre pour le programme d'études; elle exige seulement un enseignement cohérent, un dressage théorique et pratique. Les autorités locales ont toute latitude pour choisir les hôpitaux, fixer le nombre d'élèves et pour délimiter les études. Dans une seule année, il est impossible d'enseigner à fond toutes les branches du soignage.

Comme exemple, on pourrait citer l'Ecole de gardes-malades du « Sophienhaus » à Weimar, qui est reconnue par l'Etat et qui s'est ouverte en avril. Le programme est composé de telle sorte que les deux premiers mois sont, à l'aide de cours journaliers, consacrés à l'enseignement théorique et aux premières notions des services hospitaliers. Puis viennent huit mois de travail pratique avec des cours hebdomadaires, et pour finir ,un cours de répétition de 2 mois, avec, de nouveau, des cours chaque jour. Le programme comprend les branches que le « Bundesrath » prévoit, pour l'examen officiel.

Un point très important que la loi effleure à peine, est le dressage moral des élèves. Le Sophienhaus de Weimar qui possède un état-major de vieilles gardes-malades expérimentées, a les plus grandes chances de réussir aussi en cela. L'exemple et l'habitude sont les deux plus puissants facteurs enseignant la moralité, la vaillance et les aspirations vers le mieux. Dans une maison dans laquelle professent seules, des femmes bien dressées, de haute éducation, l'élève paraît apprendre tout par elle-même, sans qu'il faille beaucoup enseigner et beaucoup parler. La collaboration intime, pleine de responsabilités au soignage d'un nombre restreint de malades, sous la surveillance constante de professeurs, gardes-malades expérimentées et de culture morale supérieure, est la meilleure préparation à la pratique.

Plus les hôpitaux sont grands, plus la question du dressage devient complexe. Dans les immenses établissements de nos grandes villes, dont les états-majors de gardes-malades sont souvent jeunes encore, le champ de travail des cheftaines est trop vaste, pour leur permettre de s'occuper des élèves avec autant de sollicitude qu'il serait désirable.

Selon les besoins différents qui se feront sentir dans les différents hôpitaux, des programmes différents s'imposeront.

C'est, sans doute, avec intention que la loi a laissé le champ libre sur ce point, en se contentant d'indiquer le programme uniforme des examens.

DISCUSSION

Opened by Mrs KILDARE TREACY, President of the Irish Nurses' Association. — I regard it as no ordinary privilege to be invited to lead the discussion upon a subject of such importance as the organisation of nurses, before an assembly so representative and so distinguished; but I must confess to feeling considerable hesitation also! as the brilliant and able exponents of our subject seem to have shewn us all sides of this question, and to have left absolutely nothing in doubt: I feel sure that I give expression to your thoughts when I say, that we are all conscious of a glow of much-needed light having been thrown upon the path of nursing organisation, by the experienced and suggestive papers, to which we have just listened with such intense interest.

It occurs to me that I may have been given the honour of opening the discussion to-day, because of my nationality! for we in Ireland have had experience — in the Irish Land League — of what can be done by organisation, and many have felt, — to their cost — the thorough efficiency of that association; but perhaps the superb organisation of the Japanese Army Medical Department, for the care of the sick and wounded in the late war, is an object-lesson in perfect and successful organisation altogether admirable, and of much educative value for our observation and information.

You may wish to hear something of what Irish nurses and their friends are doing now with regard to this matter, and I will gladly try to tell you, being encouraged to do so by a knowledge of the benefits which we have already derived — both personally and professionally — from association and combination, the true indications of the vitality of any movement.

My memory takes me back to what I may be permitted to call the twilight of the dawn of trained nursing in Dublin for there alone did it exist at the time of which I speak; I could count upon the fingers of one hand the hospitals in which skilled nursing was to be found some 20 years ago; Those few hospitals were the nucleus of the great training schools, which not only Dublin now possesses, but also Belfast and Cork, the capitals of North and South Ireland, but there was no effort at organisation or association for matron or nurse — outside the all absorbing interests of their own hospitals and institutions — until about 8 or 10 years back.

When her late Majesty, Queen Victoria visited Ireland during the spring of 1900 — it occurred to some of the Dublin Matrons that Irish Nurses would wish to offer an Address of Welcome to Her Majesty — especially it was remembered that, to the initiative of this great and good sovereign, the establishment of training nursing for the sick poor was due. With this idea we proceeded to communicate with the matrons and nurses of Dublin, and throughout Ireland; a more difficult matter than at first sight appears, as by this time we had become a very numerous body — (some 35 matrons in Dublin alone) and we did not quite know where to find all of ourselves! However, we appointed a committee, and met a few times in a waiting-room of one of the hospitals, and arranged the address and its presentation; and here let me acknowledge the generous and valuable help given to any of our projects by the press in Ireland.

It was quickly realised that the amount of association which we had had in this connection was so helpful and pleasant that we decided to continue it, if possible; « where there is a will, there is always a way » in nursing matters; our committee was again summoned, a secretary was appointed, and a nurses Club was launched, in a couple of rooms, in a central position in Dublin with Miss Huxley as our first President — to whose initiative and guidance the matrons and nurses of Ireland are so very much indebted.

From this simple beginning we have now a wide membership, embracing the Irish Provinces, and forming a bond of union with the many countries in which our Irish nurses travel; The rooms of the association are a pleasant meeting-place, amply provided with professional and other literature, lectures are given by eminent members of the medical profession, and upon many other interesting subjects, by friends of distinction in the art and philanthropic world, — Her Excellency, the Countess of Aberdeen, wife of our Irish Viceroy, did us the honour of presiding at the opening of the last winter session.

Here also is a centre, and an executive through which the association has received help and consel from eminent Irish members of Parliament, in bringing matters of importance to nurses before the local government Board of Ireland, the Board of Trade in London, (in a recent well-remembered crisis,) and in the House of Commons ,where nursing interests are concerned, the same generous aid is accorded.

United by such an association, we can hope for eventual success, without combination we are powerless to forward any project: But above all does association help the nurse to cherish that sympathy which is so humanising and valuable to her of all people, — for without some common centre such as our association affords, each group of matrons and nurses might continue to exist within their own perfectly-organised hospitals and institutions, completely absorbed by their own rules and duties, but it would be a narrowing process, and altogether lacking opportunities for that friendly comparison and emulation, which are so helpful, — to matron as well as nurse.

Time will not permit me to do more than glance at the organisation of the City of Dublin Nursing Institution, (one of the largest and oldest in the Kingdom) of which I am the Superintendent; It was established in the year 1884 by 7 or 8 gentlemen, who subscribed £1000 for its foundation, most of the directors were, at that time, distinguished members of the medical and surgical staff of the City of Dublin Hospital, with the Right Hon. Gerald Fitz Gibbon, Lord Justice of Appeal, as the chairman, — whose able guardianship the institution, happily, still possesses. The nursing staff numbers about 120, probationers are supplied for the nursing required by Mercers hospital, Dublin, and a number are always in training at two of the largest hospitals in England — at Manchester and Birmingham, while the private nurses are despatched all over England, Scotland and Ireland, and to sundry Continental resorts, as required — occasionally to America, Canada, South Africa and India. — All the earnings of the staff are devoted to the upkeep of the institution, and any surplus profits are divided amongst the nurses.

Wherever a training school or nursing institution may be established I would hope that an association or union of nurses themselves might be formed at the same time, for the strength and impetus, given to any movement by such united action are incalculable.

Mrs BEDFORD FENWICK said that in the year 1892 she was invited to sit on the Women's Committee of the British Royal Commission, and to act as President of the British Nursing Section at the World's Fair at Chicago. Matrons of hospitals were in those days not well known to each other, and she asked a lady in Chicago a question she would have no need to ask now, namely, who were the great leaders of nursing on the American Continent. The name of Miss Isabel Hampton (now Mrs Hampton Robb) was at once given to her. Miss Hampton was kind enough to invite her to visit the Johns Hopkins Hospital, at Baltimore, where she then held the position of superintendent of the nurse training school, and Miss L. L. Dock, that of Assistant superintendent. Mrs Fenwick said that she spent several interesting and instructive days with these two ladies, and discussed nursing organisation with them. She believed that the seed of the International Nursing movement now so full of vitality was then sown.

Miss Mary BURR said, « I want to try to send a message to the rank and file of nurses. We have been told by Mrs Hampton Robb that nothing could be done without the nurses. It is a pity that our leaders should have to strive so long and so hard for thorough organisation and State Registration. And this is the message I want to send. If everyone of you will please go home and tell each nurse you know that registration is what nurses need, and that they should show active sympathy in the movement and do all in their power to get it, we shall have State Registration in most countries soon enough. »

THE BRITISH JOURNAL OF NURSING AND THE BRITISH NURSING PRESS

By Miss Mary Burr.

If there were any question of the vitality of the profession of nursing, or of the progress which it has made in the past quarter of a century. I would just state this one fact. Twenty years ago there was not one professional association of nurses in the world, and not a single journal in the press solely devoted to their interests, and now there are few civilised countries where trained nurses are not associated for professional purposes, and where they do not own and control a professional organ. The subject, therefore, of the History of the Professional Nursing Press is one of such enormous importance to nurses that its place in the programme of this great International Conférence requires no excuse.

Order — Organisation — Unity — by them alone is it possible for a class of workers to succeed, to be strong, to have liberty of speech and conscience to live decently, and withstand the almost overwhelming pressure of industrial conditions, which in the furious competition for abnormal wealth, grinds the individual to powder.

Order, organisation, unity one must have. Yet none of these thing are possible to the inarticulate. The vocal chords of the world are all too weak to give effective expression to human demands, to touch the world's tympanum, and reach the conscience of humanity.

But listen to the never ceasing clang of the modern printing press, and who can fail to realise that it will resound to the furthermost ends of the earth. Those of you, therefore, who have a message to send will be wise to pick up the latest self-filling « stylo », put pen to paper, and with what force is in you boom it forth in black and white.

Organisation minus articulation is impossible. It is with a certain amount of modest pride, therefore, that English nurses can prove that they were the first to realise this law, and to obey it.

In the few minutes at my disposal in which to relate « The History of The British Journal of Nursing », I must compress one of the most striking stories in journalism to very modest dimensions.

It was in the year 1887 that the first awakening of the professional spirit in the English nursing world was apparent. It was in that year that the first step was taken towards the organisation of the nursing profession, by the inauguration of the British Nurses' Association, upon the suggestion of Mrs Bedford Fenwick, with the co-operation of Miss Isla Stewart Miss Mollett, and half-a-dozen progressive hospital Matrons. I may remind you that the objects of that Association were defined by its Founders to be « To unite British nurses together in membership of a recognised profession for their mutual support and assistance; to improve their education to provide for their proper certification and registration; and to enable them to obtain, when thoroughly trained, a just reward for their work. »

It is an old story, but one which some day, perhaps, will be fully told, how bitterly opposed the then employers of nurses, the Committees of the large majority of the leading London hospitals, and the private nursing associations were, with a few splendid exceptions to this first attempt to unite nurses together. Pamphlets were written and circulated broadcast, condemning the formation of the British Nurses' Association as « most injurious to the best interest of nurses. » The lay editor of the Hospital week by week virulently attacked the young Society, and his paper stigmatised those who joined the Association as « the scum of the nursing profession. » The Association had no power of replying to these attacks, when, at the most critical moment, in 1888, a firm of publishers determined to issue a Nursing Journal, and the Editor had the wisdom to approach the leaders of the nursing reform movement, and to determine that his paper in future should represent their views. So the Nursing Record (now the British Journal of Nursing), came into existence. It threw itself into the campaign with immense energy and pluck. It refuted week by week every argument brought against the Association; it carried the war into the enemy's country, and made such scathing exposures of the motives underlying the opposition that within a few months the pamphlets ceased to be published, and the opposition became a matter of secret influence rather than public abuse. For five years, however, the Association was opposed at every turn, privately and publicly, and it was in no small measure due to the educational effects produced by the articles published in the Nursing Record, and to the constant bold advocacy of that Journal that the Association was at last able to obtain a Royal Charter, the first body of women in the United Kingdom to obtain that ancient and honourable form of incorporation.

But the victory of the nurses was not yet. The Royal Charter won, the nurses had to face a greater danger. An open enemy is easy to fight, but a false friend cannot be met by honourable persons on equal terms. The betrayal by the officers in power of the principles for which the British Nurses' Association was founded was one of the most cruel acts of injustice to women which has ever been perpetrated but has proved a most useful lesson to the nursing world at large.

At this juncture a strong and steadfast organ in the press was invaluable. The Nursing Record remained true to the principles for which the Association was founded, and the debt owed by the profession at large to those who guided its policy is incalculable.

The opposition to the professional co-operation of nurses, voiced by the commercial nursing press, concentrated itself very naturally upon its fearless advocate, and the most strenuous efforts were made to ruin the Journal. The nurses at many hospitals were strictly forbidden to purchase or read the « Nursing Record » being publicly informed that to do so would be « disloyal to their hospital ». Important firms were urged not to advertise in the Journal, and the argument was more than once used that they would lose orders from public and charitable institutions if they did so. It is easy, therefore, to understand under what enormous difficulties the « Nursing Record » conducted its work for the nursing profession, and it fully explains the fact that its first proprietors lost so heavily upon it that they sold the Journal after some three years to another firm, which after another three years had also lost so much that they proposed to stop the issue of the paper.

At this crisis, realising the immense work which the Journal had accomplished for nurses in the few years of its existence, and how absolutely essential it was to have such an organ in the press, if liberty of conscience for nurses and power to co-operate were to be possible, Dr. and Mrs Bedford Fenwick purchased the Journal. From what has already been said, it can easily be understood that for some years they carried on the paper at a great financial loss. It must, indeed, have required an extraordinary sense of professional duty, great tenacity of purpose, and untiring work to continue to advocate a Cause which for the next succeeding few years met with the bitterest opposition, and with very slowly increasing support. Indeed, from 1894 for some eight years, these conditions continued to exist, and thousands of pounds were spent, not only in fighting the registration cause in England, but in circulating the Journal throughout other countries, and so arousing public and professional knowledge and interest in the environment, education, and status of nurses.

But those who have the courage to fight for a good Cause are confident of ultimate victory, and the Nursing Record has had the proud satisfaction of seeing the co-operation of nurses in many countries, followed by useful legislation, and a most beneficent change in public opinion in everything which touches the education and status of trained nurses in England. A Select Committee of the House of Commons has reported in favour of the Registration of Nurses by the State, a weighty pronouncement which has received the almost unanimous support of the British Medical

Association. It has also watched with keen gratification the growth of the professional nursing press in the United States, the great British Colonies, and in several European countries.

The natural result of a constantly increasing circulation at home and abroad, and an increasing circle of advertisers, having at last rendered the « British Journal of Nursing » first self-supporting, and then a paying property and the great cause, the Organisation and Registration of the Nursing Profession having come within sight of success, the most important step in its history was last year taken by the proprietors.

A proprietary Journal had never been Mrs Fenwick's ideal for the organ of British Nurses, and in 1906 « The Nursing Press, Ltd., » was formed, through the medium of which shares in the Journal were offered to nurses in sympathy with its policy. By this means it is possible that it should gradually be acquired by the nurses of the United Kingdom as their own property, and thus belong to them in perpetuity. It is to be hoped that future generations of nurses will appreciate the immense sacrifices, by which their Journal has been preserved to them.

The British Nursing Press

For many years the « British Journal of Nursing » was the only journal in the United Kingdom edited by a professional nurse, and it remains to this day the only weekly organ trained nurses have in the press.

But the foundation of the Leagues of Nurses in England has given a great stimulus to nursing literature. Quite a number of these societies now issue magazines which are admirably written, edited, and printed. We have League News, the Journal of St Bartholomew's Hospital Nurses, St John's House News, and the League Journals of the Chelsea Infirmary Nurses, the Leicester Infirmary Nurses, the General Hospital Birmingham Nurses, the Kingston Infirmary Nurses, the Royal South Hants Hospital Nurses, and the Parish of Nottingham Nurses. The « Queen's Nurses' Magazine, the organ of the Nurses of the Queen Victoria's Jubilee Institute, is an attractive and excellent magazine and the last addition to our professional journals, « The Irish Trained Nurse and Hospital Review », in its first issue announced that it was edited, owned, and published, by Nurses for Nurses.

The Moral

The lessons, then, which the history of the « British Journal of Nursing » — briefly and imperfectly as I have sketched it — appear to me to teach, are surely of the highest interest and importance to the nursing profession. It proves the immense value of a weekly journal, voicing the opinions, the rightful aspirations, the just demands, the expert judgments of a great body of professional women; it shows how powerless nurses would have been in the past, and would be in the future, if they did not possess such a Journal; and it emphasises the far-sightedness and wisdom which has afforded the nurses of the future the opportunity of acquiring an established property which will, I hope, for all future time, stand as it has stood, for justice and self-government for trained nurses, so that they may develop their noble work for the health and happiness of humanity.

SHORT HISTORY OF THE FOUNDING OF THE AMERICAN JOURNAL OF NURSING

By M. E. P. DAVIS. Business Manager and former President, Board of Directors.

In the year 1896 the American Society of Superintendents of Training Schools for Nurses held their second annual convention, in Boston, Mass. Of the many informal discussions, that of the necessity for an organ to represent *nursing movements and progress from nurses' view-points*, was insistently voiced, until it took firm hold of the inner consciousness of the women who eventually carried the scheme to its end. Before the meeting of the third annual convention of Superintendents of Training Schools held in Philadelphia, Pa, 1897, steps were taken as a basis from which to intelligently discuss the situation if the subject should be brought forward in that meeting. Printers, publishers and proprietors of magazines were interviewed, the field surveyed, the prospect canvassed, the probable cost estimated and other items tending to confirm the feasibility of the scheme and also the desirability of its early adoption and development. At this meeting a committee was appointed to organize the Nurses' National Associated Alumnae Society, and as the establishment of a nurses' journal was recognized as a movement of national significance the whole question was with judicious foresight abandoned by the Superintendents' Society and left as one of the primary issues of this more representative body.

Accordingly at the first convention of the Nurses' National Alumnae Society, held in New-York, 1898, a committee on periodicals was appointed: Mrs. Robb, the Misses Nutting, Palmer and Harrington.

At the second annual convention held in New-York, 1899, this committee was re-arranged and some additions made. Mrs. Robb, the Misses Nutting, Palmer, Stevenson, Fulmer and Davis. This Committee continued with but little change as an active managing body until the American Journal of Nursing Company was incorporated. This committee reported thro' Miss Stevenson, the chairman, several ways by which a journal could be started. Here, then, begins the history in brief of the establishment of the American Journal of Nursing which contains little of sentiment or romance, but resembles rather « the short and simple annals of the poor. » Hard work, invincible courage, enthusiastic faith in themselves, in the loyalty of the profession and the urgent demand for an organ that would express the highest and best unbiased by commercial considerations, overcame every obstacle, even the two most formidable: the comparative ignorance among the profession of methods journalistic and the lack of funds available in the treasury of the Associated Alumnae with which to finance the undertaking. No matter what plan was discussed this lackof funds was a blank wall that militated against that liberty and independence that were held to be indispensable.

In order to secure freedom of expression of opinion or criticism, or advocacy of plan or policy in nursing matters it became evident that the journal must be something more than an adjunct. It must be independent, unhampered by fear, favor or prejudice, in its expressions of truths, as seen and interpreted by nurses. To that end it must be owned, edited and controlled by nurses.

But how to start a journal on this free and independent
basis without some financial backing was the question? On
a small scale it was Stanley finding Livingston in darkest
Africa. It was not beyond the possibilities, however, so it could
be done.

The only way was for individual nurses to form themselves into a stock company to establish and maintain a journal till such time as the Associated Alumnae should be
financially able to assume the ownership. This method had
been pointed out by business men as the most difficult
and risky of all the proposed plans. It would involve a
large outlay, say enough to finance the scheme for two
years before the journal could be made to pay expenses,
and it would be many more years before any reimburse-
ment could be expected. The administration also of the affairs of a stock company was expensive and hazardous, but in
view of the vital interests at stake it was the plan that
seemed most practical. In January, 1900, the committee and
others met in New-York City and agreed on this plan. In order
to reduce the difficulty of administration and the expense
to a minimum it was agreed that the business should be
carried on fraternally, each giving her work without remu-
neration, and only the profession allowed to invest in shares.

It has always been a matter for congratulation that among
these pioneers were women of ideas, those of executive ability,
those with the plain but indispensable capacity for detail
work, and those with the grim determination that, having
put their hands to the plow, they would not look back, all
equally enthused with the one ideal. In such an atmosphere
failure was not thought of, and therefore, not possible. The
writer having consented to become chairman of the committee, an active compaign was begun. Individual nurses
and Alumnae Societies were communicated with. Volunteer
aid for all departments (literary, financial, etc) from every
direction flowed in. Every appeal was promptly recognized;
the result being the sale of twenty-four shares of stock to
Alumnae Societies and individual nurses; with encouraging
promises and a list of paid up subscribers to the prospective
journal large enough to warrant the well-known publishing
firm of J. B. Lippincott Company, Philadelphia, Pa.; in assuming the manufacturing, mailing, etc., together with a certain amount of the business management, for the Associated Alumnae.

The choice of the Editor-in-chief and Staff, while of no

small importance at the outset was felt to be also the most vital factor in its future healthful, normal development and its ultimate stable maintenance. It requires but a glance at its personnel to confirm the wisdom of the choice then made. By their untiring, devoted efforts, the American Journal of Nursing made its first appearance in October, 1900, and immediately took rank as an authority on nursing affairs.

As I have remarked, all this business had been carried on by the committee «appointed to act» by the Associated Alumnae, itself not incorporated for business purposes and therefore in the eye of the law irresponsible. It had worked smoothly enough until we came in contact with United States law, or rather a detail of that law. When the first issue was ready for distribution the postal authorities in Philadelphia refused to admit it as second class matter unless a better guarantee than the Associated Alumnae or a committee appointed thereby, could be furnished. As there was no time to consult or confer, the writer and Editor-in-chief came to the rescue, the authorities being willing to accept them as vouchers, and they gave bonds and made themselves responsible for the respectability, proper conduct and general good behavior of the journal. This responsibility continued to be so carried until the incorporation of the American Journal of Nursing Company, under the laws of the State of New-York, October, 1902, when the ownership was legally transferred to the Associated Alumnae. At the end of the year when the books were balanced, the committee made the phenomenal discovery that they had a surplus in the treasury at the publishers instead of the formidable deficit they were taught to expect; that their reserve fund of sold and unsold shares was practically intact, and that so far as finances were concerned the future of the journal was no longer a serious problem. In fact there were no longer any serious problems connected with the enterprise. The editor, who had at first done her work gratuitously, now received a salary, and salaries were also given one by to the members of the editorial staff.

But the lessons that the effort taught are basic, and the impetus given to nursing affairs is hardly to be estimated. A courageous attitude of mind, undaunted in the face of untried conditions, unity of purpose which is irresistible, submerging of the personality into the personnel with that faith and abandon that compels success, formed the groundwork of this enterprise.

The standards set and maintained require the qualities of self-reliance, self-control, self-direction, self-effacement, self-sacrifice and united devotion for the common good; loyalty to principle of help, enlightenment and education of the individual; organization and legal recognition for the protection and safeguarding of the whole; this is the superstructure of The American Journal of Nursing.

THE NURSES JOURNAL OF THE PACIFIC COAST

By Miss GENEVIÈVE COOKE, Editor

The California State Nurses Association, organized in 1903, incorporated in 1904, began in the latter year to discuss founding a Journal. The first annual report, was to be published in the form of a pamphlet, containing also other items of interest, but in the preparation of this the committee in charge became so deeply interested and so convinced of its possibilities that it was decided to enlarge the pamphlet and launch it under the name Journal of the California Nurses Association. All set to work with enthusiasm, and the first number appeared in August 1904. An edition of 1.000 copies was distributed in and beyond the State, and the reception given it was so cordial that the committee urged the Association to undertake the responsibility of publishing a quarterly under the name The Nurses' Journal of the Pacific Coast. This title was chosen, as we desired the Journal to be broadly representative.

The nurses of the south, at first rather taken aback by the unexpected and impulsive action of the north, gave hearty support and the Journal began an active campaign for state registration.

The financial security of the Journal was secured by raising due to the state association one dollar, thus making the subscription a part of membership. There was no rent and no salary to pay, and beyond that the advertisements of the Journal contributed materially to association expenses during the year. The members of the Editorial staff, all busy women, gladly crowded the journal work into their time, and the Editor gave it officeroom in her own apartments, being a nurse with a specialty.

Thus bright was the outlook when the great disaster occurred. In the midst of panic and uncertainty, the editor thought of each article belonging to the Journal: the « copy », the advertising contracts, the official stamp, the money and checks, the index file, the type-writer, duplicator and past issues — all were packed and then, about to escape, she hastily packed also the volumes of the American Journal of Nursing, with the thought « we must not lose these, for they are the records of nursing history in our country. »

Early in May began the search for the printer. After a couple of weeks search he was found, but only in July was he able to install a new printing plant. The June issue of the journal appeared just before the first of August, under the title « The San Francisco Edition » and bore to over 350 out of the 600 city members tidings of friends and classmates who had been separated in the general shake-up.

At the annual meeting in August the Editor urged the importance of issuing the journal monthly, and pointed out the great opportunities for progress and work if the nurses of Oregon and Washington would support it officially and individually. Through her efforts in bringing this matter to the nurses of those states the gratifying result was attained that those state organizations also agreed to include the subscription to the journal in their annual dues, and to appoint representatives on the editorial staff.

In all of the many moves which the Editor has had to make in the weary work of rebuilding a city, the journal has been her close companion. Its success is now assured, though the coming year will be, in some respects, the most difficult of any, for monthly issues mean practically a reorganization of the whole.

THE HISTORY OF THE CANADIAN NURSE

By Miss Bella Crosby.

It is to an impulse from the great Canadian West that we owe the founding of our national nurses' magazine.

Miss Lennox, the president of the Alumnae association of Toronto General Hospital in 1904-5, had resided for some time in Alberta and had an opportunity to realize the need of such a magazine, not only in the cities but on the prairies.

Also it is to be remembered that the Association of Graduate Nurses of Calgary, Alberta, wrote to the Toronto medical Society about the founding of a nurses' journal almost at the same time.

In the presidential address of Miss Lennox, delivered in november 1904, she said:

The work I most desire to accomplish this year is the institution of an alumnae journal. I am sure we can do it and I believe it will be invaluable toward the carrying out the objects of our association as called for by the constitution namely. the promotion of unity and good feeling among the Alumnae and the advancement of the interests of the profession of nursing. It seems to me the way to reach the greatest number of our graduates and to get in touch with the work done by our nurses in so many parts of the world. As for the nurses who are far away, and many of them are lonely and hungry for news of their Alma Mater and sister graduates, it would mean more than we can imagine unless we have experienced the lonliness of being strangers in a strange land. This is the oldest and largest Alumnae in Canada. Is it not time we should undertake something really serious?

At the regular monthly meeting of the Alumnae association of the training school of the Toronto General hospital for December 13 th. 1901, Miss Hodgson gave a paper on the advisability of publishing a periodical, mentioning various papers, amongst others, that of the Queen's Jubilee Nurses, and that of the Johns Hopkins graduates. This paper was appreciatively received.

Moved by Miss M. Christie, seconded by Miss Tweedie and carried that a committee be appointed to obtain all possible information regarding the publication of a paper, cost etc., and report at the next monthly meeting. This committee was appointed as follows: Miss Hodgson convener), Miss Mitchell and Miss Duncan. Others were added to the Committee, including the President, Miss Lennox, Miss Beam, Miss Hargrave, and Miss Christie, who from the first acted as business manager. A number of subscriptions were secured and also a good deal of advertising patronage.

The next difficulty was to find an editor and Dr. Helen Mac Murchy, who had already assisted members of the committee with advice about various matters connected with the editing and publishing of a Magazine, was asked to attend a meeting of the committee at the residence of the convener, about the middle of January 1905.

At this meeting Dr. MacMurchy was offered the position of editor but declined, giving as her reason that she thought it would be better to have a nurse as editor, and promising to assist in every way, especially for the first number

On February 1st, 1905, some members of the committee called on Dr. Mac Murchy, and informed her that she had been formally appointed editor at a subsequent meeting of the publication committee and that it was felt if she declined, the project of publishing a magazine must be indefinitely postponed.

Under these circumstances, Dr. MacMurchy consented to take the editorship for one year, on the understanding that the committee would endeavor to find a nurse as editor before the end of that year.

Already the magazine was assuming a national character as will be seen from its staff of collaborators.

The magazine rapidly enlarged, Montreal, Winnipeg and other cities lent their aid, and before the end of the year, the Canadian Nurse was the official organ of eight different nurses' associations.

The first year closed in December 1905 with a well-established magazine, entirely free of debt, and with a balance of $50.00 to its credit. It should also be stated that both the editor and the business manager were paid a modest sum for the time and work so generously given.

This account would be incomplete without special mention of the great services rendered by Miss Hargrave, who proved herself from the beginning an ideal editor of one of the most important departments of the magazine, and endeared herself to the committee and to the subscribers by her unfailing loyalty, interest and enthusiasm. The same may be said of Miss Mitchell, the convener, Miss Hodgson, the assistant editor, and also of Miss Christie, the business manager, whose work in that department was admirable.

The Canadian Nurse was of course greatly interested in Bill No 106, for Registration of Nurses in Ontario, and the members of the staff took a great share in that active and not altogether unsuccessful campaign.

In September 1906, the affairs of the magazine reached a crisis.

The serious nature of the crisis may best be appreciated by considering that subscriptions had come in from all over Canada, that the subscribers had practically demanded a monthly magazine, that little advertising patronage could be got for a Quarterly, and that the committee were all very busy women, constantly engaged in private nursing, with one or two in hospital positions, and were consequently unable to give the time necessary to carry on a Monthly magazine. However, each one did what she could and the work of the editor, the convener and the members of the staff was rewarded. The Canadian Nurse stands to-day with an assured position and with a mailing list of over 1300, stretching from the Atlantic to the Pacific and indeed around the world. Its expenses are very heavy. It costs thousands of dollars to bring out 1500 copies monthly or 18.000 annually. But we have never borrowed even for a day, all the debts are paid except that the editor's salary is at present so small as to be merely nominal.

The editorial board are all trained nurses, and represent all the nursing organizations of Canada, each association of nurses at its annual meeting, electing one member.

The board also represents the subscribers, additional members being named in places where there are many subscribers. Every Province of the Dominion of Canada has at least one representative There is one in Yukon Territory, one in Labrador and one in Newfoundland. Canadian nurses in the United States have also one member on the editorial board. The president, the treasurer and the editors are appointed by the editorial board.

THE STORY OF OUR JOURNAL " UNTERM LAZARUSKREUZ "

By Sister Agnes KARLL, Editor-in-Chief.

As soon as an association of persons cultivating the same interests has reached a certain extension, it becomes impossible for direct communication between the several members to be kept up by means of correspondence.

Journalism is the best, indeed only means of communication Very soon after the foundation of our association, this want made itself felt. The society grew and increased so quickly that from the beginning we found it necessary to make use of many printed circulars. In consideration of the irregular and inefficient regulations or rather the lack of all unity and discipline in German nursing conditions, we considered it necessary for our sisters to be kept informed through the appearence of a list of such persons as wished to enter our association thus ensuring our protection against the admittance of inferior or unworthy candidates. This rule has proved itself highly efficient. Whilst our community only numbered 231, it was impossible to start our own journal, and only the partial use of a professional magazine which appears twice a month and is the principle organ of several unions of uneducated male and female nurses, in many German towns, could be brought up for our consideration. There is, it is true another and excellent journal of many years standing: namely the « Zeitschrift für Krankenpflege »; it is edited by medical men and written for Doctors, but its high price together with the fact that it only appears once à month put it entirely beyond our reach. Then although there are many German papers pertaining to this subject, they are mostly small magazines belonging to their own union and with their own tendency. The first named journal though professional to a certain degree was elso the organ of other diverging organisations and as such was obliged to give precedence to reports concerning them so that the wish to have our own paper quickly grew. Moreover we could not expect nor compel our members to take in a comparatively expensive fortnightly paper in which our organisation found only scanty room and therefor the notices did not regularly come into the hands of all, an occurence which frequently caused us trouble and the expense of extra-circulars. In the summer of 1905 we decided on the bold step of starting our own paper in January 1906, and as early as October 1905 we found it necessary to begin with a small printed pamphlet « Mitteilungen an unsere Schwestern », which may really be regarded as our beginning. Only those who have themselves grounded a paper, know what a progressive step for a society it is to have its own organ, but they also alone can know what work, anxiety and responsability it means for the editor. One thing is certain, such a paper can only be of real use to nurses and can only develop on true lines when controlled by members of the profession. Now nursing in Germany is not a good school for public work. Owing to the religious origin of her work, a nurse still seems and in many cases is encouraged to be, a person apart from daily social interests! How much there is for a nurse to learn, if in connection with all her other duties she decides to run a paper! The contract with the publishers and endless discussions and consultations as to the best methods of securing success and avoiding mistakes; the insurance against the paper becoming a moral failure through the admittance of unprincipled advertisements, the fear of its being a load of care through expense! Then even the outward appearance of the journal must be considered, its size and price, the form of print, the counting of syllables and lines, reading of manuscripts and correcting of proof sheets, and when finally started then the real work starts too. One has to keep up and in touch with every thing, and the constant question arises « ought an article to appear on that? » Then too, comes the question what to print and what not to print? When in 1901, I expressed my fears to Miss Dock that I should not be able to obtain regularly enough material for a paper, her reply was: « the difficulty will be what to keep out, not what to put in ». And so it has proved? « what can we leave out » is a constantly recurring question.

One good feature of a journal like ours is that one has no cares about subscribers. Naturally for all members of our association, active and passive, the taking in of the journal is obligatory, and as the number of our members reached 1000 at the beginning of the journal we were able to fix the price at 3 M. for Germany, 4 M. (post free) to other countries. We were able to cover our expenses in the first year, as far as the subscriptions did not do so, by the money saved in the printing of our members-list and yearly report, about 300 M. And now we have our own journal which appears regularly on the 1 st. and 15 th of the month. Information now flows directly from head quarters to each member, no matter how far away; keeping all in touch with our machinery. If a delay occurs in the appearence of the journal and when one remembers that the running of the journal is only one of our many duties this will be sure to be occasionally excusable we may be sure that the next post will bring us complaints, « why has the journal not come ». « I am always so pleased when I get our magazine. » Also in the many letters which are sent by our members to show that they are still in touch with us we often read these words. Sometimes, difficulties arise, which must be promptly dealt with, as for instance in last year when we were suddenly called upon to staff the Dortmund Luisenhospital in a fortnight; then the Düsseldorf Hospital which called upon us for help for the old part of it sooner than our contract had led as to believe. Both these cases could be helped quickly because at the last moment we were able to make the cases known though our paper to which an extra special could be supplemented. Time and much labour were thus spared. Then there is another thing; there are those amongst us, who have hard work to provide for themselves, and we are happy now to be able to send them our paper free of charge, without this being felt by the entire community. We have pleasure in announcing the fact that without any effort on our part the number of our subscribers, outside of members has risen to 145, which of course greatly augments our funds.

We exchange journals with 19 professional and womens papers, also we send it gratis to all womens clubs at home, to some abroad, and to all Information bureaus, in all 61. These are only small numbers as yet but we are beginners and have only had so short a time to develop that we have but little to offer when we compare ourselves to our « sisterpress » in other countries. Still we began with nothing and what we have succeeded in doing has been done with our own means and by our own strength, in the struggle for indepandance and progress and we can only say that we are content with the results. We are even now, in our second year, able when necessary to print a double number and numberless copies find their way from time to time to distant lands winning for us new friends. Our staff is still small in number, and our sisters have not yet learned something which we consider of importance, namely, to use the journal as a means of communication with each other and for the exchange of views, also as a means of keeping in touch with those, who, though separated by distance are at heart one with them, by relating anything out of the common which they may have experienced either professionally or socially. This seldom occurs for two reasons, lack of time and the feeling of inability as to wielding the pen, style, etc., and a certain shyness of others seeing what they write. But no name need appear unless wished and as to style we are always willing to help and «touch up»!

We must express our thanks to those foreign journals, which have so kindly helped us by placing their material unconditionally et our service, and the true friend who translates most of it. We are at present unable to meet the wishes of those members who ask for more scientific information in the journal; firstly lack of room and secondly lack of funds to pay the fees, of such articles as we could print. But we hope in time through the increased number of our medical friends to receive contributions of this kind.

Perhaps it may seem strange to many that in spite of our calling ourselves «Interconfessional» we have chosen a cross for the badge of our journal and association. It is a historical fact that owing to nursing being so to say the offspring of the Church the Cross is her natural coat of arms. Not the socalled «Red Cross» that of the Geneva Convention, which out of gratitude for the initiative given by Switzerland adopted its coat of arms in reversed colours for army nursing, but a much older cross such as the order of St John and the knights of Malta. Such an old historical cross in the one chosen by us; a relict of the Crusades, worn by a knightly order, now extinct, in their fearful social struggle against leprosy. And as we also are at war with social abuse, sickness and sorrow, we consider we may claim the right to follow the advice of an artist and reanimate this symbol of olden times as the seal and badge of our earnest endeavours. It is our earnest wish, that our badge be thus worn, that each issue of our journal shall carry into the world the true meaning of our endeavours. Our motto needs no explanation. « Ich dien » speaks for itself, and when one thinks of the many difficulties we have surmounted and of the still **greater** number before us the encouraging words of our second motto «per aspera ad astra» — from darkness to light — will not be considered out of place.

BULLETIN PROFESSIONNEL DES INFIRMIÈRES ET GARDES-MALADES

Par Mme P. Gillot, directrice-fondatrice

Dès 1891, nous avions pu constater quelle peine la plupart des infirmières éprouvaient à faire les compositions professionnelles exigées pour l'obtention du diplôme d'infirmière. Elles ne savaient pas condenser et mettaient en une page les réponses qui auraient pu tenir en quelques lignes. Souvent la consonnance de certains mots techniques les trompait et leur faisait dire les choses les plus inattendues, ou, encore, leur orthographe était telle que les mots en étaient absolument dénaturés et qu'il fallait toute l'indulgence et la bonne volonté des professeurs pour dégager, au milieu de tant de phrases inutiles, la véritable réponse que voulait faire l'élève.

Non seulement il en était ainsi, à la Salpêtrière, mais l'Instituteur chargé de la répétition et de la surveillance du Cours professionel à l'Ecole de Bicêtre, nous avait affirmé que les élèves de cette école éprouvaient les mêmes difficultés.

Nous eûmes alors l'idée de faire, pour les infirmières, ce qui existait dans l'enseignement primaire, c'est-à-dire, de créer un organe qui donnerait aux élèves des modèles de compositions, reproduirait des extraits d'ouvrages destinés à l'enseignement des gardes-malades, ainsi que des conférences professionnelles faites par nos plus distingués médecins. Nous nous proposions de publier des discours prononcés aux distributions de prix des écoles d'infirmières, ainsi que les noms des élèves diplômées. Nous voulions, en un mot, leur donner tous les renseignements, leur faire connaître toutes les nouvelles pouvant les intéresser et concernant leur profession.

Notre idée fut soumise au Directeur de l'enseignement professionnel, ainsi qu'aux professeurs, que nous avions l'honneur de connaître, et tous nous approuvèrent.

C'est ainsi qu'en 1893, notre petite feuille parut bien modestement sous le nom de « Bulletin professionnel des Infirmiers et des Infirmières », nom qu'elle a conservé jusqu'en 1900. A cette époque, et en raison du grand nombre d'abonnés que nous comptions parmi les gardes-malades à domicile, nous crûmes devoir modifier notre titre et adopter celui de Bulletin professionnel des Infirmières et Gardes-Malades.

Nous l'avions créé sans aucune pensée de lucre ou d'intérêt personnel; nous désirions uniquement venir en aide à des élèves dont les efforts et la bonne volonté nous touchaient. Leur empressement à nous lire, les phrases que nous retrouvions dans leurs compositions, nous prouvaient que notre Bulletin leur était utile et que, par conséquent, notre but était atteint.

D'ailleurs, les remerciements des professeurs, dont plusieurs voulaient bien nous aider de leurs conseils, nous étaient également la preuve que la création de notre modeste publication avait comblé une lacune.

Plus tard, il nous vint encore de nouveaux encouragements sous une autre forme. Des membres du Conseil supérieur de l'Assistance publique, des maires, des médecins, des Directeurs de Dispensaires voulurent bien s'adresser à nous pour nous demander de leur procurer les renseignements dont ils avaient besoin.

C'est que le Bulletin professionnel des Infirmières et des Gardes-Malades, était, et fut, pendant de longues années encore, le seul journal s'occupant spécialement de la profession hospitalière et des soins à donner aux malades.

Ainsi que nous l'avons dit ailleurs, à l'époque où parut notre publication, on s'occupait peu, en général, du personnel hospitalier et lui-même, malgré les efforts du docteur Bourneville, ne connaissait guère les remarquables institutions qui fonctionnaient à l'étranger.

Nous eûmes la pensée de les lui faire connaître, et, dès 1891, nous commençâmes une série d'articles sur les hôpitaux des États-Unis, d'Angleterre, des pays scandinaves (1), etc., etc..., dans lesquels les auteurs nous disaient la situation enviable faite aux infirmières dans ces différents pays, le bien-être et la considération dont elles jouissaient, en rapport, d'ailleurs, avec les services qu'elles rendaient.

Le temps a passé. L'instruction des élèves est devenue plus étendue. Les modèles de compositions ont fait place à des articles variés, intéressant toujours la profession. Enfin, grâce à de précieuses collaborations, le Bulletin a pu élargir

---

(1) Nous eûmes la satisfaction de voir, quelques années plus tard, le Dr Napias citer un de nos articles dans son rapport sur le recrutement du Personnel hospitalier (1899).

son cadre et donner à ses lecteurs et à ses lectrices une chronique littéraire et sociale, des informations sur le mouvement hospitalier en France et à l'Etranger, des indications sur les œuvres de bienfaisance, etc., etc...

De plus, il a institué un office d'Offres et de Demandes d'emplois dont les services sont fort appréciés.

Maintenant, le Bulletin professionnel des Infirmières et Gardes-Malades n'est plus le seul organe de la profession. Il s'est créé, depuis cinq ou six ans, plusieurs feuilles spéciales à des associations, rédigées, les unes, entièrement par des hospitalières ou des hospitaliers, les autres en collaboration avec des médecins. Notre Bulletin reste seul indépendant, ne cherchant, pas plus aujourd'hui qu'autrefois, de profit d'aucune sorte ; bornant son ambition à se rendre utile et souhaitant sincèrement de pouvoir faire plus et mieux encore.

LA GARDE-MALADE HOSPITALIÈRE

Par le Comité de Rédaction

Mesdames, Messieurs,

Après les communications que vous venez d'entendre, il paraîtra juste, sans doute, que le dernier venu des journaux du « Nursing », prenne ici la parole et dise, à son tour, ce qu'il désire faire, et même ce qu'il a déjà fait dans l'intérêt de l'œuvre commune.

La Garde-Malade Hospitalière, organe des Ecoles de Gardes-Malades système Florence Nightingale, porte un nom qui dit tout son programme. Les fondateurs des deux premières écoles organisées d'après ce système, ont, dès le début, appliqué strictement, les principes essentiels qui le caractérisent.

Depuis cinquante ans, les idées de Florence Nightingale se sont répandues dans tous les pays. Seule, la France demeurait étrangère à une modification radicale dans le recrutement et l'instruction du personnel soignant des hôpitaux.

Cependant, cette évolution, était rendue nécessaire, inévitable par les progrès de la science et par une compréhension chaque jour plus élevée de la solidarité humaine.

Quand les premières épreuves subies et les premières difficultés vaincues, les deux écoles bordelaises voulurent faire de la propagande, elles rencontrèrent de nouveaux obstacles. Certes, la nécessité d'une réforme du personnel secondaire des hôpitaux était admise par tous, elle était recommandée, réclamée par le Gouvernement lui-même, dont les instructions réitérées signalaient les points essentiels sur lesquels devait porter cette réforme. Mais les principes essentiels de la méthode Nightingale heurtaient encore trop vivement des habitudes et des préjugés trop profondément enracinés en France :

Substituer partout le nom de garde-malade au terme infirmière dont on vous a dit, nous n'aurions pas osé le dire, tout le mauvais renom, et qui rappelle l'infirme et non le malade, principal objet de notre sollicitude;

Introduire la femme dans tous les services hospitaliers, à la place de l'homme moins apte physiquement et moralement au soignage des malades ;

Recruter les gardes-malades parmi des jeunes-filles instruites, bien élevées, de moralité indiscutable, de robuste santé et non plus dans les basses classes de la société, en choisissant de préférence les illettrées ou les disgraciées de la nature ;

De plus, les rabaisser au seuil d'une carrière libérale, en leur imposant la véritable brimade d'une domesticité plus ou moins prolongée;

Les placer sous la direction unique et responsable d'une femme, elle-même parfaitement au courant de tout ce qui comporte le « Nursing »;

Imposer aux futures gardes-malades un minimum de deux années d'études dans un hôpital, c'est-à-dire leur imposer un internat de deux ans et ne pas considérer comme études pratiques suffisantes quelques heures de présence chaque jour dans un dispensaire ou dans un service hospitalier, parmi la cohue flottante des étudiants accompagnant leur chef de service; considérer que la clinique, telle que doit la savoir et la pratiquer la garde-malade digne de ce nom, ne s'apprend que par un séjour constant de jour et de nuit dans les salles d'un véritable hôpital;

Tels étaient les principes que nous ne pouvions proclamer et défendre dans les rares publications françaises s'occupant du personnel secondaire des hôpitaux.

Les deux écoles bordelaises ont pris alors une énergique

résolution : elles ont fondé « La Garde-Malade Hospitalière ». Ce journal, essentiellement féministe, administré et rédigé par des hospitalières, s'est assigné pour objectif de faire mieux connaître, en France, comment est comprise à l'étranger la question des gardes-malades, de dire les résultats obtenus et d'encourager toutes les bonnes volontés.

Nous tenons par-dessus tout à démontrer la supériorité du système de Florence Nightingale, dont l'application a donné, dans tous les pays, les si remarquables résultats dont vous nous avez apporté, Mesdames, de si nombreux et si éloquents témoignages.

Nous n'avons pas à regretter notre audace. Dès le premier jour, « La Garde-Malade Hospitalière » recevait les preuves les plus touchantes d'une sincère sympathie. Bientôt, la réussite dépassait notre attente. Nous suivons, de bien loin encore nos aînés : le « British Journal of Nursing » qui vient de dépasser son millième numéro, « L'American journal of Nursing », l'« Australasian Nursing Journal », le « Lazarus Kreuz », le « Nosokomos », etc., etc., mais nous progressons sans cesse. Nous remercions, du fond du cœur nos collègues placés à la tête de ces importantes publications, qui, spontanément, nous ont ouvert leurs colonnes, et, dans un élan de généreuse confraternité, ont mis au service du nouveau-né, le bienveillant concours de leur vaste et puissante renommée.

Moins d'un an après sa fondation, la « Garde-Malade Hospitalière », compte plus de cinq cents abonnés dont bon nombre de médecins, elle fait échange avec les journaux du Nursing de tous les pays. Notre petit oiseau bleu qui vous a saluées au moment où vous entriez pour la première fois dans cette salle du Congrès, a déjà les ailes assez fortes pour aller porter la bonne parole au loin, à Madagascar, à Capetown, en Bolivie, ou encore? chez des amis qui partout accueillent avec joie le messager de la nurse française.

Les gardes-malades qui, en fondant le journal n'avaient pas envisagé l'avenir sans crainte, sont aujourd'hui rassurées ; n'ayant plus d'inquiétudes matérielles, elles peuvent poursuivre, avec plus d'ardeur la mission qu'elles se sont imposée. Grâce à « La Garde-Malade Hospitalière » elles feront de plus en plus connaître les deux écoles fonctionnant en France, d'après une méthode que, pour la plupart, vous avez, Mesdames, adoptée et mise en pratique.

Elles rappelleront sans cesse les exemples que vous donnez, elles prouveront que la France est, elle aussi, capable de produire des gardes-malades dignes de Florence Nightingale.

Là aussi, le succès a couronné leurs efforts. Les élèves diplômées des deux écoles bordelaises sont déjà appréciées. Pour en avoir la preuve, lisez dans les deux rapports qui vous ont été distribués, la liste de ces élèves, et l'indication des postes qu'elles occupent. Plusieurs d'entre elles sont directrices d'hôpitaux importants, leurs anciennes compagnes les assistent presque toutes en qualité de cheftaines.

Les demandes formulées cette année par plusieurs administrations dépassent de beaucoup le nombre des élèves diplômées qui auront terminé leur stage d'ici le mois de novembre.

Si nous proclamons ces résultats, ce n'est pas dans un vain sentiment d'orgueil. Nous en sommes simplement très heureuses, vous nous permettez bien de l'avouer. Nous souhaitons que notre exemple soit compris.

Au moment où l'administration de l'Assistance publique de Paris est prête à ouvrir une grande école de gardes-malades — une école normale a-t-on dit avant hier, — c'est-à-dire à la fois une école supérieure et une école modèle; après avoir entendu les paroles si fermes et si pleines de promesses de M. Mesureur et de MM. les Docteurs Letulle et Rist, nous adjurons tous ceux qui s'intéressent à la future École de la Salpêtrière, de ne pas oublier que dans tous les pays où le « nursing » est arrivé à son plus haut développement, et rend les plus éclatants services, on a adopté et appliqué les principes que nous préconisons dans nos hôpitaux et dans notre journal.

Très modestement ensuite, nous leur disons: jettez un coup d'œil sur les écoles bordelaises, si vous craignez, comme on l'a trop souvent et trop légèrement répété, que l'œuvre de Florence Nightingale ne puisse pas réussir en France.

Nous protestons une fois de plus contre une semblable allégation. Nous aussi, nous prouvons le mouvement en marchant. Le gracieux costume bleu de nos nurses est déjà connu et celles qui le revêtent, appréciées à leur valeur.

Nous en faisons un insigne commun à nos deux écoles et nous sommes si sûres de le voir toujours dans la voie de la science, du dévouement et de l'honneur, que nous nous en sommes réservé la propriété et le droit d'usage exclusif. Nous avons fait, à la Chambre de Commerce de Bordeaux, le dépôt de nos types pour cheftaines, diplômée et élèves. Le dépôt est enregistré dans les formes légales. Désormais, nous avons le monopole de cet uniforme, que nul ne peut contrefaire ou s'approprier, sans tomber sous le coup de la loi.

En terminant, Mesdames, permettez-moi de vous remercier toutes de l'appui considérable que nous apporte votre présence. Un proverbe bien connu dit: « Nul n'est prophète en son pays », il est souvent vrai en France. Vous êtes réunies ici, venues de toutes les contrées du monde, animées, incitées par les mêmes sentiments d'abnégation et d'humanité, toutes dévouées à la même cause, issues de tous les rangs de la société, étroitement unies dans une aspiration sublime de dévouement fraternel à tous ceux qui souffrent.

Quel serait le sceptique assez audacieux pour répéter encore que l'œuvre à laquelle vous nous consacrez et dont « La Garde-Malade Hospitalière » s'est fait le champion, ne peut réussir en France, et que tous nos espoirs ne sont que de décevantes illusions ?

Non, nous sommes sûres que l'élan donné est irrésistible, nous attendons le succès qui ne peut manquer de couronner nos efforts et notre persévérance.

« La Garde-Malade Hospitalière » ne perdra ni le courage, ni l'espérance, et elle dit, avec Mlle Karll: « L'avenir est à nous ! »

« International Reciprocity »

Miss Van Vollenhoven, a Holland nurse, read an animated description of her experiences in America. She was there engaged, successively, in district nursing, in hospital positions, and private duty. She represented Holland at the International Congress of Nurses at Buffalo in 1901, took the certificate of a New-York post-graduate course, and finally, took the state examination and received the title « Registered Nurse ». Her opinion of work in America is, that though difficult and attended with obstacles, there is opportunity for all and Success for those who are persevering and well trained.

Mlle Elston dit que le « Nursing » est encore fort peu connu en France; cependant il faut bien reconnaître qu'il y a eu quelques tentatives faites pour répandre l'art du soignage des malades.

A Bordeaux, a été fondée, en 1903, une Ecole spéciale de « Nursing » dont elle a l'honneur d'être la Directrice. Après de longues et ardentes luttes, l'Ecole est aujourd'hui solidement fondée.

L'idée de confier le soin des malades et des blessés à des

Gardes-Malades laïques était une innovation, et les innovations paraissent suspectes à beaucoup d'esprits timorés. Les médecins étaient depuis longtemps habitués aux religieuses, la population les connaissait de longue date; elles avaient le prestige des traditions de leur Ordre.

Les laïques étaient jusque-là inconnues, mais, depuis la création de l'Ecole, nous commençons nous aussi à nous faire apprécier par le Corps médical et par la population hospitalisée; les uns et les autres approuvent notre méthode et notre esprit. D'ici quelques années, on ne pourra plus dire, je l'espère, que les gardes-malades anglaises sont de beaucoup supérieures aux Gardes-malades françaises, ce jugement ne sera plus qu'un souvenir du passé.

Les françaises ont un grand défaut, c'est vrai, elles sont réfractaires à la discipline, mais elles ont aussi des qualités supérieures. C'est ainsi que, dans un cas imprévu, elles feront preuve d'esprit de décision, ce qui manque beaucoup à leurs sœurs d'Outre-Manche.

Les françaises se font vite une opinion sur chaque sujet, opinion souvent bonne, parfois aussi, mauvaise, mais comme elles désirent apprendre, il est facile de les ramener dans la bonne voie. Ces qualités bien dirigées peuvent compenser avantageusement, même le manque d'esprit de discipline.

La devise de l'Ecole du Tondu est: « Envers et contre tout ». Elle lui a été donnée par un ami de l'œuvre des Gardes-Malades laïques. Cette devise indique les idées d'énergie et de courage qui inspirent l'Ecole. En se montrant fidèles à cette devise, les élèves Gardes-Malades Françaises sauront devenir aussi instruites et aussi dévouées que les nurses anglaises, et aussi dignes de respect que les religieuses des hôpitaux, tout en faisant preuve d'une plus grande largeur de vues.

RÉCEPTIONS ET BANQUETS

Réception à l'Hôtel de Ville
des membres du Congrès international des infirmières

Mardi, 18 juin 1907, à quatre heures et demie, la municipalité de Paris a reçu, dans les salons de l'Hôtel de

Ville, les membres du Congrès international des Infirmières.

M. Hénaffe, vice-président du Conseil municipal, remplaçant M. le président André Lefèvre, empêché; MM. Deslandres, J. Weber, secrétaires; M. Ranson, sénateur, président du Conseil général; M. Navarre, président de la Commission de l'Assistance publique; MM. Badini-Jourdin, Bertrou, Gent, docteur Guibert, Heppenheimer, Marchand, Marsoulan, Mossot, Pannelier, Henri Rousselle, Tantet, conseillers municipaux; M. Lucien Voilin, conseiller général; M. Piette, directeur du cabinet du Préfet de la Seine, représentant M. de Selves; M. Yves Durand, directeur du cabinet du Préfet de Police représentant M. Lépine; M. G. Mesureur, directeur de l'administration générale de l'Assistance publique; M. Félix Voisin, vice-président du Conseil de surveillance; M. E. Thiltoy, secrétaire général, ont fait les honneurs de la réception.

Dans la nombreuse assistance on remarquait: Mme Bedford Fenwick, fondatrice et présidente; Miss L. L. Dock, secrétaire; Miss M. Breay, trésorière du Conseil international des Nurses, les représentants des fédérations affiliées au Conseil international: Miss M. Adelaide Nutting, présidente de la Fédération américaine; Fraulein Agnès Karll, présidente de la Fédération allemande; M. le docteur Lande, membre du Conseil supérieur de l'Assistance publique, administrateur des hospices de Bordeaux; Mme Alphen Salvador, présidente de l'Association d'Assistance aux malades; Mlle la doctoresse Anna Hamilton, directrice de la maison de santé protestante de Bordeaux; Miss Isla Stewart, directrice de l'hôpital Saint Barthélemy à Londres; Mlle Chaptal, fondatrice de la maison-école de la rue Vercingétorix à Paris; et un grand nombre de délégués de la Grande-Bretagne et d'Irlande, d'Australie, du Canada, des Indes, de Tasmanie, etc. L'Assistance publique de Paris était représentée par de nombreuses surveillantes en uniforme, qu'accompagnaient MM. André Mesureur, chef du Cabinet du Directeur, Montreuil, directeur de la Salpêtrière, May, directeur de l'Hospice des Enfants Assistés, Baron, directeur de l'Hôpital Cochin, Gutzwiller, directeur de l'Hôpital Broca, Myev, directeur intérimaire de l'Hôpital Saint-Louis, économe de l'hôpital Lariboisière, etc.

Après les présentations d'usage, M. Félix Voisin, vice-président du Conseil de surveillance de l'Assistance publique, s'est exprimé ainsi:

Monsieur le Président,
Monsieur le Préfet de la Seine,
Monsieur le Préfet de Police,

Je me sens très honoré, Monsieur le Président, d'avoir reçu la mission de vous présenter toutes ces dames et leurs nombreuses collaboratrices, car je sais combien elles sont toutes des personnes distinguées! Je connais leurs sentiments élevés, leur dévouement sans bornes pour le soulagement de toutes les souffrances, et je ne vous étonnerai pas quand je vous dirai qu'elles arrivent, avec un élan naturel à leur cœur, de toutes les parties du monde: de l'Europe, de l'Amérique, des Indes. Je dis que je ne vous étonnerai pas, parce que, quand il s'agit de dévouement, on est sûr, quel que soit le pays auquel les femmes appartiennent, de les trouver toujours prêtes à venir s'instruire de tout ce qui peut améliorer le sort de ceux qui ont besoin de leurs soins (Applaudissements.)

J'ai été très heureux ce matin de constater que vous aviez ici, Monsieur le Président, des représentantes de l'assistance publique et privée de tous les pays du monde.

Vous savez combien, à Paris, l'Union internationale d'assistance publique et privée poursuit la fusion des deux assistances. C'était le très regretté M. Casimir-Périer qui était le président de cette association, dont le but est si louable, c'est aujourd'hui M. Émile Loubet. Grâce à votre réunion, Mesdames, dans ce beau Congrès, un effort plus considérable encore va être fait dans notre France pour assurer cette fusion si désirée.

Lorsqu'il s'agit de soigner les malades, de panser les blessés, on ne regarde pas d'où vient le secours, mais on admire et on aime la main si bonne qui apporte le soulagement de la souffrance physique et le cœur si dévoué qui adoucit la souffrance morale.

Vous me permettrez, avant de terminer mon allocution, de vous présenter — cela est bien naturel de la part du vice-président du Conseil de l'Assistance publique de Paris — nos dévouées et distinguées surveillantes et infirmières des hôpitaux et parmi elles, Mme Brochard, surveillante à l'hôpital Saint-Antoine, qui, pour son dévouement pendant une épidémie du choléra, a reçu la croix de la Légion d'honneur, c'est-à-dire la croix des braves. (Applaudissements.)

M. Hénaffe, vice-président du Conseil municipal, a prononcé le discours suivant :

Mesdames,

J'ai l'honneur, au nom du Conseil municipal, de vous souhaiter la bienvenue dans ce palais de la ville de Paris, et je me félicite de l'occasion qui me permet, en l'absence de notre président, M. André Lefèvre, empêché, de saluer, en même temps que nos infirmières de France, les « Nurses » de Grande-Bretagne et d'Irlande, d'Italie, d'Australie, du Canada, des Indes, de la Nouvelle-Zélande, de Tasmanie, réunies en congrès.

Ce congrès, à l'ordre du jour duquel vous avez inscrit tant de passionnantes questions, ne saurait laisser indifférents les représentants de la ville de Paris.

Je puis même dire que nous suivons tous avec un intérêt profond, les discussions qui s'agitent au sein de vos séances. Si nous ne pouvons malheureusement — tant le labeur quotidien nous domine — participer d'une manière active à vos travaux, soyez assurées du moins que nous applaudissons à vos efforts et que nous sommes de cœur avec vous dans l'œuvre si touchante que vous poursuivez. (Très bien! Très bien!)

Comment pourrait-il en être autrement?

Nous entourons ici d'une sollicitude constante nos infirmières, et le Conseil municipal de Paris leur a prouvé par des réformes récentes sa sympathie agissante. Nous savons, en effet, Mesdames, la tâche hospitalière que vous incombe, j'oserai dire la mission que vous avez acceptée. Elle est de celles qui honorent. Elle exige, pour être scrupuleusement remplie, des vertus rares, beaucoup de savoir, un dévouement continu, un haut esprit de sacrifice. Ce devoir, nos infirmières de France s'en acquittent en conscience; elles ont, par leurs qualités morales, par leur valeur technique, par la dignité de leur vie, ennobli leur profession.

Au chevet de nos malades, elles rivalisent de zèle et d'émulation; auxiliaires de nos savants, elles leur apportent une collaboration précieuse.

Je suis heureux de leur rendre publiquement, au nom de Paris, un hommage mérité. (Applaudissements.)

Nous avons appris aussi qu'au delà de nos frontières, dans les pays que vous représentez si gracieusement parmi nous aujourd'hui, Mesdames, vous apportez dans l'exercice de vos fonctions un dévouement égal; et les qualités que nous célébrons chez nos compatriotes constituent chez vous un patrimoine que vous ne cessez d'accroître et d'enrichir. Votre re-

nom a dépassé les limites de vos patries : il est venu jusqu'à
nous. Aussi sommes-nous heureux de pouvoir vous accueillir
avec une sympathie profonde. (Vive approbation. — Très
bien ! Très bien.)

Nous espérons que des discussions que vous avez soulevées
naîtront des résultats pratiques ; nous avons la conviction
que l'œuvre dont ce congrès a jeté les bases, ne sera pas
vaine, et ce seront nos malades, ceux que terrasse la souffrance,
qui bénéficieront de vos travaux. C'est à eux qu'iront vos
soins, chaque jour plus dévoués, plus intelligents, plus éclai-
rés. Vous avez accepté de remplir de grands devoirs — devoirs de patience, de générosité, de pitié — je vous félicite
au nom de la Ville de Paris, de chercher les moyens qui
vous permettront de les accomplir noblement. (Applaudissements prolongés.)

M. Piette, directeur du Cabinet du Préfet de la Seine,
a prononcé les paroles suivantes :

Mesdames.,

M. le Préfet de la Seine, empêché, m'a chargé de l'associer aux paroles de bienvenue de M. le Vice-président du
Conseil municipal et de vous exprimer tous ses regrets de
ne pouvoir assister à cette réception, car la cause que
vous représentez d'une manière si directe, si immédiate, lui
est, comme au Conseil municipal, extrêmement chère. (Très
bien ! Très bien !)

Il eût été heureux de vous remercier du concours précieux
que vous apportez à l'Assistance, tant par vos connaissances
professionnelles, que par votre tact et c'est n'a rien d'étonnant,
car vous êtes femmes, Mesdames.

Et certes, si vos doigts se montrent si légers pour ceux
qui souffrent, c'est que, par le bout de ces doigts, vous ne
pouvez vous empêcher de laisser passer un peu de votre
cœur ! (Applaudissements.)

Un lunch a été servi.

M. Hénaffe, vice-président du Conseil municipal, a levé
son verre à la santé du personnel hospitalier pour le dévouement et les soins qu'il apporte aux malades.

M. G. Mesureur, directeur de l'Assistance publique, a ajouté :

Monsieur le Président,

Voulez-vous me permettre, puisque j'ai eu l'honneur de
présider la première séance de ce troisième congrès Interna-

tional des « nurses », et Mme Bedford Fenwick m'en exprimant le désir, de parler en son nom et en votre nom à toutes, Mesdames, pour remercier la ville de Paris et son Conseil municipal de l'accueil si gracieux et si bienveillant que vous recevez dans son Hôtel de Ville.

Je crois certainement traduire les sentiments de toutes les femmes de devoir, venues ici de tous les points du globe, en remerciant cette belle et grande ville de Paris qui donne l'exemple de toutes les initiatives généreuses, et sème les nobles pensées d'affranchissement et de bonté chez tous les peuples et qui, si elle n'a pas réalisé chez elle, au point de vue matériel et technique, des institutions d'assistance aussi parfaites et aussi grandioses que celles de certains pays, a néanmoins posé, pour le monde entier, les bases du devoir social à l'égard des déshérités et les principes de la solidarité humaine. (Applaudissements.)

Nous en avons le témoignage aujourd'hui, par l'empressement que toutes vous avez mis à venir de si loin à Paris, berceau de cette fraternité qui inspire tous vos dévouements.

Paris vous en remerciera et vous en récompensera, je l'espère, par le charme qui se dégage de ses monuments, de ses avenues incomparables et de toutes ses beautés artistiques.

Paris vous remerciera aussi pour le souvenir délicieux que vous laisserez et restera longtemps sous le charme de vos vertus et de vos exemples.

Je bois en votre nom, Mesdames, à la ville de Paris et à M. le Président du Conseil municipal. (Applaudissements.)

La cérémonie a pris fin par une visite des salons de l'Hôtel de Ville.

Réception du 20 Juin 1907 par M. G. Mesureur
à L'École des Infirmières de l'Assistance publique
à la Salpêtrière

Discours de M. Montreuil, Directeur de l'Hospice de la Salpêtrière

Mesdames,

M. le Directeur de l'Assistance publique m'a fait tout à la fois le grand honneur et le vif plaisir de choisir, parmi tant d'autres, mon établissement pour vous recevoir. Je l'en remercie.

Je n'ai pas oublié, en effet, l'accueil si courtois et si empressé qui m'a été réservé lors de ma visite dans les hôpitaux de Londres et je suis tout particulièrement heureux de pouvoir, en vous souhaitant la bienvenue, me mettre à mon tour à votre entière disposition.

Cette antique maison de la Salpêtrière vous offre non seulement l'intérêt d'un passé historique, dont, à chaque pas, vous trouverez les vestiges, mais elle est encore à l'heure actuelle l'établissement le plus considérable du monde entier puisqu'elle renferme près de 6.000 personnes et c'est enfin entre les murs noircis de ses vieilles tours que s'élève aujourd'hui l'Ecole moderne d'Infirmières d'où sortira le personnel de l'avenir.

Si je m'écoutais, je vous entretiendrais pendant des heures entières sur l'histoire de ces immenses bâtiments qui ont vu tour à tour l'ombre majestueuse de Louis XIV et la robe de bure de saint Vincent de Paul; les cheveux poudrés de Mme de la Motte et la carmagnole de Théroigne de Méricourt; mais votre temps est précieux et je veux seulement vous dire deux mots des infirmières de la Salpêtrière.

L'histoire du personnel soignant de cet hospice est, en effet, des plus intéressantes car vous êtes ici, Mesdames, dans le premier établissement parisien où les soins furent toujours donnés par des laïques. Voici comment: Quand Louis XIV eut décidé la création de l'hôpital Général, pour le doter du personnel nécessaire, il s'adressa à St Vincent de Paul, fort populaire déjà, et qui venait de fonder son ordre des filles de la Charité bien connues depuis sous le nom de sœurs de St Vincent de Paul. Quand il eut étudié le fonctionnement de l'établissement, Vincent de Paul refusa d'y installer ses religieuses, parce que, disait-il: « Il y faudrait 800 religieuses; qu'il ne saurait y avoir réunion de religieuses sans supérieure et qu'une supérieure commandant à 800 religieuses serait plus puissante que les administrateurs et pourrait tenir tête au roi lui-même! »

Ce raisonnement ne laissa pas que d'embarrasser le roi qui se tira d'affaire en chargeant Saint Vincent de Paul d'organiser la maison comme il l'entendrait.

C'est alors que Vincent de Paul qui était un administrateur du plus grand mérite, installa dans cette vieille maison, qu'elles n'ont jamais quittée depuis, les premières infirmières laïques. M. Mesureur vous a dit avant-hier comment il les avait recrutées et organisées.

Lorsque Miss Nightingale, votre illustre compatriote dont on ne saurait saluer le grand nom avec trop de respect, eût accompli son heureuse et bienfaisante révolution, Paris chercha à vous imiter. Grâce aux efforts de M. le docteur Bourneville, les premiers **cours** destinés à instruire les infirmières furent fondés à la Salpêtrière. Le succès de ces cours fut considérable et bientôt il en fut institué de semblables dans d'autres établissements.

C'est sans doute ce passé glorieux qui a décidé M. Mesureur à choisir la Salpêtrière pour créer la première école d'infirmières. Il vous a dit ce qu'elle serait, j'ai la conviction que ses élèves contribueront à porter plus haut encore le bon renom de leurs devancières.

Vous allez tout à l'heure parcourir cette vieille maison, mais avant de vous accompagner dans cette visite, je tiens à vous présenter vos collègues parisiennes. Moi qui les connais bien, j'ai l'orgueil de penser et de dire que si elles ont encore à vous envier beaucoup, vous aussi pourrez retirer un certain profit de leur fréquentation.

Et maintenant, Mesdames, je vous remercie d'être venues en aussi grand nombre et je formule le vœu de vous voir emporter de cette visite un souvenir aussi durable que celui que j'ai rapporté moi-même de mon voyage à Londres. (Applaudissements.)

Discours de M. J. Voisin, le 20 Juin à la Salpêtrière

Madame la Présidente,
Mesdames,

Je saisis volontiers l'occasion qui m'est offerte, par M. le le Directeur, de vous adresser la parole dans ces bâtiments qui vont être, demain, la nouvelle École des Infirmières, car j'en prends pour ainsi dire possession au nom du Conseil de surveillance de l'Assistance publique si intimement mêlé à la vie de nos Hôpitaux et Hospices.

Les élèves y trouveront des Maîtres excellents, elles y entreront avec la vocation de se consacrer au soulagement de toutes les misères, c'est assez dire que les résultats de cette fondation seront durables et féconds.

Je vous remercie, Mesdames, de vous associer à cette solennité et j'exprime nos sentiments de reconnaissance à Mrs Bedford Fenwick dont la présidence est si précieuse dans ce Congrès de 1907, appelé à soulever un intéressant mouvement d'opinion, qui facilitera l'heureuse solution des diverses questions ayant trait aux soins à prodiguer aux malades.

Deux idées ont été déjà développées par vous dans les discussions qui ont eu lieu ces jours passés; je les ai trouvées très justes, je l'ai déjà dit, mais elles me sont si chères que vous me permettrez d'y insister encore.

Sur le terrain de l'assistance et du dévouement, tout le monde doit s'unir étroitement; j'appartiens au Conseil de l'Assistance publique depuis plus de 20 ans et j'en tire une légitime fierté, car je me suis ainsi trouvé associé à une admirable institution digne de la gratitude de la population parisienne.

Nous sommes, M. le Directeur, les collaborateurs qui l'entourent, mes collègues et moi, vous-mêmes, mesdames, infirmières de nos hôpitaux et hospices, nous sommes tous les représentants de l'Assistance publique.

Vous, mesdames, qui venez des pays les plus divers, vous appartenez plutôt à l'assistance privée et nous saluons votre présence au milieu de nous, car c'est aujourd'hui ou jamais la fusion de l'Assistance publique et de l'assistance privée, la fusion de tous ceux qui n'ont qu'un but dans la tête, et dans le cœur, le soulagement des malades, des blessés et des vieillards.

Mesdames, ce ne sont pas seulement d'admirables soins matériels que vous apportez et que vous devez apporter à tous ceux qui souffrent; je me tourne vers vous, Mesdames et Mesdemoiselles, surveillantes et infirmières de nos Hôpitaux, vers vous qui représentez un personnel si dévoué à sa tâche et je vous demande de comprendre plus que jamais que les soins du corps ne suffisent pas à votre noble mission; donnez à vos malades et à vos blessés le réconfort moral et par votre douce parole, sachez gagner leur cœur et leur donner les consolations nécessaires.

Oui, Mesdames, avec les sentiments si délicats qui vous animent, vous accomplirez cette double mission et vous ferez plus que jamais ressortir aux yeux de tous la grandeur de votre profession. (Applaudissements.)

Response by Mrs Bedford Fenwick

Ladies and Gentlemen,

Would that I could address you in the beautiful language of France, and thus adequately express to M. Mesureur and the Assistance Publique, and to the ladies and gentlemen who have welcomed us here, the thanks of the International Council of Nurses, for their generous support, which has made it possible to hold our Conference in Paris, and has ensured its success. Without the personal interest of M. Mesureur and the Municipal Department of which he is Director, such success would have been impossible.

It is specially gratifying to the nurses of all nations to come here to-day to meet their colleagues, the surveillantes and infirmières of the Salpêtrière Hospital, which has a record of centuries of splendid work for the sick, the old, the deficient, and the insane. It is, indeed, the greatest pleasure to us to have this opportunity of meeting our French fellow workers in this historic hospital, and to see the beautiful school which they are shortly to occupy. I beg once more to convey to you, ladies and gentlemen, the most heartfelt thanks of the members of this Conference for your kindness and courtesy.

Réception à la Salpêtrière
en l'Ecole des Infirmières de l'Assistance Publique

Discours de M. Gustave Mesureur, 20 Juin 1907

Madame la Présidente,
Mesdames, Messieurs;

Après les paroles éloquentes que vous venez d'entendre, permettez-moi d'ajouter un mot pour remercier tout d'abord Madame la Présidente des paroles bienveillantes qu'elle a bien voulu adresser à l'Assistance publique; nous y sommes très sensibles, M. Félix Voisin, président du Conseil de surveillance et moi.

Nous sommes touchés de la sympathie qui s'est établie presque immédiatement entre tous ceux qui appartiennent à l'Assistance publique de Paris et toutes les œuvres qui sont venues à Paris pour le Congrès International. Vous avez été ces derniers jours reçues dans deux écoles privées qui sont intéressantes à tous les titres; vous avez été reçues par les représentants de la Ville de Paris dans notre bel Hôtel de Ville, et on vous y a fait fête comme vous le méritez.

Aujourd'hui, nous vous avons chez nous et pour nous; et j'ai voulu que notre personnel d'infirmières et de surveillantes soit ici délégué pour vous accueillir et vous montrer que les infirmières de la Ville de Paris s'associent à votre œuvre d'enseignement. (Applaudissements.)

J'ai voulu aussi que les directeurs des Hôpitaux et Hospices fussent présents afin de vous souhaiter la bienvenue et vous montrer qu'il n'est pas un seul établissement de l'Assistance publique qui soit resté indifférent à votre visite; ces directeurs ne me démentiront pas, certainement, lorsqu'en leur nom à tous, je vous donnerai un salut bienveillant et vous dirai qu'ils ont le secret espoir que quelques-unes d'entre vous voudront bien visiter leur établissement et se rendre compte avec quel dévouement on y soigne les malades.

Notre assistance ne ressemble à aucune autre organisation hospitalière. Dans tous les pays chaque hôpital est indépendant, il s'administre lui-même; ici, c'est un vaste royaume, si je puis m'exprimer ainsi, placé sous une direction unique; notre personnel ne fait qu'un, bien qu'il soit disséminé dans les 80 maisons que nous possédons; qu'il soit dans une petite maison de 15 malades, ou qu'il soit ici, par exemple, où il y a cinq mille personnes, notre personnel forme une grande famille, une armée qui soigne les malades de la ville de Paris avec un dévouement absolu, sans discuter les ordres qui lui sont donnés. Nous sommes des soldats, nous allons à la bataille où on nous envoie, et à aucun moment, aucune défaillance ne s'est produite; nous avons 5.000 femmes, infirmières et surveillantes, et ces femmes seront certainement fières de penser que vous vous intéressez à l'œuvre qu'elles accomplissent et que vous êtes venues de tous les pays du monde pour leur apporter le mot fraternel et le réconfort qui vient du cœur. (Applaudissements.)

Cette école est encore inhabitée; dans quelques mois, en Octobre, elle s'ouvrira, nous fondons sur elles de grandes espérances et nous croyons que si nous arrivons à réaliser cette œuvre d'enseignement hospitalier déjà si développée dans les pays étrangers, nous aurons bien mérité de la population parisienne.

150 jeunes filles vont venir ici; elles auront chacune une chambre qui leur assurera ce home si nécessaire dont on parle dans les autres contrées et qui conservera leur dignité de femme et leur indépendance morale.

Nous voulons arriver à séparer ce qu'on appelle le personnel soignant du personnel servant. Mais combien cette œuvre est délicate; il ne faut pas nous le dissimuler. Toutes les femmes qui sont ici, qu'elles appartiennent au personnel infirmier proprement dit ou au personnel servant sont en contact avec des malades, et il peut se trouver qu'à certaines heures toutes soient appelées à aider, à soigner, à secourir les malades; il ne faut donc pas élever une barrière infranchissable entre ces deux catégories; il faut que le personnel servant puisse venir dans un moment difficile à l'aide du personnel soignant; il faut surtout, et c'est la direction qu'il conviendra d'imprimer à cette école que le personnel soignant ne se considère pas comme une aristocratie dans nos établissements; il faut que la jeune fille soit élevée, non pas comme une jeune fille qui se croira d'une essence supérieure — elle devra être supérieure par ses connaissances et ses vertus — mais, comme une servante des pauvres, elle devra s'habituer à accomplir les œuvres serviles et les travaux pénibles et nécessaires dans nos Hôpitaux et nos hospices. (Applaudissements.)

Cette école est encore une école sans âme, j'espère que vous déposerez dans ces murs si nus encore le meilleur de vous-mêmes, et que les femmes qui viendront dans quelques mois s'inspireront de vos exemples et voudront vous imiter.

Pendant deux ans elles seront retenues dans ce vaste établissement qui sera le champ d'activité de leur éducation technique. Tous les jours elles seront attachées pendant quelques heures à des salles de malades; dans ce vaste domaine de la Salpêtrière elles seront à même de se rendre compte de tous les maux qu'elles seront appelées à soigner comme hospitalières. Nous avons des enfants, des aliénés, les maladies nerveuses de toutes les formes et des vieillards; trois mille vieilles femmes qui sont affligées de toutes les infirmités qui accompagnent la vieillesse.

Nous aurons dans quelque temps un hôpital général de

plus de mille lits qui contiendra des services de médecins, de chirurgie, d'accouchement et des consultations de toute nature. Elles auront là un vaste champ pour apprendre à se perfectionner.

Nous voulons que ces élèves restent en même temps des jeunes filles modèles qui ne se considèrent point comme des petites maîtresses ; nous voulons qu'elles se pénètrent de ceci : qu'on ne devient une véritable maîtresse de maison que quand on sait accomplir les travaux les plus pénibles et les plus utiles à la vie de famille.

Toutes nos élèves passeront par ces séries successives d'enseignement, et dans quelques années, nous espérons que dans vos congrès futurs nous pourrons envoyer les élèves de l'Ecole de la Salpêtrière, nous représenter et serons heureux de les voir à côté de vous donner l'exemple de ce que doit être une bonne et excellente infirmière. (Applaudissements.)

Banquet du 20 Juin à l'Hôtel Continental

Toast de M. Lampué, vice-président du Conseil Municipal

Mesdames,

Il n'y a pas bien longtemps, en France, on soutenait que seules, les femmes en costume congréganiste avaient le don de soigner les malades.

Erreur profonde, dont vous êtes, mesdames, la vivante démonstration. Vous avez prouvé au monde entier que l'intelligence, l'instruction professionnelle, l'élégance des manières et de la toilette, n'ôtent rien aux qualités du cœur. Elles n'affaiblissent en rien le dévouement profond, passionné qui est le vôtre et qui, dans tous les pays est le mobile tout puissant de l'œuvre que vous accomplissez.

Laissez-moi féliciter votre présidente, Mrs Bedford Fenwick, de vous avoir groupées, de vous avoir fait connaître ; nous aussi, nous allons tenter de fonder une grande école ; nous ferons un peu à Paris ce que vous faites si bien ailleurs et ce sont vos exemples, le modèle de vos institutions qui nous serviront de guide le plus sûr ! (Applaudissements.)

Allocution de M. Félix Voisin
Vice-Président du Conseil de surveillance de l'Assistance Publique
de Paris

Madame la Présidente,
Mesdames,

Je ne sais quel est le souvenir que vous emporterez quand vous quitterez la France; si vous lisez bien au fond de nos cœurs, vous devrez avoir le sentiment que vous avez été reçues avec la plus franche et la plus cordiale sympathie.

Mais moi, je puis déjà vous dire quelles sont les impressions que nous avons ressenties de votre visite. Quand nous vous avons vues arriver, nous avons été flattés de constater que tant de femmes distinguées étaient venues de tous les pays de l'Ancien et du Nouveau-Monde, dans un même but d'humanité, demander à notre cher Paris une hospitalité qu'il est toujours heureux d'offrir et l'importance de la mission de l'infirmière hospitalière nous a, plus que jamais, frappés; votre déplacement en nombre si considérable donne une haute idée de la grandeur de votre profession, car chacun peut ainsi comprendre que c'est dans l'intérêt des malheureux, et pour mieux assurer chaque jour, le soulagement des malades, que vous vous réunissez en Congrès.

Je suis heureux de saisir cette occasion d'être tous réunis dans ce gracieux banquet pour traduire les sentiments qui nous animent et pour affirmer que votre passage laissera des traces ineffaçables; grâce à vos travaux si complets, de nouveaux progrès seront incontestablement réalisés et c'est au Congrès des Nurses de l'Europe et de l'Amérique qu'en reviendra tout l'honneur. (Applaudissements.)

Toast prononcé par Mme Alphen-Salvador

Madame la Présidente,
Mesdames, Messieurs,

Je suis heureuse de l'occasion que m'offre ce banquet de remercier ici au nom de toutes les françaises qui s'occupent d'Assistance privée, Mrs Bedford Fenwick qui a pris l'initiative de réunir à Paris le Congrès international des Nurses. En convoquant la Conférence à Paris, Mrs Fenwick a attiré l'attention sur une question de toute importance presque ignorée du grand public et insuffisamment étudiée jusqu'ici.

Le Directeur de l'Assistance publique, le représentant du Conseil municipal, le Président du Conseil de surveillance de l'Assistance publique ont, par leur présence bienveillante et l'actif intérêt qu'ils témoignent au Congrès, encouragé hautement les efforts persévérants que nous avons faits pour améliorer la situation des gardes-malades en France.

Désormais nous nous sentirons secondées et soutenues dans notre tâche par la sympathie de toutes les vaillantes femmes venues ici du monde entier nous apporter les fruits de leur expérience et avec lesquelles nous travaillons de toute notre ardeur à vaincre et à adoucir la souffrance humaine.

Mrs Bedford Fenwick said:

Madame Salvador, — In returning thanks, I do so not for myself alone but for the nurses of all the countries represented here to-night. We shall ever remember with heartfelt gratitude the charming hospitality we have enjoyed in France. We have often heard of « La belle France », and we shall all go away very much in love with her.

In the name of the International Council of Nurses, I present to you, Mme. Salvador, this bouquet of roses, the national flower of England, in which country the International Council of Nurses was founded. I should like also to express my admiration for the work of the school in the Rue Amyot. The high ideals by which you were inspired in founding the first private nursing school in Paris, so that skilled and tender care could be bestowed upon the sick, command our admiration and gratitude. May the work which it has inaugurated bear fruit a thousandfold in your noble country.

Ladies and Gentlemen, I give you the toast of « La belle France ».

This toast was received with acclamation, everyone rising in its honour.

The next speaker was Dr. Rist who said:

Allow me to speak in English, and to apologise for any

faults which I may make. I should like to speak also in German, in Danish, and in Dutch.

My only regret is that many more members of the permanent staff of the Municipal Hospitals are not present, as they would wish to be if they knew of this Banquet. The nurses of the International Council are bringing to French hospitals a gift which they have been wanting for years. If the Conference had come to Paris ten years ago these officials would not have dared to come for they would have been rather ashamed, after England had started the work, to show almost nothing. But now they have tried to follow this good example. They have learnt of the work begun, have seen it in Paris, and at Bordeaux, and now under the influence of M. Mesureur they understand the necessity of introducing modern nursing. The work has been started, and the rest of the country will probably follow on to achievement. In 15 or 20 years if the International Council of Nurses gathers again in Paris, nursing will have attained the same standard as that of those countries which at present are further advanced. I hope your visit to France will have the very important effect of aiding the cause of modern nursing in France.

Sister Agnes Karll responded in German for the nurses of Germany, and Mrs Robb for those of America.

The latter said, in brief:

Scientific medicine has put nursing on a professional plane whether nurses wish it or not, but while valuing their professional status they must never forget to emphasise the other side of their work for the sick — that side with which the Cross is identified.

It has been my good fortune to attend many Conferences, and I never do so without a thrill that so many earnest women should take up so important a work. I am particularly thankful and glad to be a nurse, and thankful to be present at the Paris Conference.

Discours de M. G Mesureur

Madame la Présidente,
Mesdames,

J'ai eu si souvent, au cours de ces trois journées de la Conférence du Nursing de 1907, l'occasion de prendre la parole parmi vous que j'hésite à le faire encore ce soir.

Mais, puisque vous allez nous quitter, laissez-moi porter un toast aux nations que vous représentez, laissez-moi rappeler que, pour venir à Paris discuter les intérêts de la profession d'infirmières, vous avez abandonné le toit familial, la maison où vous viviez heureuses et satisfaites: malgré cet exil de quelques jours, malgré l'éloignement, vous n'avez pas oublié vos chères patries. C'est à elles que je veux lever mon verre, non pas que j'espère pouvoir nommer tous ces vaillants pays dont vous faites l'honneur: « ils sont trop », comme nous disons en France. Mais, à tous, du fond du cœur, j'adresse un salut fraternel!

Les frontières ne comptent pas pour les infirmières. On souffre en Amérique, en Océanie comme en France, la misère accable les déshérités sur toutes les rives des océans et un lien nous unit, le lien d'humanité. Vous êtes toutes, dans votre tâche journalière en face de l'humanité souffrante, elle attend de vous sa guérison et je me demande en vous voyant, Mesdames, animées de sentiments si généreux et à la fois, si charmantes ce soir si nous n'avons pas eu le tort de n'aimer que des françaises jusqu'à ce jour, peut-on en effet limiter les nobles passions du cœur humain, pour aimer et admirer le dévouement aux malheureux.

Quand l'être est vaincu par la maladie, quand il est couché dans le lit d'hôpital, il n'a plus de patrie et vous êtes pour lui comme sur le champ de bataille l'infirmière auprès du soldat blessé, être sacré qui n'est plus un ennemi, et qui réclame de tous l'accomplissement du devoir d'humanité.

Et ce sera une grande consolation pour nous tous, un profond enseignement de votre congrès que de penser au milieu de ces réunions que nous sommes les compatriotes d'une même patrie, du pays où l'on souffre et où hélas! on meurt: le pays de misère et de maladie. De vos associations sortira plus ferme et plus unie la grande famille hospitalière. Ses membres se serreront les uns contre les autres pour faire reculer le mal, pour suspendre les luttes fratricides, pour bannir la haine, et devant le malheureux à secourir se dressera cette grande fraternité humaine des peuples se donnant la main pour assister, pour aider, pour guérir! (Applaudissements.)

Communication envoyée à la Conférence:

Mesdames. Messieurs,

J'ai sollicité des organisatrices de ce Congrès l'autorisation de vous faire une communication qui sera très courte; mais qui je l'espère saura retenir votre attention.

Les Infirmières et gardes-malades peuvent être divisées en deux grandes catégories : les infirmières des hôpitaux et maisons de santé et les infirmières libres. La situation des unes et des autres demande beaucoup d'amélioration.

Pour les premières, les infirmières des hôpitaux, vous permettrez que je laisse la défense et la revendication de leurs intérêts à des voix beaucoup plus autorisées que la mienne qui ont bien voulu s'en charger.

Les infirmières libres; c'est-à-dire celles qui vont soigner les malades à domicile ont une situation tout à fait intéressante qu'il est de notre devoir non pas de signaler (hélas, elle est connue) mais de faire cesser.

Bien des efforts ont déjà été tentés dans ce sens, pour arracher l'infirmière aux agences qui l'exploitent de honteuse manière; toutes les femmes qui sont ici et qui ont eu recours à ces agences (je n'en nommerai aucune, il faudrait les citer toutes) ne me contrediront pas lorsque je dirai que cet état de choses a trop duré.

Jusqu'à présent, Mesdames, vous savez que les infirmières libres pour avoir des gardes (à moins qu'elles ne soient en rapports directs avec des médecins, ce qui n'est pas le cas de la majorité) devaient avoir recours à des agences et vous connaissez les conditions d'exploitation dans lesquelles le travail est donné, j'oserai dire « vendu » dans ces maisons qui, sous des dehors philanthropiques ne sont autre chose que des bureaux de placement.

Vous savez toutes que le tarif de ces maisons est en général le suivant:

Les « internes » sont payées 40 francs par mois (elles sont logées et nourries, direz-vous.) — Comment sont-elles logées? dans des dortoirs où elles sont parquées sans aucun souci d'hygiène ou de pudeur. Comment sont-elles nourries? Ces malheureuses sont payées 40 francs par mois et l'agence touche 10, 15 et quelquefois 20 francs par jour, alors qu'elles font 12 et 15 heures de travail si ce n'est davantage.

Les « externes », c'est une autre affaire, elles touchent, soi-disant, le montant de la garde ; mais elles doivent abandonner à l'agence 40 p. cent de leur salaire, puis comme la direction (qui se réserve le droit de toucher elle-même le montant des gardes auprès des familles) trouve sans doute que la rémunération est encore trop forte, quand vient la répartition au bout du mois, elle prétend que les familles n'ont pas payé ou qu'elles ont fait diminuer le prix convenu et une de ces femmes est venue me dire qu'elle avait travaillé tout un mois, pendant 12 et 14 heures par jour et avait touché au bout de ce mois la somme de 15 francs.

D'autres encore sont payées 5 francs par jour de garde. Travaillent-elles souvent ?

Vous avouerez, Mesdames, qu'un tel état de choses ne peut continuer et il est de notre devoir, à nous, de le faire cesser.

Pour cela, qu'avons-nous à faire ? De concert avec Monsieur le Docteur Bourneville, nous avons fondé le « Syndicat des Infirmières diplômées des hôpitaux » qui a pour but, comme tous les syndicats, d'assurer à tous ses membres le « placement gratuit », c'est-à-dire l'intégralité des salaires.

Vous traiterez vous-mêmes avec les familles, sans aucun intermédiaire. On vous indiquera qu'à tel endroit il est besoin d'une garde, vous irez et vous ne devrez pour cette indication aucune rétribution à qui que ce soit.

Le mot « syndicat » vous effraiera peut-être, mesdames, je me hâte de vous rassurer ! — Un syndicat c'est le nom que l'on donne à l'association de toutes les personnes exerçant une même profession. Un syndicat, c'est le groupement qui facilitera l'exercice de votre profession, qui tendra à améliorer les conditions morales et matérielles dans lesquelles vous travaillez (« morales », en faisant en sorte que l'infirmière ne soit plus considérée et ne se considère plus elle-même comme une domestique, mais comme celle à qui l'on confie la vie des êtres qui vous sont chers ; « matérielles » en rehaussant et en vous donnant intact votre salaire) en étudiant enfin les sentiments de solidarité indispensables à la bonne harmonie sociale.

M. Mesureur, directeur de l'Assistance publique, a bien voulu accueillir favorablement la nouvelle de notre existence ; M. le Docteur Bourneville a bien voulu nous aider de sa sympathie et de ses conseils, c'est grâce à eux que nous avons pu mettre sur pied notre syndicat, c'est grâce à l'appui qu'ils ont bien voulu nous promettre et surtout grâce à vous, Mesdames, que nous arriverons à supprimer l'exploitation dont nous avons toutes été trop longtemps victimes!

Il faut nous grouper! il faut nous syndiquer, si nous voulons arriver à ce but et nous comptons sur vous toutes!

Aider les infirmières à secouer le joug qui les écrase était bien, mais nous avons voulu faire mieux encore: nous avons entrepris de créer une mutualité, une mutualité qui comprendra toutes les infirmières de quelque école qu'elles soient et quelque diplôme qu'elles possèdent.

Nous voulons créer une œuvre de solidarité très grande et qui rende indestructible le lien fraternel qui réunira entre elles les infirmières, et pour cela, Mesdames, nous avons besoin de vous toutes.

Et puis, vous le dirai-je, là ne s'arrête pas encore notre ambition, ce que nous voulons faire, ah! mais cela nous le voulons fermement et la mutualité et le syndicat nous y acheminent à grand pas, ce que nous voulons: c'est créer: « L'Association Nationale des Infirmières Françaises ».

L'association qui comprendra non seulement des infirmières libres, non seulement des infirmières des hôpitaux·de Paris, mais toutes les infirmières françaises; nous voulons être plus fortes pour que des œuvres soi-disant philanthropiques ne nous écrasent pas de leur aumône méprisante, pour être plus instruite dans notre métier, pour exécuter avec plus d'intelligence encore les prescriptions des médecins afin d'éviter le plus grand nombre de souffrances possible.

Les jalons sont déjà posés à cet effet et les encouragements sont venus de toutes parts nous fortifier dans notre idée; nous comptons sur toutes les bonnes volontés car nous avons beaucoup de projets, notamment et je vous le confie sous le sceau du secret, la construction d'une maison de repos pour les infirmières convalescentes ou fatiguées de leur dur labeur.

Nous espérons que vous voudrez bien parler de notre œuvre autour de vous et il me reste à vous en remercier et à m'excuser d'avoir si longtemps retenu votre bienveillante attention.

La Secrétaire Générale du Syndicat:

Mlle Jeannette CORBIN

Bordeaux. — Imprimerie Commerciale, 56, rue du Hautoir.